法治国情调研丛书
主 编 李 林 田 禾
副主编 吕艳滨

透明政府：理念、方法与路径

TRANSPARENT GOVERNMENT:
IDEA, METHOD AND APPROACH

吕艳滨 著

社会科学文献出版社
SOCIAL SCIENCES ACADEMIC PRESS (CHINA)

序

中华人民共和国成立60多年来，尤其是改革开放30多年来，中国的法学研究取得了举世瞩目的成就——成千上万的法学论著译著出版、法学论文文章发表、法学教材读物问世，法学研究人才辈出，法学研究事业呈现一派欣欣向荣的景象；与此同时，中国的法治建设也取得了前所未有的进步——依法治国基本方略得以确立，尊重和保障人权入宪，依法执政成为共识，中国特色社会主义法律体系如期形成，依法行政和法治政府建设稳步推进，司法体制改革和公正司法成效显著，法律服务日渐增多，法制宣传教育空前普及，法治精神理念渐入人心……总之，经过60多年的努力，新中国的法学研究事业和法治建设工程，成就巨大，硕果累累。

当然，我们在充分肯定成绩和进步的同时，还应当十分清醒地看到并正视法学研究的不足和"幼稚"。因为，如果换一个观察问题的视角，如果以当代中国国情、社情、党情和民情对法治和法学的巨大需要和强烈诉求来评价，如果以当代世界法学研究的最高水准和最新成果来衡量，中国法学总体上或许仍然处在"幼稚"水平。从某种意义上讲，法学研究的某些所谓"创新"和"填补空白"，基本上是西方法学、外国法治的翻新炒作，一些"创见"和"成果"仍未跳出西方法学、国际法学的概念、范畴、原理、原则或者方法影响的窠臼。事实上，法学研究的某些成果，既不能准确反映和解释当代西方法学和法治理论千差万别的社会文化历史底蕴，也难以有效回应和解决当下中国社会转型、经济改革和政治发展涌现的大量法学理论和法治实践问题。当把法学研究"成果"中那些"舶来"的"创新"内容剔除之后，把西方法治话语体系及其分析方法删除以后，还能剩下多少是"中国特色"或者"中国原创"的？尤其是当我们把统计学或者年终考核意义上全国每年数以万计的法学研究成果用于回答和解决当下中国法治建设的理论与实践问题时,又有多少"成果"可以真正成为"惩前毖后、治病救人"的良方妙药?令人担忧的是,当下某些法学研究"成果"正在脱离法学是应用实践之科学的轨道,滑向为了考核而写作、为了履约而写作、为了职称而写作、为了发表而写作、为了名利而写作、为了写作而写作……的异端。如果不带偏见并且实事求是地用国际标准和科学方法来评估当下的法学研究成果,恐怕能列为有"创新"或"创见"的并不多见,刚刚开始散去的"法学幼稚"的阴霾,有可能不以人们的意志为转移地卷土重来。

面对此情此景,人们不禁要问,为什么一方面中国法学研究的论文著作等各种"成果"铺天盖地而来,展现出史无前例的兴旺发达和繁荣发展的丰收景象;而另一方面,中国法学研究的"成果"却又缺少创新、脱离实际、成长迟缓,面临重蹈"法学幼稚"之覆辙?

多年前我曾经写过一篇短文,对中国法学研究状况的问题谈了一些看法。现在看来,这些问题还是没有得到根本解决。就法学自身而言,或许主要是因为它没有找到自己存在和发展的真正根基。从逻辑思辨演绎方面来看,它缺乏在经典哲学指导之下作为大前提的科学而完整的理论建构,以至于不能像边沁那样从功利主义学说中演绎出功利主义法学,也不能像黑格尔那样从其思辨哲学中演绎出自己的法哲学理论。经典作家的理论为我们研究法学问题提供了世界观和方法论,提供了基本的立场、观点和方法,但没有提供现成的可以直接作为演绎法学基本范畴和架构体系的理论大前提。因此,中国法学研究如果要走演绎式发展的道路,必须面对这个现实,设法在马克思主义普遍原理与中国现实国情相结合的基础上,为自己寻找可以具体导向其理论体系的前提和路径,用以演绎、确证和建构中国特色的法学体系。在实证综合归纳方面,中国法学理论还没有真正内在地实现与各个部门法的"对接",更没有真正植根于当代中国的经济、政治、文化和社会的土壤之中,没有真正从当代中国的法治国情出发来观察、研究和解决问题,因此,难以从转型社会和中华文化传统中衍生出中国自己的法学理论体系。正由于中国法学"上不沾天,下不着地",飘浮于"天地"之间,既不能为部门法提供全面的思想指导和法理支持,也难以为依法治国基本方略的全面落实和司法改革"运动"的积极推进提供理论指导。与经济学对于改革开放30多年来中国经济体制改革和发展所发挥的作用相比，法学在日新月异的现实社会生活面前常常显得尴尬难堪、苍白无力。

可以说，法学研究的问题集中表现为如下几个方面。

首先，法学研究缺乏对中国现实的深入关注。法治有其共同的规律，但它必须根植于一个国家土壤之中，受其国情以及历史、文化、经济基础、上层建筑的影响，体现出各自的差异性。长期以来，我们的法学研究不能真正关注中国的现实社会问题、法治国情问题、民生问题，一些学者眼里只有英美法系、大陆法系，言必称西方法学，习惯于盯着其他国家的所谓法治经验、法学理论、法律思想，满足于对外国理论与制度的简单引介和直接照搬。这导致我们的某些法治理论、观点和建议脱离中国自身国情，不能解决中国的现实问题。也有人一谈法学研究和制度建设就自惭形秽，认为中国一无是处，既没有制度，也没有法治，还没有理论，更没有方法，甚至一叶障目不见泰山，满足于拿着英美一些不足道的方法、理论、制度津津乐道。有的在理论推演和制度构建中，竟然满足于用所谓"某某国这么规定，所以中国也应当这么规定"的逻辑，来取代对中国现实需求和制度供给的分析论证。

其次，研究方法落后。在研究方法上，过去我们关注比较多的是演绎推理、抽象思维，甚至于故弄玄虚、玩弄概念，把简单的问题复杂化，以显示理论的高深莫测。而对于社会科学研究中必不可少的实证研究方法，不少人则完全不懂，不仅不懂，甚至装懂，或者嗤之以鼻，不以为然。经过几十年的发展和实践，这种研究方式和思维方式已经远远过时了，以至于中国的法学总体来说，虽然取得了巨大的成就，但由于方法上的落后，我们的法学研究跟国外最先进、最发达、最前沿的理论大家和法学的阵营相比，还有相当大的差距；从中国的实践来看，又不了解中国的实际，对于在法治实践第一线所产生的鲜活的创新和经验视而不见、充耳不闻。其结果是，既无法与国外学者进行同一量级的对话，又不能为中国的法治实践提供有参考价值的对策建议。

最后，封闭自我，缺乏交流。近年来，法学研究越来越明显地显露出封闭性，即从学科上封闭自己，固守在自己的学科内部，自以为是、高高在上，不了解其他学科的最新进展，不接受其他学科的最新知识，不学习其他学科的有益方法。于是乎，在学科内满足于就事论事，在学科外则画地为牢、故步自封，导致自己的路越走越窄。

如要改变中国法学研究缺乏对中国现实的深入关注、研究方法落后、封闭自我缺乏交流的状况，中国的法学研究必须进行转型。应当在继续高度关注西方和发达国家法治理论和法学研究前沿理论的同时，更加深入地关注中国的传统文化、社会制度、社会思想、社会理论和社会实践，客观全面地了解中国法治发展现状，深入分析存在的不足与问题。应当从过去那种演绎推理、抽象思维的方法，逐步转到实证研究、量化研究和对现实问题的关切上来，把理论与实践、理想与现实更好地结合在一起。应当抛弃过去那种钻牛角尖式的，甚至画地为牢的、固守各自学科的、狭隘的法学研究理念与方法，在一个更开放的平台和更广阔的视野上，进行理论联系实际的研究。唯其如此，才能保持法学学术之树常青，促使中国法学研究越做越强，为中国的法治发展提供更多有价值的理论支撑。

以上正是中国社会科学院法学研究所坚持开展法治国情调研活动的初衷和目的。法治国情调研是中国社会科学院国情调研的重要组成部分，是法学理论与法治实践紧密结合的桥梁和手段，是法学研究积极转型的重要载体。国情调研是中国社会科学院近年来为发挥党和国家思想库、智囊团作用而启动的大型科研活动，是贯彻落实中央关于开展新闻战线和哲学社会科学界"走转改"活动的重要举措。近年来，法学研究所的研究团队和科研人员，深入社会实践，深入法治实践，深入改革前沿，发现各地的创新经验和面临的问题，为党和国家在民主法治方面的决策，提供了许多来自地方、基层和实践的第一手经验、意见和建议。为做好法治国情调研，法学研究所还专门成立了法治国情调查研究室，主要从事法律实证调查研究，这也是法学研究所众多研究室中唯一一个以研究方法为主要划分标准而设置的研究室。几年来，不同法学学科背景研究者的思想碰撞，产生出了绚烂的研究成果。

法治国情调研室成立以来，抓住重大热点重点选题，如政府透明度、司法透明度、公职人员廉洁从政法律制度、行政审批制度改革、电视广告监管的法律问题、个人信息保护的法律问题等，开展法治国情调研活动。在法治国情调研活动中，调研组除了采用传统的文献分析、案例分析、开座谈会、进行访谈等方法外，还根据调研内容和调研目的，科学且灵活地采用问卷调查、实地考察、随机抽样、电话采访等方法。比如，在政府透明度和司法透明度的调研活动中，调研组主要是依据既定的指标，对政府、法院的门户网站公开信息的情况进行了观察和统计分析；在电视广告监管的法律问题调研中，调研组对30余家卫星电视台同一时间段播放电视广告的情况进行了观察、分类和统计分析；公职人员廉洁从政法律制度调研和个人信息保护的法律问题调研则主要采取了问卷调查的方法。实践证明，科学的方法、严谨的分析是确保得出客观真实的结论的前提。经过调研所获取的都是一手数据和素材，来源于中国的社会生活和法律实践，因此，报告的写作也必然有理有据、有血有肉，既不需要无病呻吟，也没必要耍弄概念，更不至于盲目下结论。通过调研，调研组陆续形成了一批有影响力的成果，在为相关部门提供对策建议、推动制度完善方面发挥了积极的作用。鉴于法学研究所在法治国情调研方面取得的显著成效，中国社会科学院还以法学研究所的法治国情调研室为基础，成立了中国社会科学院法治指数实验室，以加强法治发展的量化研究。

传统的法学理论研究或许可以独自坐在书斋中，一台电脑，一杯热茶，翻翻书本，查查资料，剪刀糨糊……看似辛苦，实则轻松。而法治实证调研活动，人力、财力、物力、时间的投入巨大，但产出既慢又少。一项法治实证调研，从题目的选择、调研对象的确定、调研方法的选择、调研班子的组成，到实际调研的开展，都需要耗费大量的人力物力。尤其是，许多调研活动都需要研究人员亲自动手，甚至事必躬亲地去获取、验证和分析数据。比如，在政府透明度、司法透明度和电视广告监管调研中，研究人员都是亲自上阵，一个网页一个网页地去浏览查询，一条广告一条广告地去分析其用语、形式等。调研组开展实地调研时则要长时间打起精神频繁地开会、走访，更要顶着烈日、迎着风雨，在乡间小路上长途颠簸。2008年一个调研组差点被冰雪凝冻灾害困在山区，2012年则在调研中遭遇台风侵袭……这样下来，一篇一两万字的调研报告，往往需要一个调研团队花费数月、一两年甚至更长的时间，绝不像人们想象得那样轻松惬意。没有对调研工作的浓厚兴趣、对法治国家的执着追求、对调研数据的严谨认真……任何一项调研活动都可能半途而废，或者得出不准确甚至严重错误的结论。2012年2月，一位记者由于急于发稿等原因，把调研组发表的一篇调研报告中本不该简单相加的数据简单相加，得出了一个十分吸引眼球但非常荒唐的结论，引发社会上的广泛关注甚至以讹传讹。这从一个方面说明，实证调研报告的来之不易，及其对客观、严谨的高要求。而且，上述调研活动往往都是横跨多个学科，需要多学科人员的通力合作，没有哪一个调研是可以完全依靠一个人单打独斗完成的，必须依靠集体攻关、集思广益、共同写作。一篇成功的报告、一个有影响力的观点，往往是一个团队集体参与并经历多次思想碰撞的火花后，逐步凝聚而成的。在这些成果中，有的参与者甚至连在调研组成员名单中露面的机会都没有。

实践证明，开展法治国情调研是弘扬理论联系实际优良学风的重要载体，是培养科研人才尤其是青年人才的重要途径，是产出优秀科研成果的重要源泉。可以说，深入开展法治国情调研，正在深刻影响和推动法学研究人员转变学风、文风，创新研究方法。深入开展法治国情调研，是未来中国法学研究适应中国经济社会发展和民主法治建设的必然要求，是中国法学研究深刻转型、走向辉煌的必经之路。

此次出版的法治国情调研系列丛书，是把法学研究所近年来开展法治国情调研的主要成果整合起来，集结出版，集中展示出来，希望得到法学界同行和广大读者的批评指正。

是为序！

李　林

2012 年 9 月

目 录

第一章 导论 …………………………………………………… 1

一 透明政府的意义 …………………………………………… 3
 （一）透明政府是治理体系和治理能力现代化的题中之义 …… 3
 （二）透明政府有助于提升政府的公信力 …………………… 6
 （三）透明政府有助于实现社会公正 ………………………… 7
 （四）透明政府有助于促进社会进步 ………………………… 8
 （五）透明政府有助于倒逼政府提升管理水平 ……………… 9
 （六）透明政府有助于维护社会稳定 ………………………… 9

二 文献综述 …………………………………………………… 11

三 研究思路与方法 …………………………………………… 16

第二章 政府信息 ……………………………………………… 21

一 概述 ………………………………………………………… 23

二 "信息"？"文件"？抑或其他？ ………………………… 24

三 如何理解"履行职责" …………………………………… 27
 （一）所履行的职责应是行政机关的行政管理职责 ………… 27
 （二）不应对"履行职责"作过窄解释 ……………………… 29
 （三）是否属于政府信息与其所反映的法律事实是否具有
   法律效力无关 …………………………………………… 31

四 如何认定信息的产生方式 ………………………………… 32

五　关于政府信息的"保存" ……………………………………… 33
　　六　小结 …………………………………………………………… 35

第三章　主动公开　37

　　一　概述 …………………………………………………………… 39
　　二　主动公开平台 ………………………………………………… 41
　　三　政府信息公开目录 …………………………………………… 57
　　　　（一）概述 …………………………………………………… 57
　　　　（二）目录建设存在的问题 ………………………………… 59
　　四　主动公开的现状与面临的问题 ……………………………… 62
　　　　（一）主动公开的成效 ……………………………………… 62
　　　　（二）清单制与主动公开 …………………………………… 67
　　　　（三）加强解读，提升公开效果 …………………………… 70
　　　　（四）主动公开质量仍需提升 ……………………………… 72
　　五　小结 …………………………………………………………… 80

第四章　主动回应社会关切　83

　　一　调研方法及基本情况 ………………………………………… 85
　　二　积极回应社会关切的主要做法 …………………………… 154
　　　　（一）加强政策回应网站栏目建设 ……………………… 154
　　　　（二）注重重大舆情的研判 ……………………………… 154
　　　　（三）回应意识不断增强 ………………………………… 154
　　　　（四）注重对社会热点的快速反应 ……………………… 155
　　　　（五）回应形式趋于多样 ………………………………… 155
　　三　回应社会关切存在的问题 ………………………………… 156
　　　　（一）回应模式化，"将展开调查"成万能回复 ………… 156
　　　　（二）回应或抓不住重点，或避谈核心问题 …………… 157
　　　　（三）回复敷衍，说服力差，态度有待完善 …………… 158
　　四　小结 ………………………………………………………… 158

第五章　依申请公开 ·· 161

　　一　依申请公开的意义 ·· 163
　　二　依申请公开与主动公开的关系 ································ 164
　　三　申请指南 ··· 166
　　四　申请人的资格 ·· 170
　　五　被申请人 ··· 173
　　六　申请渠道 ··· 178
　　七　适格的政府信息公开申请的甄别 ······························ 182
　　八　申请的处理 ··· 190
　　九　决定公开相关信息的效力 ····································· 201
　　十　小结 ·· 202
　　附　常见依申请公开政府信息申请答复（国家卫生和计划
　　　　生育委员会） ·· 203

第六章　政府信息公开工作年度报告 ······························ 207

　　一　概述 ·· 209
　　二　发布时间 ··· 209
　　三　发布平台 ··· 215
　　四　统计口径 ··· 217
　　五　核心信息 ··· 227
　　　　（一）主动公开数据 ·· 228
　　　　（二）依申请公开数据 ······································· 228
　　六　小结 ·· 235

第七章　结论 ··· 237

　　一　公开乃是大势所趋 ·· 239
　　二　转变观念仍是推进公开的关键 ································ 242
　　三　公开仍需破解难题 ·· 244

（一）准确定位政府信息公开制度 …………………… 245
（二）明确政府信息公开的范围 ……………………… 245
（三）加大主动公开力度 ……………………………… 246
（四）规范依申请公开工作 …………………………… 248
（五）进一步加大公用企事业单位信息公开力度 …… 250
（六）同步推进法治政府建设与透明政府建设 ……… 250

后记　测量法治，从透明度开始………………………… 251

第一章

导 论

一　透明政府的意义

对权力运行透明度的关切已经成为公权力机关赢取公众信赖、掌握话语权、提升公信力的现实需要，也已经成为公众维护自身权利、监督权力运行、参与管理不可或缺的手段。权力透明涉及立法透明、政府透明、司法透明、准公权力透明（如公用企事业单位的信息透明）等，甚至可以说，执政党也是权力的重要行使者，因此，党务公开也是权力透明的组成部分。本书主要集中围绕政府信息公开制度，研究透明政府的相关问题。

（一）透明政府是治理体系和治理能力现代化的题中之义

构建透明政府是实现法治的基础，是实现公平正义的基本要求和重要保障，也是实现治理体系和治理能力现代化的题中之义。

人类治理社会的方法经历了一个从统治、管理到治理的演进过程。"统治"是农业社会的产物。农业社会以家庭为基本的生产单位，土地等自然资源在经济社会发展中具有基础性的作用。社会流动性差，社会处于相对封闭状态，小国寡民、"鸡犬之声相闻，老死不相往来"。皇权是社会管理的强大后盾，国家采用的是家长制管理模式，具有单向性的特点，社会公众只是被动地接受管理。命令、强制是国家管理社会的主要手段，国家依靠强制力只需单方面发布命令，强制公众服从，就可以达到维护社会秩序和国家正常运转的目的。由于信息的不对称和知识的垄断，公众缺乏作出自我判断的足够能力，普遍对政府和公权力怀有无比的敬畏。

"管理"是工业社会的必然要求。工业社会以工业生产为主导，资本具有不可替代的作用，以科学技术高度发达、生产效率全面提高、社会分工精细等为特征。工业生产的规律充分延展到社会政治生活之中，流水线模式下的生产和生活方式要求社会成员有严格的社会分工、有纪律、守秩序、守规则，接受管理、服从安排是国家对社会成员的基本要求。在工业社会，虽然社会成员开始掌握更多的知识，政府的权威在一定程度上受到质疑，但社会成员对于决策的参与和影响力仍然非常有限，人们只是社会运转中的某个配件或螺丝钉，除了对自身福利等提出一定要求（如要求改善待遇和劳动条件、同工同酬、男女平等等）外，很难参与国家的治理，更谈不上对政府的运行方式和国家的发展趋势进行筹划。

治理则是后工业社会的要求。后工业社会又称知识社会，是一个与信息的收集、传递、利用等有密切关联的时代，绝大多数劳动者从主要加工制造物品转变为主要创造、开发和利用信息。后工业社会中，信息逐步取代资本成为重要的资源，信息的传递和知识的传播成为推动社会发展的最主要动力，并打破了知识的垄断；社会成员的主体地位明显提升，希望并有能力参与和影响决策，传统上单向运行的权力模式难以维系。而中国地域广阔，各地所处发展阶段不同，目前总体上还处于农业社会、工业社会、后工业社会并存的发展阶段，政府治理的情况更为复杂。

三种社会管理模式具有不同的特点。强调"统治"的政府运行模式扎根于社会的等级差别，以维护社会的等级秩序为终极目标；而强调"管理"的政府运行模式则强化对社会的管理，政府作为管理的主体并居于核心地位，个人、社会组织是被管理的对象，追求效率则是政府管理的最终目标。因此，上述两种模式都以国家的强制力为保障，以统治者和管理者与个人、社会组织之间的鲜明界限为特征，强调统治者、管理者与被统治者、被管理者之间的单向性。而治理虽然仍旧将维护社会秩序、追求社会发展的效率、维护社会公平与正义作为目标，但是，政府还需要更好地解决市场失灵和政府失灵的问题。权力运行已经不能以无视个人、社会组织的存在为条件，不能只注重权力运行的单向性和直线性，而更需要关注个人、社会组织的多元需求、多重意愿，在权力运行方式上需要的是政府与个人、社会的合作，而不是单纯对公众发出命令，让其单向性地服从。

治理是运用制度维持秩序的活动和过程，即为最大限度地增进公共利益，满足公民的需求，在各种不同的制度关系中运用权力去引导、控制、协商和规范公民的各种活动。治理与统治、管理的最大区别不在于否定权威和权力在其中的作用，也不在于放弃维持正常的社会秩序的目的，而在于理念与过程存在的差异。治理体现的是协商与合作的原则和过程，权力不再是唯一的权威，治理过程不仅仅依靠自上而下的权力运行，而更多地依靠政府与公众、社会组织的互动、共同参与和平等协商[①]。"治理意味着

---

① 参见俞可平主编《治理与善治》，社会科学文献出版社，2009，第5-6页。

'统治的含义有了变化,意味着一种新的统治过程,意味着统治的条件已经不同于前,或是以新的方法来统治社会'。"①

后工业社会的到来为人们提供了高效便捷的信息传播手段,加速了知识的传播和普及。信息不再像过去那样被政府所垄断和控制。面对海量的信息,公众的自主性不断增强。公众掌握了信息,也就掌握了知识,不再盲从于他人的说教,而倾向于用自己的判断去认识世界和改造世界。第四媒体和第五媒体的普及更改变了信息传播的单向性特点和信息传播为政府和传统的大众传媒所垄断的状况,令言论表达与互动更加便利,推动整个社会从封闭走向开放。政府对某个观点、意见或诉求的无视,不仅仅会招致个别行政相对人的不满,也可能被媒体迅速放大进而引发全社会的质疑、非议乃至不信任。无视公众的意见、建议还可能导致其决策缺乏科学性和实施的民众基础。一些重大决策不与公众进行充分的沟通和必要的协商、没有取得公众认同,很难得到公众的支持,也很难得到有效的执行。即便以国家强制力作为后盾,强行推行其政策,也往往会遭受公众的质疑、反对乃至抵制,并造成权力行使者与公众之间的对立,动摇政府的权威性并令其合法性受到质疑。"信息化对于推动'新行政法'的生产和发展起了特别重要的作用。……在很多情况下,行政机关想不公开、不让公众参与都不可能,想神秘也神秘不了。信息化为'阳光政府'提供了现实的条件。"②当然,促使治理社会的方式由命令服从转向协商合作的因素很多,其中民主法治发展起到了很重要的作用,但信息传播的日益便利无疑为其提供了不可或缺的物质基础和客观条件。

随着信息在社会经济发展中的基础性作用越来越明显,公众最大限度地获取信息的需求也更加旺盛,权力行使者必须积极主动地公开其掌握的信息,不断提升自身活动的透明度。反过来,权力运行透明度的提升在一定程度上会束缚政府的手脚,对治理提出更高的要求。首先,信息的快速传播决定了权力行使者必须及时应对瞬息万变的社会情况,能够对各种事态的发展作出及时的权威回应,包括准确、及时、全面、有效地与公众进行沟通,向其提供各种信息。在应对上的任何滞后、回避都可能给治理带

---

① 俞可平主编《治理与善治》,社会科学文献出版社,2009,第31页。
② 姜明安:《把握社会转型趋势 加强对"新行政法"的研究》,姜明安主编《行政法论丛》第11卷,法律出版社,2008,第11页。

来严重的后果，丧失处置各种事件的最佳时机，最终使其威信扫地。其次，信息的公开透明正在挑战权力运行的固有模式。权力透明使公众获取信息更加容易，随着知识普及程度的逐步提高，公众越来越有能力、有意愿参与政府决策，不再甘于被动地接受政府指令，传统上命令、强制、单向性服从的管理模式已经很难适应政府治理的需要。最后，权力透明也使权力行使者处于公众的监督之下，成为被公众监控的对象。权力行使者必须谨慎行事并规范和约束自身行为，任何违法、违规甚至不规范都可能遭到公众舆论的严厉抨击，并危及其自身的合法性。"我们生活在一个信息社会里，普通百姓取得信息的速度几乎同他们的领导者一样快。我们生活在一个以知识为基础的经济中，受过教育的人对命令指挥感到反感，要求有自主权。"①

（二）透明政府有助于提升政府的公信力

在现代社会，公众的知识水平和获取知识的能力有了质的提升，公权力行使者要想维护自身的公信力，就必须要付出比传统社会更多的心思和努力。加强信息公开，充分有效地运用信息进行治理，成为提升公权力的权威和公信力不可或缺的方式和途径。维持公权力的公信力除了要求权力行使者言必行、行必果且不朝令夕改之外，同样需要确保自身活动的公开透明以及与公众的顺畅沟通。在调研过程中曾听有的管理者感叹说，"以前一个警察可以管100个群众，现在100个警察管不了一个群众"，这从一个侧面反映出政府权威正在受到巨大挑战。事实上，随着民主法治的发展，秘密主义和威权政治已经不能直接带来公信力，而只能引发公众的质疑和抵触，并影响权力运行的效果。相反，公权力运行的可视化、公众的可参与性却可以实实在在地提升其公信力。今天，增强权力运行的透明度，充分高效地向公众提供信息，加强与公众之间的信息沟通，对于提升公权力的权威和公信力必将起到十分重要的作用。

进入21世纪以来，互联网尤其是新媒体的普及对公权力运行提出了更高的目标，要求权力行使者能够对瞬息万变的社会作出快速应对，最大限度地向公众提供信息，用信息的公开透明遏制谣言、虚假信息的泛滥蔓延，

---

① 〔美〕戴维·奥斯本、特德·盖布勒：《改革政府：企业家精神如何改革着公共部门》，周敦仁等译，上海译文出版社，2006，序言，第13页。

消除各种误解，提升自身的权威。

对公众舆论予以及时、准确的回应，这已经成为现代政府治理实现善治的重要手段之一。回应（responsiveness）就是要求公共管理人员和管理机构必须对公民的要求作出及时、负责的反应，并定期主动地向公民征询意见、解释政策并回应其不解、质疑和不满，回应性越高，善治的程度也就越高①。"对于普通市民而言，关键问题在于他们与政府官员的交往或交涉能够得到回应，以及这些回应是否满足了他们的要求。"② 以政府管理为例，政府如果不能及时把握舆论发展动态，并及时准确地向公众提供真实可信的权威信息，则极容易导致舆论失控，使政府治理遭遇困难，甚至引发社会危机。2008年的瓮安事件、2009年湖北的"石首事件"，近年来一些地方因PX项目及其他环境问题引发的群体性事件等都或多或少与此有关。

（三）透明政府有助于实现社会公正

公正包括实质性公正和程序性公正。前者要求利益的分配必须符合人们善与恶、好与坏的评判，实现与被分配者的付出、受损、地位等方面的完全匹配。后者则主要关注公正的实现过程，要求利益分配的过程可控，其过程对被分配者而言具有分配时间的一致性、规则的代表性，分配过程与规则不受任何私利的左右。实质性公正是一种理想化的状态，受到人们先天条件、周围环境等的影响，实现绝对的实质性公正是人类社会长期追求的目标。程序性公正强调对过程的设计和控制，是使结果尽可能接近实质性公正的必由之路。公开虽不必然导致公正，但却是辅助实现公正的重要手段。

推行公开意味着，利益分配的规则、利益分配的各个环节、利益分配中考量的因素、利益分配的结果都要向当事人乃至公众公开。一方面，当事人或者公众可以参与提出不同的意见，供决策者或者执行者修正利益分配过程；另一方面，还可以压缩决策者或者执行者的自由裁量空间，减少其徇私舞弊的可能。公开可以令所有当事人意识到，虽然分配结果可能与自身预期还有一定差距，但至少对所有当事人都是一视同仁的，因此至少

---

① 参见俞可平主编《治理与善治》，社会科学文献出版社，2009，第10页。
② 多丽斯·A. 格拉伯：《沟通的力量——公共组织信息管理》，张熹珂译，复旦大学出版社，2007，第247页。

还可以称之为是公平的。当然，公开绝不能等同于公正，其只是实现公正的条件和保障。

（四）透明政府有助于促进社会进步

构建透明政府有助于共享信息资源，推进社会进步，引领公众行为，降低社会成本。

首先，透明政府有助于社会共享信息资源。信息是社会发展、个人进步的重要资源，现代社会任何物质的流动、能源的传递乃至资金的融通都离不开信息及信息的交流，任何社会活动、商业运作等都必须依赖于信息。一个没有信息或者信息流通不畅的社会，个人无法获得有效的信息，无法掌握必要的知识，企业也无法进行正常的经营，社会将停滞不前。政府信息的发布有助于将政府机关掌握的大量信息分享给公众，并在信息技术不断发展的过程中，借助数据挖掘、分析，造福于人们的生产生活。比如，截至 2014 年 9 月 30 日，北京、上海、无锡等开通了政府数据共享平台①，发布各政府部门掌握的政府数据，衣、食、住、行、商贸等各方面的数据逐步实现"一网打尽"，哪里有停车场、哪里有加油站、哪里有餐馆、哪里可以办理有关的证照，都可以据此查到最为权威的数据。在此基础上，一些企业就可以对数据进行挖掘利用，甚至将其运用到不断发展的移动终端 APP 中，实现方便公众、再创造价值的目的。又比如，近年来，执法机关的自由裁量权太大饱受诟病，要求执法机关主动公开其处罚决定、许可决定等行政决定的呼声日渐高涨。与此同时，不少市场主体因为信息不对称，难以掌握其他主体的诚信守法状况，交易成本较高，制约了经济发展。为了解决这些问题，一些地方尝试推动公开行政处罚信息。例如，宁波市就积极推动行政处罚决定的网上公开，余姚市人民政府办公室印发《余姚市行政处罚结果网上公开工作实施方案》，要求全市具有行政处罚主体资格的各个行政执法部门，对于除涉及国家秘密、商业秘密和个人隐私的，公开可能危及国家安全、公共安全的，处罚对象为未成年人的，以及公开后可能造成经济安全和社会稳定等不宜公开的以外，经过一般程序作出的已生

---

① 北京为"北京市政务数据资源网"（www.bjdata.gov.cn），上海为"上海市政府数据服务网"（www.datashanghai.gov.cn），无锡为"无锡市政府数据服务网"（opendata.wuxi.gov.cn）。

效处罚结果,原则上应当公开。国务院 2014 年还出台了《企业信息公示暂行条例》,运用信息公开手段,提升企业运行的透明度,促进企业加强自律、承担社会责任。这些信息的公开与共享利用,必将有助于诚信社会的构建。

其次,透明政府有助于引领公众行为,降低社会成本。构建透明政府,向公众公开决策及决策过程、权力运行过程及权力运行结果,可以让公众了解到自身行为的边界以及自己可能面临的法律风险,有助于其预期到自身的处境及应当采取的行为,也有助于降低社会成本和管理成本。

(五) 透明政府有助于倒逼政府提升管理水平

公开信息无疑令政府及其工作人员处于公众"放大镜"之下,除各类涉密信息外的权力运行过程和结果都要公之于众,供公众评价、监督。公权力机关履行职责过程中出现的任何违法违规行为甚至谬误、不周延都可能因此招致批评、质疑。为此,任何政府机关的活动都必须更加规范,并注重自身能力的提升,避免陷入被动或者遭受质疑。比如,2011 年,《政府信息公开条例》实施 3 年左右,不少机关仍不重视信息公开工作,无视《政府信息公开条例》要求每年 3 月底前发布上一年政府信息公开年度报告的要求,当年就有不少关于政府机关无视此项工作的报道见诸报端,对其造成巨大压力[1]。而 2014 年,针对部分美剧被从网络媒体下架的问题,有申请人向国家新闻出版广电总局申请公开执法依据[2],拷问其是否有充分的执法依据与理由。这表明,政府的任何决策都可能会遭受公众的质疑,决策背后的信息都面临公开的要求,其必须确保决策的合法、科学。

(六) 透明政府有助于维护社会稳定

维护社会秩序的稳定是公权力运行的重要目标,而以公开促稳定则是

---

[1] 参见《人社部官网两年年报一字不差:回应称是技术失误,已将两个"乌龙年报"撤下》,《南方都市报》2011 年 3 月 31 日第 A15 版;《三年雷同的"乌龙报告"改了:2008-2010 年的东莞市统计局信息公开工作报告重新上网》,《南方都市报》2014 年 4 月 26 日第 AA10 版。

[2] 《美剧为何下架?大学生向新广局申请公开法律依据》,http://chuansongme.com/n/439794,2014 年 5 月 18 日。

其重要手段。从广元柑橘事件①，到 2009 年的杭州三菱跑车事件②，再到 2012 年的什邡钼铜事件以及厦门、大连、宁波、昆明等地发生的 PX 事件，以及鹤山核原料事件③、杭州垃圾焚烧厂事件④，无不在一定程度上肇因于信息公开得不及时、不准确。分析 2012 年什邡钼铜事件和近年来频发的 PX 事件的诱因及过程，可见地方政府引入此类项目无疑都是基于发展本地经济的良好初衷，且都履行了各种审批手续，甚至有些地方还建有完善的决策参与机制和风险评估机制，但由于决策过程中未能妥善处理决策与民意的关系，没有认真听取和反映民意，尤其是没有及时公开有关信息，引发了公众的怀疑、不满，形成了政府、公众、项目运营投资方多方皆输的局面。目前，在一些管理者的眼中，公开是导致社会不稳定的因素。在他们看来，公众知道得越多，政府就越难以管理，甚至会出现越来越多的不稳定因素。2014 年 5 月，南京市一放射源丢失，有关部门担心过早公开会引发社会恐慌，90 小时后才对外公布情况⑤，但其代价是可能导致更多的人在不知情的情况下身体健康受到放射源的损害。此外，2000 年前后，一些地方曾发生过因害怕曝光而截断邮路、收缴报纸的事件，当地管理者都打着维护社会稳定的旗号⑥，这些做法无非都是因为管理者还沉浸在威权主义的

---

① 2008 年 10 月，因有关部门面对"柑橘长蛆"的信息广泛传播，事前宣传不够，事后回应滞后，导致公众产生恐慌心理，当年导致大量柑橘滞销，产业遭受巨大损失。
② 2009 年 5 月，在处理一起三菱跑车肇事致人死亡事件时，警方面对媒体和公众提供信息闪烁其词、不严谨，引发公众对交警部门的强烈指责和对交警部门是否能公正办案的质疑，甚至一度质疑之后出庭受审的嫌疑人是否被人"顶包"。
③ 《社会各界反对意见较多，政府决定充分尊重人民意愿——鹤山宣布取消核燃料项目》，《南方都市报》2013 年 7 月 14 日第 A06 版。
④ 《网民就杭州垃圾焚烧厂事件呼吁政府信息公开》，《中国青年报》2014 年 5 月 12 日第 8 版。
⑤ 《放射源丢失事件追踪》，《扬子晚报》2014 年 5 月 13 日第 A4 版。
⑥ 例如：四川某县委书记，因《农民日报》刊载揭露其超标用车、盖房的文章而下令收回并焚毁当日的报纸（参见《书记烧党报》，《南方周末》2000 年 10 月 26 日第 15 版）；山东某县也发生了因《法制日报》刊登批评该县的报道而报纸"失踪"的事件（参见《公民的权利不容剥夺——新闻、法律专家评说"法制日报失踪"案》，《法制日报》2000 年 10 月 18 日第 1 版；《法制失踪以后》，《南方周末》2000 年 10 月 5 日第 1 版）；而在江西则发生了有关部门以维护"社会稳定"为由查禁宣传中央减负政策的《减轻农民负担工作手册》并追究相关人员责任的事件（参见《何为禁书》《农民不知情就能稳定吗》《不让公安乱出警》，分别载于《南方周末》2000 年 10 月 26 日第 15 版、2000 年 11 月 16 日第 1 版、2000 年 11 月 23 日第 13 版）。

惯性思维下，以家长自居，把公众当成不谙世事的孩子。但事实上，目前中国公众的知识水准大为提高，在互联网的支持下，不少人具备极高的专业水平。把公众当孩子看管、把自己当成家长、替公众做主的时代已经一去不复返。对公众而言，捂着盖着令人生疑，因为，既然是好事，就没有必要偷偷摸摸。久而久之，只能是管理者日渐透支政治资源和公信力，引发更大的不稳定。

二 文献综述

关于透明政府的研究文献，可谓汗牛充栋。此类研究文献大体以2008年5月1日《政府信息公开条例》的实施为界分为两类。之前的研究主要侧重于对知情权及政府信息公开意义、必要性的分析评述，国内研究成果多数从比较法角度，引介其他国家和地区的政府信息公开制度，并结合当时有关部门及地方政府推进政务公开的实践。例如，《外国政府信息公开制度比较》（周汉华主编，中国法制出版社2002年版）对十余个国家和地区政府信息公开制度的实践进行了引介。《中国政务公开的实践与探索》（周汉华主编，中国法制出版社2002年版）对立法公开、村务公开、检务公开、警务公开及部分领域和地区的政府信息公开实践进行了研究。《政府信息公开条例专家建议稿——草案·说明·理由·立法例》（周汉华主编，中国法制出版社2002年版）则通过专家建议稿的形式，为社会、实务界和学界提供了制定政府信息公开制度的参考文献。

与2008年5月1日之前还主要讨论政府信息能否公开、是否应当引入政府信息公开制度相比，此后的研究更多关注如何实施政府信息公开制度等问题。莫于川、林鸿潮的《政府信息公开条例实施准备调研报告——以苏闽川滇数省等作为考察重点》（《法学》2008年第6期）从主管机构确立、制度规范制定、公开场所配备、公开方式的健全、政府信息公开指南与政府信息公开目录编制等方面分析了《政府信息公开条例》实施准备阶段的状况与面临的问题。周汉华的《〈政府信息公开条例〉实施的问题与对策探讨》（《中国行政管理》2009年第7期）指出了《政府信息公开条例》实施一年中存在的发展不平衡、结果不理想、数据不统一等问题。为了厘清政府信息公开实施中的一些基本问题,《中国行政管理》2012 年第 8 期曾组织了笔谈文章,集中讨论政府信息的概念、范围和认定①。于立深的《依申请政府信息公开制度运行的实证分析——以诉讼裁判文书为对象的研究》(《法商研究》2010 年第 2 期)对依申请公开制度运行过程中的申请标准、行政机关的公开义务等进行了分析。章剑生的《阳光下的"阴影"——〈政府信息公开条例〉中"不公开事项"之法理分析》(《政法论丛》2009 年第 12 卷)对《政府信息公开条例》第 14 条第 4 款中关于国家秘密、商业秘密、个人隐私的认定进行了分析。郑春燕的《政府信息公开与国家秘密保护》(《中国法学》2014 年第 1 期)集中对国家秘密的界定和司法审查作了分析。贺海仁的《获取政府好信息与法治政府——以不予公开政府信息为分析对象》(《河北法学》2014 年第 8 期)认为,《政府信息公开条例》规定的"国家有关规定""三安全一稳定""两秘密一隐私""生产、生活、科研需要"等削弱了"公开是原则,不公开是例外"的原则,应注重政府信息的法定化、主动公开化和公开政府信息的权力导向。

这一时期一些有代表性的比较法研究成果也更多地集中于说明有关国家或地区是如何处理政府信息公开工作的。例如,《中欧政府信息公开制度比较研究》[吕艳滨、卡特(Megan Patricia Carter),法律出版社 2008 年版]立足于《政府信息公开条例》出台后如何具体实施,从政府信息公开的机构、不公开信息界定、政府信息公开培训、政府信息公开收费等方面梳理了大量欧洲国家政府信息公开的做法。而后向东的《美国联邦信息公开制度研究》(中国法制出版社 2014 年版)在中国引入政府信息公开制度 6 年后出版,从比较法角度对美国政府信息公开制度的历史和主要制度机制进行了全面深入的分析,详细描述了美国信息自由法制定乃至历次修改的背景、过程,澄清了一系列误读、误译,让我们对美国这项制度的了解尽可能接近其真实面貌。

《政府信息公开条例》实施后,对政府信息公开制度的实证研究成果也不断出现。其中,笔者所在的中国社会科学院法学研究所的项目组自 2009 年开始以一套指标体系,对国务院部门、省级政府、较大的市的政府公开

---

① 此次笔谈的主要文献有:应松年的《转变职能 创新机制 推进政府信息公开》、王敬波的《政府信息概念及其界定》、张岩的《政府信息的认定》、吕艳滨的《如何理解依申请公开中的政府信息概念》、刘波的《政府信息概念理解上的三个问题》。

政府信息的情况进行第三方评估,并对政府信息公开制度实施状况进行分析,指出其在主动公开、依申请公开等方面存在的不足①。笔者的《政府信息公开制度实施状况——基于政府透明度指数测评的实证分析》(《清华法学》2014年第3期)基于上述研究,全方位分析了政府信息公开存在的问题。肖明的《政府信息公开制度运行状态考察——基于2008年至2010年245份政府信息公开工作年度报告》(《法学》2011年第10期)则根据政府信息公开年度报告中反映的数据,分析了政府信息制度在主动公开、依申请公开、政府信息公开收费等方面的情况。

随着政府信息公开诉讼案件的增多,也出现了一批研究政府信息公开诉讼机制及通过诉讼案件分析政府信息公开制度运行情况的成果。早在《政府信息公开条例》实施前,就有学者研究政府信息公开诉讼机制问题。例如,江必新、梁凤云的《政府信息公开与行政诉讼》(《法学研究》2007年第5期)分析了行政诉讼救济的途径,明确了长期以来公民知情权能否获得行政诉讼救济的问题。章志远的《信息公开诉讼运作规则研究》(《苏州大学学报(哲学社会科学版)》2006年第5期)对政府信息公开诉讼进行了界定,即信息公开权利人在请求公开有关行政信息的过程中,因不服公开义务人对特定信息的作为(包括拒绝公开及部分公开)或不作为(包括不予受理及不作决定)而提起的行政诉讼。江必新、李广宇的《政府信息公开行政诉讼若干问题探讨》(《政治与法律》2009年第3期)提出,政府信息公开诉讼受案范围的确定,既要为公民、法人或者其他组织依法获

---

① 参见《中国地方政府透明度年度报告(2009):以政府网站信息公开为视角》,《中国法治发展报告 No.8 (2010)》(法治蓝皮书),社会科学文献出版社,2010,第322-350页;《中国政府透明度年度报告(2010):以政府网站信息公开为视角》,《中国法治发展报告 No.9 (2011)》(法治蓝皮书),社会科学文献出版社,2011,第210-247页;《中国政府透明度年度报告(2011):以政府网站信息公开为视角》,《中国法治发展报告 No.10 (2012)》(法治蓝皮书),社会科学文献出版社,2012,第215-254页;《中国政府透明度年度报告(2012):以政府网站信息公开为视角》,《中国法治发展报告 No.11 (2013)》(法治蓝皮书),社会科学文献出版社,2013,第164-214页;《中国政府透明度指数报告(2013):以政府网站信息公开为视角》,《中国法治发展报告 No.12 (2014)》(法治蓝皮书),社会科学文献出版社,2014,第191-204页;《中国政府透明度指数报告(2014):以政府网站信息公开为视角》,《中国法治发展报告 No.13 (2015)》(法治蓝皮书),社会科学文献出版社,2015,第166-196页;《中国政府信息公开第三方评估报告(2014)》,中国社会科学出版社,2015。

取政府信息提供尽可能广泛和充分的救济，又要照顾政府信息公开制度实行伊始的现实情况，并提出了人民法院可以受理政府信息公开诉讼的范围。黄学贤、梁玥的《政府信息公开诉讼受案范围研究》（《法学评论》2010年第2期）将政府信息公开诉讼的可诉行为区分为行政机关主动公开中的作为行为、行政机关主动公开中的不作为行为、相对人申请公开中的不作为行为、相对人申请公开中的作为行为。江苏省南京市中级人民法院行政庭课题组的《政府信息公开的司法审查难点及其应对——以江苏省南京市司法审查状况为切入点的考察》（《法律适用》2011年第4期）对原告资格进行了阐释。浙江省高级人民法院课题组的《政府信息公开行政诉讼案件疑难问题研究——以浙江法院审理的行政案件为实证样本》（《行政法学研究》2009年第4期）则对生产、生活、科研"三需要"与原告资格的问题进行了分析。为集中展示人民法院依法保障公民知情权、监督促进行政机关打造阳光政府的司法实践，指导全国法院不断提高政府信息公开案件的办理质量，2014年9月，最高人民法院首次公布了全国法院政府信息公开十大案例，分别是：余穗珠诉海南省三亚市国土环境资源局案，奚明强诉中华人民共和国公安部案，王宗利诉天津市和平区房地产管理局案，杨政权诉山东省肥城市房产管理局案，姚新金、刘天水诉福建省永泰县国土资源局案，张宏军诉江苏省如皋市物价局案，彭志林诉湖南省长沙县国土资源局案，钱群伟诉浙江省慈溪市掌起镇人民政府案，张良诉上海市规划和国土资源管理局案，如果爱婚姻服务有限公司诉中华人民共和国民政部案。这些指导性案例不仅有助于指导司法审判实践，也有助于推进依法行政，还为政府信息公开研究提供了鲜活的素材。

随着大数据时代的到来，如何应对大数据时代对政府信息公开的要求也成为学界关注的对象。维克托·迈尔－舍恩伯格、肯尼斯·库克耶的《大数据时代》（盛杨燕、周涛译，浙江人民出版社2013年版）描述了大数据对思维模式、商业模式和管理模式的变革。徐子沛的《大数据：正在到来的数据革命，以及它如何改变政府、商业与我们的生活》（广西师范大学出版社2013年第2版）则对大数据时代的政府信息公开、个人信息保护等进行了分析。王伟、曹立春的《大数据时代的政府信息公开》（《华北电力大学学报（社会科学版）》2013年第5期）提出，推动数据治国、深化政府民主，要扩大数据开放领域和力度、释放巨大的经济效益。张毅菁的

《大数据对我国政府信息公开立法修改的启示》（《国图情报工作》2013年第S1期）指出，大数据改变了政府信息公开的广度、深度和速度，《政府信息公开条例》远不能适应大数据发展的需求，应当提升法律位阶，明确信息收集、公开的规则。

此外，行政机关之外的主体公开政府信息的问题也逐步成为学界关注的问题。郭泰和的《立法扩展与实践局限：公共企事业单位信息公开诉讼的路径选择——以〈政府信息公开条例〉"参照"规定的实现为视角》（《行政法学研究》2014年第3期）、卢超的《民营化时代下的信息公开义务——基于公用事业民营化的解读》（《行政法学研究》2011年第2期）讨论了公用事业民营化对政府信息公开的影响。中国政法大学教育法中心发布的《2010－2011年度高校信息公开观察报告》对高校信息公开的实际状况进行了评价和分析。《高校信息公开政策研究》（知识产权出版社2014年版）系统论证了高校信息公开的理论依据和制度依据，分析了目前高校信息公开的现状与问题，并提出了完善高校信息公开的建议。笔者所在的项目组2015年也推出了《中国高等教育透明度指数报告（2014）》（中国社会科学出版社2015年版），分析了高等学校公开信息的必要性，并依据教育部发布的《高等学校信息公开事项清单》，对115所高等学校公开信息的情况进行了评估，对完善高等学校信息公开提出了建议。

总的来说，目前关于政府信息公开的研究成果比较多，研究内容也基本涉及了其主要问题，但也存在一定的不足。首先，研究尚不够深入。绝大多数研究成果还停留在讨论相关制度的存在价值、存在意义等问题上，即便对政府信息公开中某些制度的研究也还不够深入，尤其是对于解决实务中遇到的问题仍显论证粗浅。其次，研究不够系统。目前的研究成果多是涉及政府信息公开的某些方面，全面系统论证政府信息公开制度运行状况、完善路径的成果还几乎没有。特别是能够系统回应目前政府信息公开制度实施过程中所面临的问题、细化制度设计的研究还显不足。最后，研究的方法还普遍偏重定性研究，定量分析不够。目前，多数研究成果还停留在对问题的定性研究中，对制度运行情况的评价多数依据的是感知和基于个案得出的判断，未必能够反映政府信息公开制度运行的实际情况，对于制度运行中存在的不足也就难以形成系统、全面、客观的结论，对制度完善的思考也很难贴近实际情况。

三 研究思路与方法

本书对于透明政府的研究主要集中于政府信息公开制度的实施情况，结合政府信息公开制度的实际运行情况，分析政府信息公开制度实施过程中存在和面临的部分问题，对政府信息公开制度实施中诸如政府信息的界定、政府信息公开的方式、不公开信息的界定、依申请公开的程序等问题进行研究。毫无疑问，如何界定公开范围、科学明确地界定不公开信息的范围也是实施政府信息公开中要解决的，对此，将另做研究与分析。

研究方法方面，本书主要基于2009年以来中国社会科学院法学研究所法治指数创新工程项目组开展的政府透明度指数测评所获取的数据材料，多年来在广东、浙江、四川等地开展调研访谈中所获取的数据，公开的相关案件的判决文书，以及截取的部分需由行政机关作出回应的新闻报道，采取定量与定性相结合的方式。

1. 政府透明度指数的测评与调研方法

政府透明度指数评估是本书关于政府信息公开实施状况的主要数据来源。为确保数据获取的科学性、客观性，在对政府透明度指数的测评和调研过程中，项目组主要遵循的原则有如下几项。

（1）有法可依的原则。所有测试指标的选择和设置全部依据《政府信息公开条例》及有关法律法规的规定，按照其对各级政府履行政府信息公开职责的要求，考察有关政府部门公开政府信息的实际情况。

（2）客观性原则。所开展的测评和调研不是满意度评价，不对公开情况作出满意与否、好坏与否的评价。为了最大限度地避免测评和调研中相关人员个人主观判断、个人好恶对测评与调研结果的影响，测评指标要求主要依靠各类客观数据，仅对测评与调研事项作出"是"与"否"的判断，而不能作出"好"与"坏"的判断，因此，依照所设定的指标，任何人在同一时间段，均可以对同一政府网站得出相对一致的测评与调研结论。

（3）公众本位原则。评判公开效果如何，应以信息是否对当事人和公众有用、是否方便当事人和公众获取为依据。推行政府信息公开的一个重要目的就是服务公众，方便公众高效地获取所需的政府信息。因此，测评与调研坚持以结果为导向，以公众需求为视角，特别强调获取信息的便利性，如门户网站信息检索功能的可用性、重点信息栏目的配置、依申请公开提交方式的有效性等。

（4）突出重点。《政府信息公开条例》从主动公开到依申请公开、从公开形式到公开内容等方面，对政府机关履行公开义务作出了较为详细的规定，三大诉讼法及司法解释也对司法公开作了较多的规定，但测评与调研主要调查政府信息公开中较为重要的几个方面。例如，政府信息公开方面，主要集中于政府信息公开目录、政府信息公开指南、依申请公开信息、政府信息公开年度报告等与方便公众获取信息和有利于监督政府公开信息的事项以及行政审批、食品安全、环境保护等重点领域的公开情况。

项目组开展的政府透明度指数测评是第三方行为，具有独立性。指标设定、测评、报告发布均由法学研究所的项目组在广泛征求学者、政府机关工作人员等的意见的基础上独立完成，未受任何机构干预。事实上，在政府透明度指数测评之外，项目组还开展了司法公开的第三方评估，其中浙江阳光司法指数测评就比较典型。浙江法院阳光司法指数测评通过第三方评估机构对法院司法公开成效进行评估，创新了司法公开监督的形式。阳光司法指数测评是司法实务部门与国家最高法学研究机构合作完成的，其在推动司法公开和法学研究方面具有重要意义。中国社会科学院法学研究所项目组对其独立开展测评时，做到了全省法院"四不"，即不提前通知、不提前布置、不作动员、不告知测评科目。中国社会科学院法学研究所的司法透明度指数测评先行先试，具有里程碑式的意义，开启了司法体制改革的新篇章。一个法院是否对外开放、开放到什么程度，哪怕是开放给一个国家级学术机构，仍然是有争议的。浙江省高级人民法院放手让一个外部机构独立地开展测评，对测评什么、怎么测评、测评结果不作干预，甚至向项目组开放了法院内网系统和内部统计数据，各级法院积极配合项目组随机调取案卷档案，这些原始数据确保了测评的准确性，使阳光司法指数测评具有较强的科学性、客观性，测评方式也具有可推广性和可复制性。政府透明度的评估也遵循了这样的方法，测评之前及测评过程中不对外告知测评内容、方法及时间，重在观测各政府机关日常工作成效。同时，由于测评具有独立性、客观性和科学性，测评结果广受认可，许多政府部门、法院都将本部门的测评结果写进自身年度工作报告中，推动了各级政府机关的政府信息公开工作和各级法院的司法公开工作。

为了解《政府信息公开条例》相关制度的实施情况，发现制度设计和实施中存在的问题，项目组自2009年以来，持续对政府信息公开的实施情况进行了调研和测评。调研对象的范围逐步扩大，2009年为43家较大的市（不含民族区域自治地方6家较大的市）[1]，2010年扩展到59家国务院部门[2]，2011年进一步增加了26家省和直辖市，2013年则根据国务院机构改革的结果，改为55家国务院部门，并将民族自治地方纳入测评范围，即包括31家省、自治区和直辖市以及49家较大的市（见表1-1）。2014年项目组还接受国务院办公厅政府信息与政务公开办公室委托，开展了政府信息公开第三方评估，评估对象为56家国务院部门、31家省级政府和5家计划单列市政府。

表1-1 2009-2014年政府透明度指数的测评调研对象

2009年	2010年	2011年	2012年	2013年	2014年
	59家国务院部门	59家国务院部门	59家国务院部门	55家国务院部门	55家国务院部门
		26家省、直辖市	26家省、直辖市	31家省、自治区、直辖市	31家省、自治区、直辖市
43家较大的市	43家较大的市	43家较大的市	43家较大的市	49家较大的市	49家较大的市

调研和测评内容从最初主要测评政府信息公开的形式逐步向形式与内容并重的方向转变。2009年测评了《政府信息公开条例》所规定的政府信息公开目录、政府信息公开指南、政府信息公开年度报告等公开形式，对拆迁信息作了个案观察，并进行政府信息公开申请的验证。之后几年则逐步降低了对公开形式进行调研、测评的权重，增加了食品安全信息、行政审批信息、规范性文件信息、环境保护信息、政府机关工作信息的内容（见表1-2）。

---

[1] 根据修订前的《立法法》第63条第4款，较大的市是指省、自治区的人民政府所在地的市，经济特区所在地的市和经国务院批准的较大的市。这些城市都有地方立法权，相对于省级政府与公众生产生活联系更为紧密，相对于地级市和区县具有更大的决策空间。

[2] 59家国务院部门系2013年国务院机构改革前的国务院组成部门、国务院直属特设机构、国务院直属机构、国务院直属事业单位、部委管理的国家局中，对外行使行政管理职权、与公众生产生活具有密切关系的部门。

表1-2 2009-2014年政府透明度指数测评内容

2009年	2010年	2011年	2012年	2013年	2014年
政府信息公开目录	政府信息公开目录	政府信息公开目录	政府信息公开目录	政府信息公开目录	政府信息公开目录
政府信息公开指南	政府信息公开指南	政府信息公开指南			
依申请公开	依申请公开	依申请公开	依申请公开	依申请公开	依申请公开
政府信息公开年报	政府信息公开年报	政府信息公开年报	政府信息公开年报	政府信息公开年报	政府信息公开年报
拆迁信息	拆迁信息				
	食品安全	食品安全	食品安全	食品安全	
	预算信息	规范性文件	规范性文件	规范性文件	规范性文件
		环境信息	环境信息	环境信息	环境信息
		行政审批信息	行政审批信息	行政审批信息	行政审批信息
			工作信息	工作信息	工作信息
			政府公报		

对政府信息主动公开的测评与调研主要依托于各调研对象的政府门户网站。虽然《政府信息公开条例》规定了多种公开形式,但随着信息化的推进、信息技术与信息网络的普及,政府网站因具有信息承载量巨大、公开成本低廉、不受地域时间限制、可供公众反复查找利用等优点,已被公认为且已经成为政府信息公开的主要平台。因此,调研和测评的主要方法是观察被调研对象通过政府网站公开信息的情况。

依申请公开的测评与调研则每年选取确定的内容,向调研对象发送申请,验证依申请公开制度的运行状况。

(1) 2009年,项目组向较大的市申请公开当地当年的城市房屋拆迁补偿标准。

(2) 2010年,项目组向较大的市申请公开当地当年的食品安全执法检查信息,向国务院部门申请公开各部门当年因公出国出境考察人数及经费使用情况。

(3) 2011年,向所有被调研对象申请公开其当年投入用于政府网站建设和信息公开工作的经费数额及工作人员数量。

(4) 2012年,向所有被调查对象申请公开其当年干部任免情况,并向

26个省、直辖市财政部门申请公开当地当年政府采购协议供货商品目录及当年1-10月协议供货成交记录。

（5）2013年对国务院部门的申请内容为要求其公开本机关人员数量（包括公务员人员数、事业编人员数、聘用人员数及借调人员数）；对各地方政府的申请内容为要求其公开当地垃圾处理的相关信息，包括：①当地当前的垃圾处理能力，垃圾处理设施的建设情况（即无害化处理设施、卫生填埋场、垃圾焚烧设施现有的情况以及在建和规划情况），当地年度垃圾处理量；②当地垃圾减量、减排方面的规定和现状，循环利用、包装简化方面的政策文件；③当地垃圾收费方面的规定，2012年的征收金额及征收标准；④当地2012年用于城市垃圾处理设施建设、技术改造、政府资金支持等方面的经费投入和使用情况。

（6）2014年对国务院部门采取随机确定申请内容的方法，每个部门申请内容不同。对地方政府的邮寄申请，主要是向各地国土资源管理部门申请公开当地2014年1-10月份收取的国有土地出让金的总额。部分地区反馈，此项信息由财政部门掌握，对此，项目组又向当地财政部门发送了申请。

2. 政府信息公开诉讼案件

随着司法公开的深入推进，生效裁判文书集中通过中国裁判文书网及各省高级人民法院网站对社会公开，本书写作过程中还查询了部分政府信息公开案件的裁判文书，以此为素材分析了相关行政争议中行政机关、申请人、法院在政府信息界定、依申请公开条件与流程等问题上的认识与态度。

3. 与行政机关回应社会关切有关的新闻报道

为了分析行政机关回应社会关切的情况，本书写作过程中还从2014年1月1日至12月31日的热点新闻中截取了需要行政机关作出回应的新闻报道，分析了行政机关回应社会关切的成效与面临的问题。

第二章

政府信息

一 概述

在中国,政府信息公开制度是舶来品,是移植、借鉴其他国家和地区法律制度的结果。这项制度在不同国家和地区的叫法略有差异,有的叫"信息自由法"(如美国、英国),有的叫"情报公开法"(如日本),有的叫"资讯公开法"(如我国台湾地区),但制度本身并无实质性区别,均是出于保障公众知情权抑或确保政府对国民的说明义务、推进民主参与、加强对政府的监督等目的,强化政府机关对公众公开政府信息的义务,并赋予一般公众"信息公开请求权",允许向行政机关申请公开其所掌握的不被作为例外(即不公开信息)的政府信息。因此,实施该制度的前提是厘清何为"政府信息"。

《政府信息公开条例》专门对"政府信息"的定义进行了界定,即"行政机关在履行职责过程中制作或者获取的,以一定形式记录、保存的信息"(《政府信息公开条例》第2条)。《国务院办公厅关于做好政府信息依申请公开工作的意见》(国办发〔2010〕5号)的进一步解释为:行政机关向申请人提供的政府信息,应当是正式、准确、完整的,申请人可以在生产、生活和科研中正式使用,也可以在诉讼或行政程序中作为书证使用;行政机关向申请人提供的政府信息,应当是现有的,一般不需要行政机关汇总、加工或重新制作(作区分处理的除外)。

实践中,"不属于政府信息"往往成为行政机关拒绝公开政府信息的理由。例如,项目组2012年申请国务院部门公开其2011年1月至2012年9月30日的干部任免情况信息(包括选拔领导干部任职的岗位、人数,新选拔任职干部的性别比及其学历、专业分布情况;干部处分人数、原因、类别),结果有3家国务院部门答复称该信息不属于"政府信息"。又如,项目组2013年申请国务院部门公开其本机关人员数量(包括公务员人员数、事业编人员数、聘用人员数及借调人员数),也有部门答复称"局直属事业单位均为独立法人单位,其编制和人员情况相关信息不属于政府信息"。检索2008年以来的政府信息公开行政诉讼案件,我们也可以发现,是否属于

"政府信息",往往成为公众申请获取政府信息的一道"拦路虎",也令不少行政机关工作人员无所适从,甚至也有人提出,《政府信息公开条例》规定的政府信息的范围过宽。因此,有必要结合实际发生的案例、有关国家和地区的规定来探讨如何界定政府信息的范围。

二 "信息"?"文件"?抑或其他?

毫无疑问,《政府信息公开条例》所适用的对象为"政府信息"。关于"信息"的界定,笔者曾在《信息法治:政府治理新视角》(社会科学文献出版社2009年版)一书中做过梳理和分析,此处不再赘述。概言之,信息是依托一定的载体存在的,能够反映事物的本质、特征、运动规律乃至事物之间相互联系、相互作用的状况和规律的表征,是经过加工处理并可以检索的数据。根据《政府信息公开条例》的规定,政府信息是以一定形式记录、保存的信息,虽有同义重复之嫌,但结合《政府信息公开条例(专家建议稿)》的界定,信息是以文书、图片、照片、胶卷、磁带、软盘、视听资料、计算机等载体形式记录的内容或者事项[①],也可以理解为,政府信息所指的"信息"就是以某种载体形式展现的内容或者事项。换言之,《政府信息公开条例》所适用的的确为"信息",只不过此类信息必须借助一定的载体记录和展示,否则不可以成为政府信息公开制度规范的对象。

虽然各国各地区关于政府信息公开制度适用对象的表述略有差异,但总体上也是符合这一理解的。以美国为例,有观点认为"记录公开"较之"信息公开"更为贴近《信息自由法》(FOIA)的内容[②]。而在日本,其《情报公开法》(直译应为"关于公开行政机关所保有的信息的法律")规定,该法的立法目的为:通过规定国民请求公开"行政文件"(日文原文为"行政文书")的权利,进一步促进公开行政机关掌握的信息,促使政府履行对国民的说明义务,推进行政活动在国民的恰当理解与评判之下更加公

---

① 参见周汉华主编《政府信息公开条例专家建议稿——草案·说明·理由·立法例》,中国法制出版社,2003,第2页。
② 〔日〕松井茂记:《情报公开法》,有斐阁,2001,第490页;后向东:《美国联邦信息公开制度研究》,中国法制出版社,2014,第32页。

正、民主（该法第1条）。按照日文的字面解释，"文书"系以文字记录的事项总称，包括书籍、文件、信函、证据、凭据等，所指范围也很宽泛。根据该法及日本《公文书管理法》，"行政文件"是行政机关工作人员在履行职务过程中制作、获取，由该行政机关工作人员有组织性地使用，并由该行政机关保存的文书，包括图画及电磁记录（即以电子、磁性方式及其他无法为人的知觉所认识的方式制作的记录）。言下之意，日本的信息公开法也不是"信息公开"，而是"行政文书"公开。

但以此为由认为《政府信息公开条例》所规定的政府信息范围过宽并不准确。以美国为例，其1996年修订后的《信息自由法》及2007年修订后的《信息自由法》均规定，"记录"（record）是行政机关以任何形式（包括电子化格式）保存的任何信息①。日本1989年立法过程中有关方面提交的立法说明明确指出，公开请求权制度并未要求行政机关对所持有的信息进行处理、加工后再提供给国民，而是要求向国民原原本本地提供行政运营方面的信息，因此，将公开请求的对象设定为信息通过一定媒介记录的事物（文件）②。因此，即便美国强调公开的应为"记录"、日本强调公开的应为"行政文件"，但无非都是以一定形式记录的信息，与中国的规定并无区别，如出一辙，而涵盖了传统纸质载体、现代电磁记录方式之后，所谓的"信息"已经可以说无所不包了。虽然没有载体不构成信息③，但政府机关公开的、公众所申请的仍然还是"信息"，而不是信息的载体。申请人申请公开的不会是记录信息的光盘、纸张，而应是信息，即光盘、纸张等载体上所记录的事项，这些事项可以是以文字、图画、表格、音频、视频等各种可为人的感官所感知的形式存在，而至于该信息应以什么样的形式展现，则要根据信息自身的情况、当事人的需求、政府机关的条件等来决定。

要求信息必须依附于一定的载体，也可以理解为政府信息还需要具备"现有性"的条件。自《国务院办公厅关于做好政府信息依申请公开工作的

---

① 后向东：《美国联邦信息公开制度研究》，中国法制出版社，2014，第292、327页。
② 参见1989年日本行政改革委员会提出的《信息公开法纲要案的思路》（情報公開法要綱案の考え方）。
③ 参见周汉华主编《政府信息公开条例专家建议稿——草案·说明·理由·立法例》，中国法制出版社，2003，第63页。

意见》和《最高人民法院关于审理政府信息公开行政案件若干问题的规定》①发布以来，不少行政机关开始将现有性标准作为判定是否应公开相关信息的重要依据。所谓的"现有性"也就是指，政府信息必须是已经存在的信息，属于不需要行政机关汇总、加工或重新制作、搜集的各类信息。此解读的前半部分还说得过去，但后半部分则容易产生歧义，引发争议。曾有申请人申请公开过去几年招录残疾人公务员的人数，相关部门以没有现成的信息为由予以拒绝，并辩称，《政府信息公开条例》要求公布已经掌握的、可以公布的、现成的信息，而不是基于任何人的意愿，要求行政机关进行"再加工"后再告知某个结果。特别是有关部门还将政府信息限定为"可以在诉讼或者行政程序中作为书证"的信息，如果这么界定的话，《政府信息公开条例》应更名为"政府公文公开法"，依申请公开制度的存在也就毫无意义，只需要设定主动公开制度即可，如果严格执行所谓不需要汇总、加工、重新制作的规定，政府信息公开制度也就没有存在的必要了。因为，所谓的汇总、加工、重新制作必须仍然限定为过去未作汇总、加工，且依照其职权本来就没有汇总、加工的职责。如果本来依照行政机关的职权职责就应当进行加工、汇总，但行政机关怠于履行职责导致申请人申请公开时尚未加工、汇总的，行政机关不得以此为由拒绝公开。

即便确无加工、汇总的职权职责，也不代表就一定能够直接拒绝提供信息。2012年，项目组曾向被测评对象申请公开国务院部门2011年1月至2012年9月30日的干部任免情况信息（包括选拔领导干部任职的岗位、人数，新选拔任职干部的性别比及其学历、专业分布情况；干部处分人数、原因、类别），对此，大部分部门拒绝公开，其中的一个理由是不负责加工汇总。但也有的部门处理得较为妥帖，如宁波市人民政府虽提出不负责统计人事任免的分类信息，但仍通过电子邮件向项目组发送了过去的人事任免信息，可资借鉴。

与之相对应，陈某与杭州市发展和改革委员会信息公开纠纷一案中，当事人陈某提出政府信息公开申请的内容为："根据杭房拆裁上字（2008）第24号《杭州市房产管理局拆迁纠纷裁决书》及《中华人民共和国政府信息公开条例》，现申请人要求公开杭氧北村R6组团（三塘汶园）的建设项

---

① 其第二条规定，起诉要求行政机关为其制作、搜集政府信息，或者对若干政府信息进行汇总、分析、加工，行政机关予以拒绝的，法院不予受理。

目立项批准文件。审查该行政许可申请的审查意见及证据材料、依据、理由。"法院在二审判决中认定，当事人提出的"审查该行政许可申请的审查意见及证据材料、依据、理由"的申请，实质上是要求市发展和改革委员会对建设项目立项批准文件的合法性作出说明，并不属于政府信息的范畴[见该案二审（2013）浙杭行终字第235号判决书]。这显然是对现有性的错误理解，行政机关作出审批必然需要有相应的法律依据、事实根据和理由，而这些都应当已经形成了相应的文件、固化了相应的信息，认定其所申请的不属于政府信息似有不妥。

总之，毫不区分地将看似不具有现有性的信息排除在政府信息之外，并不可取。

三 如何理解"履行职责"

政府信息必须与行政机关履行的职责有关，才可能成为《政府信息公开条例》所要调整的对象。

（一）所履行的职责应是行政机关的行政管理职责

政府信息公开制度是专门规定行政机关向公众公开政府信息的制度，因此，判定某信息是否属于政府信息，应以该信息是否涉及行政机关所履行的行政管理职责为依据。对此，可以从以下几个方面来考虑。

第一，应判断是否属于有关行政机关的管理职责。例如，在谢某等诉南京市雨花台区人民政府赛虹桥办事处政府信息公开案件中，当事人要求被告赛虹桥办事处公开的为当事人购买的拆迁安置房现住户信息，但法庭审理查明，当事人购买的房屋并非用于该地区的拆迁安置房，而是开发商直接面向社会出售的商品房，被告对此无履行职责的权限，因此，原告申请的不属于政府信息[参见该案（2014）雨行初字第1号一审行政判决书]。此外，孙某不服山东省工商行政管理局工商行政复议的二审行政判决显示，当事人申请原行政机关（烟台市工商行政管理局）公开的是，该局局长及工作人员在查办某医药有限公司销售叫卖不安全食品一案中的受贿数额及局长包二奶等情况。法院认为，当事人申请公开的不属于政府信息

[参见（2014）济行终字第 75 号二审行政判决书］。而在邓某诉重庆市大渡口区教育委员会教育政府信息公开一案中，当事人要求公开辖区内九年制义务教育学校 2012 年收取的赞助费金额、使用途径、明细，有无贪污挪用情况，并要求提交职务犯罪名单、罪名及受到何种处罚。法院亦认定所申请公开的不属于政府信息［参见（2013）渡法行初字第 92 号一审判决书］。这两个案件也属同类情况，即所申请公开的不属于因履行行政管理职责而产生的信息。

第二，应判断是否属于行政机关依法应承担的行政职责。例如，最高人民法院 2014 年公布的政府信息公开十大典型案例之一"奚明强诉公安部一案"中，当事人要求公安部公开《关于实行"破案追逃"新机制的通知》（公通字〔1999〕91 号）、《关于完善"破案追逃"新机制有关工作的通知》（公刑〔2002〕351 号）、《日常"网上追逃"工作考核评比办法（修订）》（公刑〔2005〕403 号）等三个文件中关于网上追逃措施适用条件的政府信息。当事人所申请的信息是公安部作为刑事司法机关履行侦查犯罪职责时制作的信息，不属于《政府信息公开条例》规定的政府信息。此外，通过中国裁判文书网检索，我们可以发现，还有不少类似的案件。例如，卢某申请北京市公安局海淀分局信息公开一案显示，当事人要求公开因房屋被强制拆除、当事人被限制人身自由等而拨打 110 报警后，警方的出警记录及处理结果［参见（2014）海行初字第 126 号一审行政判决书］；张某申请北京市公安局昌平分局信息公开一案中，当事人要求公开家属被害案件的立案、侦破过程及结果信息［（2014）昌行初字第 65 号一审行政判决书］；成某、蒋某诉广饶县公安局不履行政府信息公开法定职责一案中，当事人要求公开自身被殴打一案的立案信息，而该案被确定为刑事案件［参见（2014）利行初字第 16 号一审行政判决书］。

总的来说，判定某信息是否属于政府信息，应当考虑产生该信息的权力运用活动是否属于被申请人的职责范围，是否在其履行该职责过程中产生，也要判断行政机关所履行的是否属于行政管理职责。比如，邓某申请重庆市大渡口区教育委员会教育政府信息公开一案中，当事人要求公开辖区内九年制义务教育学校 2012 年收取的赞助费金额、使用途径、明细，这些信息可以同其他信息剥离，作为政府信息来对待［参见（2013）渡法行初字第 92 号一审行政判决书］。而张某申请泰州市姜堰区住房和城乡建设局信息公开一案中，当事人申请公开被告下属的城建拆迁公司在某拆迁地段中涉嫌违规操作的查处情况，原告认为该案件虽系区纪委交住建局纪委调查处理，由被告行政监察室副主任负责调查；而本案被告及法院均认为申请公开的应不属于政府信息，未支持原告的公开申请［参见（2014）泰姜行初字第4号行政判决书］。但从案件描述看，查处下属公司的违规行为也应该是被告履行管理职责的一部分，虽可以因纪委办案而将所产生的信息视作党务公开内容，但也可以作为行政监察活动而将产生的信息归为政府信息。

（二）不应对"履行职责"作过窄解释

从监督政府、保障公众知情权、落实政府的说明义务、规范政府行为等角度看，在认定是否属于政府信息时不应对"履行职责"作过窄解释。

首先，不应将履行职责限定为对外进行管理，还应包括其内部管理活动。政府信息应是在行政机关履行职责过程中产生的，所谓的履行职责应当不仅包括对外管理，也应当包括对内管理，因为对内管理也应是履行职责的有机组成部分。行政机关是受人民授权代表国家和人民行使行政管理职权，在其存续过程中受人民供养，应为国家和人民利益行使权力，其任何活动都没有私益，都应对人民负责，向人民说明。从宪法及组织法对行政机关授予的职权来看，也不限于对外管理。例如，《宪法》对国务院的授权就包括类似"审定行政机构的编制，依照法律规定任免、培训、考核和奖惩行政人员"这样纯内部的管理职权。而《地方各级人民代表大会和地方各级人民政府组织法》也有类似规定，如依照法律的规定任免、培训、考核和奖惩国家行政机关工作人员，执行国民经济和社会发展计划、预算等。因此，在界定政府信息时将"履行职责"过窄地限定为有限的管理活动的做法是违背宪法和组织法精神的。

但实践中，一些政府部门往往将政府信息解释为仅限于在外部行政管理过程中制作或者获取的信息。比如，前文提到的2012年调研中，有5家国务院部门回复称人事任免信息不属于《政府信息公开条例》所指的政府信息，另有一部门称所申请的信息"是内部管理信息，未列入规定的政府信息公开范围"。言下之意，人事任免信息与其履行职责无关。近年来公开报道的不少案例中，有关部门也往往以此为由拒绝公开，如某当事人申请公开国务院部门副部长分工,教育部称,属于内部管理信息,一般不属于政府信息公开的范围。不少行政机关将所谓的内部信息作为不公开信息对待,错误地认为只有对外进行行政管理(如处罚、强制、许可)时所制作、获取的信息才属于政府信息。这显然是对"履行职责"作了不适当的限缩解释。而在陆某申请苏州市物价局物价信息公开一案中,法院认为,原告申请公开的内容为"苏州市价格认证中心的隶属、是否属于行政机关,如是,其行政级别等相关文件"以及"苏州市价格认证中心的主要职责,有否对房屋价格鉴定的资质及所有持有注册房地产估价师资格证的房屋估价人员"。原被告争议的焦点为原告申请公开的是否属于政府信息。法院在判决中认定,市物价局作为本市价格行政主管部门,对其下属机构市价格认证中心负有监督管理职责,显然掌握该中心的机构性质、职责范围及人员组成等相关信息,故原告申请内容属于被告履职过程中获取的政府信息;对于被告以市价格认证中心属于独立的公益类事业单位而非行政机关为由,否认原告申请信息属于政府信息,法院未予支持[参见(2014)姑苏行初字第0027号一审行政判决书]。也就是说,法院实际上更为宽泛地界定了履行职责的范围。

其次,不应以行政机关在法律关系中的身份判定相关信息是否属于政府信息。众所周知,行政机关在行政法律关系中一般为行政主体,代表国家行使行政权、从事相应管理活动,但其也可以作为行政相对人,成为其他行政机关的管理对象(如行政处罚的被处罚人、行政许可的申请人、行政强制的被强制人);而在民事法律关系中,行政机关也可以成为单纯的民事主体,成为合同当事人、侵权责任人或者受害人。从行政机关代表并行使公权力的身份出发,在认定与行政机关有关的信息是否属于政府信息时,不应考虑其所处的法律关系以及其法律身份、地位。其作为其他行政机关的管理对象时所产生的信息一方面属于其他行政机关在处罚、许可、强制等管理过程中制作、获取的政府信息,可以由其他行政机关公开;另一方面,该行政机关在受宪法、法律授权存续期间未依法行事产生的负面行政法律责任也应当对公众履行说明义务。而在民事法律关系中,行政机关无论是买卖、借贷、赔偿、索赔及其他任何民事活动,均涉及自身资产变动或处置,由于其自身的所有资产均来源于国家和人民,自然也应当对公众进行全面说明。因此,那种认为行政机关以非行政主体身份产生的信息不属于政府信息的观点是完全站不住脚的。

但实践中，对此问题的认识尚未统一。例如，张某申请北京市顺义区市政市容管理委员会信息公开一案中，法院认为，当事人张某向顺义市政市容管理委员会申请公开北京市顺义区马坡镇向阳村村民万某、刘某、张某、刘某、杨某、赵某、万某、单某、王某共9户与拆迁人签订的《北京市集体土地房屋拆迁货币补偿协议书》首页第二部分乙方家庭人口及其详细人员名单，而上述信息系顺义市政市容管理委员会基于拆迁人的民事主体身份获取的，不属于政府信息范畴。法院还认为，顺义市政市容管理委员会在被诉不予公开告知中将上述信息认定为政府信息，且未写明援引法律依据的具体条款，属于认定事实不清、法律适用错误，依法应予撤销〔参见（2014）三中行终字第991号二审行政判决书〕。在童某申请上海市闸北区建设和交通委员会行政城建政府信息公开一案中，法院认为，当事人童某申请公开的《中兴城旧区改造地块委托动拆迁包干协议》，系被告与第三人双方自愿根据《合同法》的原则，就中兴城旧区改造项目拆迁安置事项，明确两者责任分工所作的约定，并非被告在履行某一具体职责过程中制作的政府信息，故不属于《政府信息公开条例》所称的政府信息〔参见（2014）闸行初字第41号行政判决书〕。在作某申请贵阳市国土资源局政府信息公开一案中，法院也认定政府信息本质上是政府在行使行政权力过程中产生的信息，该案所涉贵阳市南明区河南庄地段（河南庄1-85号）的土地出让合同，不属于"政府信息"〔参见（2014）筑行终字第112号二审行政判决书〕。可见，法院多以相关行政机关在拆迁协议签订过程中属于民事主体身份为由，认定有关信息不属于政府信息，显然是对"履行职责"的过窄解释。

（三）是否属于政府信息与其所反映的法律事实是否具有法律效力无关

无论因履行职责而制作或者获取的信息是否有误、信息所反映的行政活动是否有效，只要该信息仍为行政机关所保存，就都应属于政府信息，也应当受到《政府信息公开条例》的调整，只要没有不予公开的理由，就需要向申请人公开。例如，胡某申请宁波市海曙区住房和城市建设局政府信息公开一案中，当事人胡某所申请的为"其家庭所在的宁波市海曙区普通（限价）商品住房申购审批表及准购证、选房顺序号和其家庭所在的欣欣家园普通（限价）商品住房订购单（公证书）"。被告行政机关认为，关于原告家庭的"宁波市海曙区普通（限价）商品住房申购审批表"属于行政审核过程中部门之间的内部流转信息，而且因其家庭被取消购房资格，上述审批表已经不具有法律效力，因此不属于信息公开范围，不予公开。法院也认定，关于原告要求公开的有关其家庭所在的宁波市海曙区普通（限价）商品住房申购审批表，属于行政机关在审查工作中的过程性信息，不属于《政府信息公开条例》所指的应公开的政府信息［参见（2014）甬海行初字第25号行政判决书］。被告行政机关与法院均将审批表的法律效力作为判定其是否属于政府信息的要件，显然不妥当。

四 如何认定信息的产生方式

从《政府信息公开条例》第2条的规定看，政府信息有两种产生方式，一为"制作"，一为"获取"。同时，《政府信息公开条例》第17条规定了公开的义务主体，即一般理解的"谁制作谁公开、谁保存谁公开"。上述两条规定看似清晰，但执行中面临一定的困难，主要难点在于如何理解"获取"，也就是说，关键在于从哪里"获取"，是否应仅仅限定为从行政相对人处获取。

以陈某申请武义县人民政府壶山街道办事处政府信息公开一案为例，法院认定，被告武义县人民政府壶山街道办事处在履行村级财务代理职责过程中，从被代理的村集体经济组织中获取并保存了相关村级财务信息，因此，原告陈某要求公开并复制北缸窑村2003年至2014年由土地产生的集体经济收益及给村民发放的所有分配清单的申请信息应属于政府信息［参见（2014）金武行初字第15号一审行政判决书］。

而在蒋某申请上海市闵行区梅陇镇人民政府乡政府政府信息公开一案中，原告蒋某要求获取"闵行区梅陇镇华一村蒋家塘生产队（村民小组）的征用（征收）集体所有土地的申请书、征地公告，以及上海市人民政府或国务院批准的征地等文件这些政府信息"。其（2014）闵行初字第17号一审行政判决书认为，原告蒋仁国要求被告梅陇镇政府公开的上海市人民政府或国务院批准的征地文件，系由具有批准权的县级以上人民政府制作，并非被告制作,"被告依据《政府信息公开条例》第23条第5项规定,答复原告其所要求获取的政府信息并非被告公开职责权限范围,理由适当,于法有据"。这一结论恰恰是基于对"获取"的狭义理解基础上,看似遵守了《政府信息公开条例》的规定,实则不利于信息公开,既容易造成行政机关之间相互扯皮,也不利于公众及时获取信息。

而李某申请南通市住房保障和房产管理局政府信息公开一案中,法院则认为,从产生的方式看,政府信息既可能是行政机关自身制作的,也可能是行政机关从其他国家机关、企事业单位等组织以及个人处获取的〔参见(2014)港行初字第00046号一审行政判决书〕。因此,有必要将"获取"的来源扩大解释为包括其他国家机关。

当然,此处的最大难点在于,对于从其他机关获取的信息,应由谁负责公开。换言之,行政机关从上级机关、同级机关、下级机关获取信息后,是否意味着上述机关可能对同一项信息均负有公开义务,尤其是在依申请公开环节,是允许公众向所有掌握该信息的行政机关或其中某些行政机关提出申请,由不同机关共享政府信息的同时建立信息公开协调机制,明确共享信息的公开性,转为"谁保存谁公开",还是仅允许公众向原始制作该信息的机关申请。对此,本书将在讨论依申请公开制度时再尝试作详细探讨。

五 关于政府信息的"保存"

政府信息必须以一定的载体保存,方可以称之为"信息",否则,既不是信息,更不是政府信息。也就是说,行政机关的各项活动必须以一定形式(如文字、图画、录音、录像等)存在某载体之上(如书写于纸张之上、存储于磁盘或光盘中),方才可以成为政府信息。这是因为信息具有依附性的特点。信息只能依附于一定的物质才能为人类所感知、识别和利用。离开了特定的物质,信息无法保存、传递和利用,也就无法为人类所感知。信息所依附的是符号,具体包括各种语言符号和各种非语言符号①。通过这

---

① 参见胡正荣、段鹏、张磊《传播学总论》(第二版),清华大学出版社,2008,第86-89页。

些符号，信息在可以以声音、文字、图画等形式被记载在石头、木器、纸张、胶片、电磁设备等媒介之上。但强调信息的存在形式与载体，要特别防止行政机关以未保存信息或者未妥善保存信息为由规避政府信息公开义务。为此，必须加强对政府信息的管理。例如，日本《情报公开法》就规定，行政机关应制定规定，对政府信息的分类、制作、保存、废弃等的标准作出规定（第23条）。

实践证明，政府信息的保存问题会对政府信息公开产生极大影响。以董某诉北京市海淀区发展和改革委员会政府信息公开一案为例，2005年2月2日，当事人向北京市海淀区发展和改革委员会的上级单位北京市发展和改革委员会举报北京市幼儿师范学校教育乱收费。北京市发展和改革委员会接到举报后，通过公函交由海淀区发展和改革委员会办理。海淀区发展和改革委员会向原告作出《情况答复（2006）X003号》。之后，原告再次举报，海淀区发展和改革委员会又作出《情况答复（2006）X005号》。2013年7月10日，原告向被告提交政府信息公开申请，要求公开上述两份情况答复的全部信息，同时查阅、复制全部材料。法院认为，2005年8月1日至2013年6月30日实施的《价格监督检查案卷管理规定》第26条规定，没有立案的价格监督检查文书材料，可以短期保存；短期保存期限一般为三年，最高不超过五年。据此，法院认定海淀区发展和改革委员会于2006年作出了第3号、第5号情况答复，且当时未对董某举报的事项作立案处理，因此，第3号、第5号情况答复的相关材料属于短期保存的材料，其最长保存期限应至2011年。董某于2013年提出政府信息公开申请时，上述材料已不在法定保存期限之内。董某提供的证据亦不能证明海淀区发展和改革委员会目前保存了上述材料。故海淀区发展和改革委员会作出被诉告知书，告知其申请信息现已不存在并无不当［见（2014）一中行终字第6311号二审判决书］。本案判决仅以所申请的政府信息在理论上已经过了保存期限为由，认定有关的政府信息不存在，道理上有些站不住脚。即便有关信息确已因过了保存期而被销毁，被诉行政机关虽可以在此案中免除公开义务，但从当前信息化时代的发展趋势看，转变信息保存的观念、延长保存期限，仍旧显得十分必要，且并无实现困难。

传统上，政府信息以纸质形态存在，受到保存空间的限制，经过一定期限后不得不移交档案馆或者予以销毁。但当今时代，信息的保存方式早已经从纸质形态为主转变为数字化形态为主。首先，大部分政府信息一开始就是以计算机数据的形式制作的，还有大量政府信息是可以通过数字化的形式转换为计算机数据的。事实上，就连较为传统的法院的案件卷宗都已经大部分实现了数字化。案件卷宗是审判信息数据库的重要组成部分，是记录法院诉讼活动的重要载体，也是回溯案件审理、执行流程的重要渠道，更是规范审判和执行流程、推进司法公开的重要抓手。案件卷宗电子化是近年来各级法院适应法院信息化需要的一项重大举措，各地具备条件的法院纷纷对新产生和历史上产生的诉讼档案进行电子化扫描，以满足案卷电子化备份保存、远程调取案卷以及公众查阅的需要。政府信息也应当及时转换为计算机数据，本就以数据电文形式制作保存的信息毫无疑问应加以妥善保存，而以纸质等形式存在的信息亦应通过扫描等予以电子化，以便长期保存。今后，应当严禁以保存期为由规避公开。未来，《政府信息公开条例》应当明确要求行政机关永久保存数据电文等电子记录，并应当及时将纸质文件等非电子记录转换为数据电文等电子记录，确保其可供计算机程序读取，并应防止因计算机程序升级更新而导致原文件无法被计算机读取。

六　小结

确定是否属于政府信息，是准确适用政府信息公开制度的基础。就目前来看，明晰政府信息应具备载体的属性，并正确理解"履行职责"和获取方式，显得十分必要。借用李某申请南通市住房保障和房产管理局政府信息公开一案中一审法院的认定标准加以概括，政府信息从信息产生的主体看，是行政机关；从信息产生的过程来看，是产生于行政机关履行职责的过程中；从产生的方式看，既可能是行政机关自身制作的，也可能是行政机关从其他国家机关、企事业单位等组织以及个人处获取的；从信息的存在形式来看，是以一定形式记录、保存的［参见（2014）港行初字第00046号行政判决书］。

第三章

主动公开

一　概述

主动公开制度是指行政机关不需要待公众提出申请，即可以依照法律法规要求或者依据自身裁量向不特定多数人公开政府信息。主动公开制度是政府信息公开的重要制度，从推进透明政府的视角看，大量的政府信息需要通过主动公开的方式提供给不特定公众。虽然依申请公开制度是政府信息公开制度的核心，但构建透明政府反倒不能过度依赖依申请公开制度。因为，依申请公开制度只能一事一申请，周知范围一般而言较为有限，且大量政府信息依赖依申请公开的话，必然过度增加行政管理成本和公众获取信息的成本，并不是一种经济的公开方式。而主动公开只需公开一次，即可让绝大多数公众轻易获取政府信息，有助于达到广而告之的功效，且无须单个主体专门申请，相对而言成本较低、收效较好。当然，这绝非否定依申请公开制度在政府信息公开制度中的核心地位，依申请公开制度是确保公众知情权得到切实落实的制度，地位不容取代，对此后文将专门探讨。

按照行政机关在主动公开信息过程中的地位，主动公开制度可以细分为法律法规规章乃至规范性文件等要求主动公开以及行政机关自我裁量公开两类。前者主要是指那些由法律法规明确要求行政机关主动公开的信息，如《行政许可法》规定，行政许可的依据、过程和结果应当公开（第5条、第40条）；《政府信息公开条例》第二章也列举了各类应主动公开的信息。此类主动公开信息的范围根据政府管理、依法行政等的需要，范围正在不断扩大，公开的要求也在不断细化。后者则是法律法规等未明确要求行政机关必须主动公开，是否公开、如何公开可以由行政机关根据需要进行裁量，最典型的就是针对某些信息的政府信息公开申请激增后，行政机关可以裁量决定将某些本属于依申请公开的信息转为主动公开信息。而且，随着透明政府的推进，某些本属于裁量性主动公开的信息可能会被法律法规等确认为行政机关应当主动公开的信息。例如，行政处罚信息，《行政处罚法》并没有明确要求将处罚结果向社会公示，近年来，为了进一步构建诚信社会，加大对违法行为的惩戒力度，推进行政处罚行为的规范化，国家正在推进行政处罚信息的公开。例如，《企业信息公示暂行条例》（国令第654号）就明确要求工商行政管理部门及其他政府部门公示其在履行职责过程中产生的涉及企业的行政处罚信息；《国务院批转全国打击侵犯知识产权和制售假冒伪劣商品工作领导小组〈关于依法公开制售假冒伪劣商品和侵犯知识产权行政处罚案件信息的意见（试行）〉的通知》（国发〔2014〕6号）及《国务院关于促进市场公平竞争 维护市场正常秩序的若干意见》（国发〔2014〕20号）均要求公开相关市场主体的行政处罚信息（包括主体信息、案由、处罚依据及处罚结果）。

推进主动公开工作，可以发挥几项重要的功能。首先，有助于满足公众知情权。公众对政府享有知情权，这是国内外的理论均没有任何争议的，也是国内、国际人权保障的重要内容。行政机关准确、全面、及时、有效地主动公开政府信息，有助于公众了解各类信息，满足其获取信息的需求。其次，有助于转变管理方式。相对于传统的依靠处罚、强制等以国家强制力为后盾的管理手段，信息公开是一种替代性的管理手段，不直接对被管理者的行为作出干预，而是通过公开信息，让其自行判断风险、得失，自行作出选择，有助于降低经济社会运行成本，减少行政机关与相对人的直接对抗。最后，有助于维护社会稳定。社会稳定不能依靠威权主义和神秘主义来维持，而只能借助信息公开，取信于民，提升政府公信力。近年来，土地房屋征迁工作是各地方维稳压力较大的领域，被称为"天下第一难"，不仅行政机关推进困难，而且易导致大量矛盾纠纷，是近年来受到社会普遍关注和诟病的焦点问题。为解决这个难题，有不少地方积极探索通过加大公开力度来顺利推进拆迁工作。例如，2011年以来，宁波市积极探索"阳光征收"模式，通过推进征收过程和结果的信息公开工作，对项目概况、政策法规、补偿方案、公示公告、调查结果、签约情况、经办人员、办理指南和举报电话等实行"九公开"，对征收补偿协议签约、备案、公开实行"三上网"，让相关群众通过正式渠道获知房屋补偿情况，满足了当事人和公众的知情权，有效扭转了以往国有土地上房屋征收中的投诉信访多、项目推进难、群众满意度低的局面，为重大项目建设的加快推进创造了有利条件。这个实例就表明，做好主动公开工作非但不会损害反而会促进社会稳定。

二　主动公开平台

政府信息公开传统上依靠的是政府公报、公告栏、新闻媒体等，但随着信息化的发展，信息化手段广泛运用到政府信息公开工作中，公开平台正呈现多元化的趋势，政府门户网站已经成为政府信息公开的第一平台，微博微信等新媒体也成为重要的辅助手段。目前，比较重要的平台包括政府网站、政府公报、新闻发布会、微博微信等，其分别有不同的特点和受众。

中国社会科学院法学研究所法治指数创新工程项目组及其前身法治国情项目组自2009年以来就持续开展了政府透明度指数的测评。测评发现，门户网站建设水平明显提升。2009年，项目组最初开始测评时仅对43个较大的市（不含民族自治地方的较大的市）的门户网站运行情况进行观察和统计分析。地方政府网站运行的基本状况包括4个子项目，即政府门户网站的有效性、下级政府机关网站的链接、政府信息公开平台的设置、政府信息公开规定的公开化。政府门户网站的有效性主要考察被调查的地方政府是否有门户网站，是否可以顺利打开；下级政府机关网站的链接主要考察各地方政府是否在门户网站首页提供所属各部门以及下属各区县政府的网站链接，并验证链接的有效性；政府信息公开平台主要考察各地方政府网站是否在其门户网站上提供专门的政府信息公开栏目或者专门的平台；政府信息公开规定的公开化主要考察各地方政府是否在门户网站上提供本级政府有关政府信息公开的法规、规章或者规定，未制定本级政府规定的，则应提供上级政府的规定或者《政府信息公开条例》。

当时调研和测评的地方政府网站均有以 gov.cn 作为后缀的域名、绝大多数可以正常打开的网页。这表明，经过国家近年来的大力推动，各地电子政务建设已经取得很大成效。而2014年测评与调研时，55家国务院部门及省级政府、较大的市的政府都建有本级政府的门户网站，并集中发布本级机关的各类政府信息。近年来，一些地方政府还根据新时期政府信息公开的要求，探索建立政府信息公开的集中、专门平台，如广东省开通了网上办事大厅，集中发布各部门、各地方的行政审批事项；浙江省开通了

"浙江政务服务网"，集中发布行政权力清单、部门责任清单、企业投资负面清单、财政专项资金管理清单，摸清了家底、方便了公众。

随着《政府信息公开条例》的实施，在门户网站上设置政府信息公开专门栏目成为落实《政府信息公开条例》的基本要求。设置政府信息公开栏目并配置公开依据、政府信息公开目录、政府信息公开指南、依申请公开、政府信息公开年度报告等要素，有助于集中发布政府信息。2014年12月进行调研和测评时，政府信息公开栏目及要素配置的齐全度十分明显。绝大多数行政机关在其门户网站上设置了专门的政府信息公开栏目或者公开专网，集中发布政府信息，方便公众查阅信息。55家国务院部门中，有54家设置了专门栏目；在设置专门栏目的54家部门中，有37家的政府信息公开专门栏目配置了公开依据、目录、政府信息公开指南、依申请公开、年度报告全部栏目。省级政府和计划单列市的门户网站全部设置了专门栏目，其中，26家省级政府和5家计划单列市门户网站的专门栏目配置了包括公开依据、目录、政府信息公开指南、依申请公开、年度报告在内的全部栏目。

政府公报在公开重大政策方面也发挥着重要作用。政府公报是公开重大决策最权威、最正式的渠道，据项目组2014年12月的调研，各地方都十分重视政府公报的编写和出版，有的地方为了让其发挥更大作用，在经费有限的情况下，仍最大限度地确保给镇街、村委会、居委会等基层机构送阅公报，以方便基层民众及时了解政府管理动态及相关政策。而且，随着信息化的发展，各地方还普遍在门户网站公开了政府公报的电子版，方便公众通过门户网站查阅公报。早在2012年，项目组就对26家省级政府（未包括5个民族自治区）发布政府公报的情况进行过测评。当时就发现，各级政府部门十分重视政府公报的编辑出版，特别是随着信息化社会的发展，不少政府在编发纸质公报的同时，还在网站上公开了电子版的政府公报，节省了成本，方便了公众获取公报信息。被调研的26家省政府网站都提供了政府公报电子版，而且大部分都在政府网站上设置了政府公报的专栏。所有被调研的省级政府网站提供的省政府公报都可以复制或者下载，通过对被调研政府网站政府公报的抽查，其所刊载的政府文件的链接都有效。不少地方在发布政府公报时比较注重其易用性，不但分期公开了政府公报，有的还为政府公报设置了专门的检索功能，方便在政府公报中检索所需要的信息。2014年在对省级政府和计划单列市政府的测评中，31家省级政府中仅有2家未提供公报电子版、1家提供的公报栏目信息链接无效，5个计划单列市政府网站均提供了公报栏目。

新闻发布会也是发布政府信息的权威渠道。《国务院办公厅关于进一步加强政府信息公开　回应社会关切　提升政府公信力的意见》（国办发〔2013〕100号）提出，与宏观经济和民生关系密切以及社会关注事项较多的相关职能部门，要进一步增加发布的频次，原则上每季度至少举办一次新闻发布会。项目组2014年12月统计发现，不少行政机关已经形成了较为频繁的新闻发布机制，除外交部每月召开10次以上新闻发布会外，截至当年12月中旬，当年召开次数较多的几个部门分别是：中国证监会召开40余次，商务部召开近30次，教育部召开近20次，国家发展和改革委员会每月2次，国家卫生和计划生育委员会每月1次。省级政府中，山东省政府截至12月中旬共召开57次，湖南省政府共召开45次，甘肃省政府共召开44次，北京市政府共召开39次。计划单列市中，青岛市政府召开了70余次。

此外，微平台成为发布政府信息的新渠道。随着信息化及移动通信技术的发展，微博微信的普及率越来越高，越来越多的人习惯于通过移动通信设备获取信息。各级行政机关也积极适应信息传播的需要，纷纷开通微博微信。以政务微博平台为例，截至2015年3月10日，55家国务院部门中，共有25家国务院部门开通了政务微博；所有省级政府和4家计划单列市政府开通了政务微博。以政务微信平台为例，截至2015年3月10日，共有22家国务院部门、22家省级政府、4家计划单列市政府开通了政务微信（未统计以行政机关内设机构名义认证的微信公众号）。此外，有的行政机关研发开通了移动客户端，手机、平板电脑等移动通信设备安装软件，用户可以实时接收有关部门推送的信息，截至2014年12月19日，共有6家国务院部门、5家省级政府、3家计划单列市政府，还有一家计划单列市政府开通了WAP版手机访问平台。从调研情况看，上述微平台都能做到定期发布本行政机关的政府信息，活跃度较高。

但目前政府信息公开平台建设也存在一些问题。第一，平台重复建设的问题比较突出。首先，同一个行政机关同时运行2个网站的情况仍然存在。2009年，项目组发现有2个较大的市分别拥有2个以gov.cn作为后缀域名的网站，两个网站均可以登录，并可以正常打开网页，网页内容也在更新之中。经电话咨询当地有关部门得知，原网站多由当地的信息中心等机构运营管理，之后，改为由政府办公厅（办公室）运营。在改制过程中，当地政府没有采取原网站整体移交的办法，而是在保留原网站的同时开设了新网站。这也反映出当前电子政务存在的重复建设问题，这给公众检索信息带来了不便，甚至可能导致信息发布不一致，影响政府公信力。2014年，项目组仍然发现长春市同时运行两个网站，一个是 http：//www.changchun.gov.cn/，显示为中共长春市委、长春市人民政府主办，一个是 http：//www.ccszf.gov.cn，显示为长春市人民政府主办。多头管理、各自为战，非但没有提升政府信息公开的效果，往往还会导致信息公开的内耗、对外公开的信息口径不一、前后矛盾，使政府的公信力大受影响。

其次，就同一事项，公开平台重复不一致的情况也比较突出。比如，以政府采购的信息公开平台为例，其政府采购的信息公开平台就显著不一致。一方面，官方指定的纸质媒体不一致。财政部依据《政府采购法》的规定，指定《中国财经报》《中国政府采购》等作为发布媒体；国家发展和改革委员会则依据《招标投标法》，在《招标公告发布暂行办法》中直接指定了《中国日报》《中国经济导报》《中国建设报》等作为发布招标公告的媒介。另一方面，政府采购信息的网络发布平台不一致。目前授权公开政府协议供货信息的政府采购网站有三家，一是财政部主办的"中国政府采购网"（www.ccgp.gov.cn），二是国务院机关事务管理局中央国家机关政府采购中心主办的"中央政府采购网"（www.zycg.gov.cn），三是"中国采购与招标网"（www.chinabidding.com.cn）。受此影响，2013年调研时，23个省、直辖市有两个或以上的政府采购网站，往往是财政厅（局）主办的"×××政府采购网"和政府采购中心主办的"×××政府采购中心网"。多家平台共存的格局并未实现相互配合促进公开，反而出现公开途径不统一、内容和更新速度不统一、政府采购信息不统一的情形，人为地增加了获取信息与监督的难度。

第二，网站建设缺乏规划，各种专门网站层出不穷，影响公开效果。不少行政机关在门户网站之外，还建设开通了各式各样的专门性网站，各类网站数目之多、类别之乱，让人眼花缭乱，门户网站被逐步肢解。不了解情况的话，很难准确找到自己要查找信息的平台。以福建省人力资源与社会保障厅为例，据笔者2014年10月5日所做的统计，该部门有本部门门户网站,还建有 22 个专门性网站,涉及公务员考录、管理、培训、就业指导、人才引进、外国专家服务等多个领域(见表 3-1)。如此多的专门网站看似有助于提升专门信息的公开或者服务水平,但由于名目太多,分类过细,实际上已经弱化了门户网站的作用,无助于集中有效公开信息。

表 3-1 福建省人力资源与社会保障厅下属的专门性网站
(2014 年 10 月 5 日统计)

网站名	网址	备注
福建省人力资源与社会保障厅	http://www.fjrs.gov.cn/	
福建省公务员局	http:/gwy.fjrs.gov.cn/	公务员局门户网站
福建省公务员公开遴选网	http://lx.fjkl.gov.cn/	
福建省公务员考试录用网	http://www.fjkl.gov.cn/	
福建省公务员培训中心	http://www.fjgwy.net/	福建省公务员培训中心、福建省转业军官管理服务中心、福建省人事干部学校门户网站
中央国家机关公务员考试福建考区网上报名确认系统	http://cc.fjkl.gov.cn/	
福建人事考试网	http://www.fjpta.com/	
福建 12333 公共服务网	http://www.fj12333.gov.cn/	
福建就业网		
福建省公共就业服务网	http://www.fj99.org.cn/	链接无效
福建省毕业生就业公共网	http://www.fjbys.gov.cn/	
福建省劳动就业用工管理信息系统	http://ldyg.fj12333.gov.cn/	
福建省引进人才网	http://www.fjrs.gov.cn/fjrc/	
福建省招聘委托报名网	http://zp.fjkl.gov.cn/	
福建银色人才网	http://www.fjrs.gov.cn/xxgk/cszy/hxysrc/	
福建省院士专家网	http://www.fjrs.gov.cn/xxgk/cszy/yszjw/	
福建省外国专家局	http://fujian.caiep.org/	福建省外国专家局门户网站
机关事业工人远程培训平台	http://gkpx.fjrs.gov.cn/	
福建机关事业单位工人考核办公室	http://gk.fjrs.gov.cn/	
福建省职业技能鉴定指导中心	http://www.fjosta.org.cn/	福建省职业技能鉴定指导中心门户网站

续表

网站名	网址	备注
福建省基层政法干警定向培养招考网	http：//zfzk.fjkl.gov.cn/	链接无效
福建省人力资源和社会保障厅机关党建	http：//www.fjrs.gov.cn/	

第三，网站建设水平和运行稳定性有待提升，影响公开效果。2012年测评和调研时，仍有的政府门户网站、所属部门网站无法打开，有的网站的某些栏目不能打开，网站信息链接无效的比例较高。有的网站运行和政府信息公开情况时好时坏，有的网站栏目有时能打开，有时打不开。有的网站测评时栏目齐全、链接有效，复查时栏目缺失或者链接无效。有个别网站声称某些信息栏目正在改版建设中，但持续时间往往比较长，影响公众查阅信息。而到2014年12月测评和调研时，网站运行不稳定的情况仍然存在。有些部门的网站运行状况较差、阶段性打不开。有的地方政府未专门设立政府法制办公室的网站或者网站链接无效，如鞍山、福州、唐山未设法制办公室网站，长春市政府法制办公室网站打不开。此外，国家能源局、粮食局的网站搜索功能无效，国家质检总局、吉林省政府门户网站未提供检索功能。有些网站的兼容性存在问题，有些网站设计要求屏幕分辨率为1024×768，公众在查阅行政审批事项时常遇到显示问题，是政府服务公众还是公众要适应政府，值得反思。有的网站存在叠字现象，通过多台计算机、多种浏览器和多类系统考察结果亦然。

第四，政府信息公开栏目的要素还存在不齐全的情况。2014年测评与调研时，项目组仍发现，国务院部门网站中，有9家的栏目中没有提供政府信息公开依据，有2家没有配置政府信息公开目录栏目，有4家没有提供政府信息公开指南，有8家没有提供依申请公开栏目，2家提供的依申请公开栏目链接无效，有4家未提供政府信息公开年度报告栏目。省级政府部门网站中，有4家的栏目中没有提供政府信息公开依据，有1家的政府信息公开目录栏目链接无效，有1家提供的依申请公开栏目链接无效。

第五，个别行政机关新闻发布制度还未形成常态化。行政机关主要负责人通过新闻发布会直接面对媒体和大众，进行互动交流，是落实政府信息公开制度的重要内容，也是向社会发布各类重要信息、与人民群众进行面对面沟通的重要渠道。国务院办公厅对各部门召开新闻发布会的频率有最低要求，目的也是希望引导各部门积极主动地对外发声，及时向社会传递准确的信息。但从 2014 年测评与调研中掌握的数据来看，在新闻发布方面不少行政机关还有极大提升空间。国务院部门中，项目组 2014 年 12 月份通过多种渠道检索发现，多达 11 家政府部门 2014 年 12 月中旬前未召开过新闻发布会或者参加过国务院新闻办公厅召开的发布会，有 9 家政府部门仅召开过 1 次。按照《国务院办公厅关于进一步加强政府信息公开 回应社会关切 提升政府公信力的意见》（国办发〔2013〕100 号）的要求，与宏观经济和民生关系密切以及社会关注事项较多的相关职能部门，主要负责同志原则上每年应出席一次国务院新闻办公室的新闻发布会，新闻发言人或相关负责人至少每季度出席一次，但 2014 年测评与调研发现，至少有 6 家此类政府部门未能达到这一要求。省级政府中，全年未发现召开过发布会的有 4 家，计划单列市中有 1 家；全年低于 3 次的有 2 家省级政府和 1 家计划单列市政府。

第六，微平台建设也暴露出政府信息公开管理中的一些问题（见表 3-2、表 3-3、表 3-4、表 3-5）。首先，微平台的名称混乱，有的微平台名称使用的是本部门名称，如微博方面有"国家税务总局""国家林业局"等，但有的则使用其他的名称，如使用"××发布""××政务"的名称，有的则使用难以判定其归属部门的名称，如"活力内蒙古""中国中医""中国文博"等。其次，运行部门不统一，有的是办公厅，有的是新闻办公室，有的是门户网站，有的是信息中心。最后，个别部门和地方存在多平台的现象。所谓多平台现象是指，一个部门在同一个微博微信平台开通多个公众号。例如，湖北省人民政府新闻办公室官方微博（新浪微博）与湖北省政府门户网站（新浪微博）分别使用了"湖北发布"与"湖北省政府门户网站"的公众号，甘肃省政府新闻办公室官方微博（新浪微博）与甘肃省对外宣传办公室官方微博（新浪微博）分别使用了"甘肃发布"与"微博甘肃"的公众号，上海市政府门户网站管理中心与上海市人民政府办公厅"上海发布"办公室分别使用了"中国上海"与"上海发布"的微信公众号。中国保险监督管理委员会则同时运营了"保监微新闻"与"保监微课堂"两个微信公众号，但功能有所区分，后者是中国保监会保险教育公众平台，致力于为大众普及保险知识，提供经验与技巧。

表 3-2　国务院部门微博账号开通情况（截至 2015 年 3 月 10 日）

国务院部门	微博公众号名称	运营部门	是否为政府官方认证	备注
外交部	外交小灵通	外交部公共外交办公室	是	
国家发展和改革委员会	无	无	无	无
科学技术部	锐科技	中华人民共和国科学技术部	是	科学技术部官方微博（新浪微博）
国家民委	无	无	无	无
民政部	民政微语	民政部新闻办	是	民政部新闻办官方微博（新浪微博）
财政部	无	无	无	无
国土资源部	国土之声	国土资源部	是	国土资源部官方微博（新浪微博）
住房和城乡建设部	无	无	无	无
水利部	无	无	无	无
商务部	商务微新闻	中华人民共和国商务部新闻办	是	商务部新闻办（新浪微博）
国家卫生和计划生育委员会	健康中国	国家卫生和计划生育委员会	是	国家卫生和计划生育委员会官方微博（新浪微博）
审计署	无	无	无	无
教育部	微言教育	教育部新闻办公室	是	教育部新闻办公室官方微博（新浪微博）
工业和信息化部	工信微报	工业和信息化信息中心	是	工业和信息化部信息中心（新浪微博）
公安部	公安部打四黑除四害	公安部治安管理局暨打四黑除四害专项行动办公室	是	公安部治安管理局暨打四黑除四害专项行动办公室官方微博（新浪微博）
司法部	无	无	无	无
人力资源和社会保障部	无	无	无	无

续表

国务院部门	微博公众号名称	运营部门	是否为政府官方认证	备注
环境保护部	无	无	无	无
交通运输部	无	无	无	无
农业部	无	无	无	无
文化部	无	无	无	无
中国人民银行	央行微播	中国人民银行办公厅	是	中国人民银行办公厅官方微博（新浪微博）
国资委	国资小新	国务院国资委新闻中心	是	国资委新闻中心（新浪微博）
海关总署	12360海关热线	12360全国海关24小时通关服务热线官方微博	是	12360全国海关24小时通关服务热线官方微博（新浪微博）
工商行政管理总局	无	无	无	无
新闻出版广电总局（新闻出版领域）	无	无	无	无
新闻出版广电总局（广电领域）	无	无	无	无
国家安全生产监督管理总局	国家安全生产监督管理总局	国家安全生产监督管理总局	是	国家安全生产监督管理总局官方微博（腾讯微博）
国家统计局	中国统计	国家统计局新闻办公室	是	国家统计局新闻办公室（新浪微博）
国家知识产权局	无	无	无	无
国家宗教事务局	无	无	无	无
国家税务总局	国家税务总局	国家税务总局新闻宣传办公室	是	国家税务总局官方微博（新浪微博）
国家质量监督检验检疫总局	无	无	无	无
国家体育总局	无	无	无	无

续表

国务院部门	微博公众号名称	运营部门	是否为政府官方认证	备注
国家食品药品监督管理总局	中国食品药品监管	国家食品药品监督管理总局	是	国家食品药品监督管理局官方微博（新浪微博）
国家林业局	国家林业局	国家林业局	是	国家林业局官方微博（新浪微博）
国家旅游局	中国旅游	国家旅游局	是	国家旅游局官方微博（新浪微博）
中国地震局	无	无	无	无
中国银行业监督管理委员会	无	无	无	无
中国保险监督管理委员会	保监会微文	中国保监会办公厅	是	中国保监会办公厅官方微博（新浪微博）
中国气象局	中国气象局	中国气象局	是	中国气象局官方微博（新浪微博）
中国证券监督管理委员会	证监会发布	中国证监会办公厅新闻办	是	中国证监会办公厅新闻办官方微博（新浪微博）
国家信访局	无	无	无	无
国家能源局	无	无	无	无
国家烟草专卖局	无	无	无	无
国家公务员局	无	无	无	无
国家测绘地理信息局	国家测绘地信局	国家测绘地理信息局	是	国家测绘地理信息局官方微博（新浪微博）
中国民用航空局	无	无	无	无
国家文物局	中国文博	国家文物局	是	国家文物局官方微博（新浪微博）
国家外汇管理局	外汇局发布	国家外汇管理局	是	国家外汇管理局官方微博（新浪微博）
国家粮食局	无	无	无	无
国家外国专家局	无	无	无	无
国家海洋局	无	无	无	无
国家铁路局	铁道政言	国家铁路局	是	国家铁路局官方微博（新浪微博）

续表

国务院部门	微博公众号名称	运营部门	是否为政府官方认证	备注
国家邮政局	无	无	无	无
国家中医药管理局	无	无	无	无
国家煤矿安全监察局	无	无	无	无

表3-3 地方政府微博账号开通情况（截至2015年3月10日，含计划单列市）

行政机关名称	微博公众号名称	运营部门	是否为政府官方认证	备注
北京市政府	北京发布	北京市政府新闻办公室	是	北京市政府新闻办公室官方微博（新浪微博）
上海市政府	上海发布	上海市政府新闻办公室	是	上海市政府新闻办公室官方微博（新浪微博）
天津市政府	天津发布	天津市人民政府新闻办公室	是	天津市人民政府新闻办公室官方微博（新浪微博）
重庆市政府	重庆微发布	重庆市人民政府新闻办公室	是	重庆市人民政府新闻办公室官方微博（新浪微博）
黑龙江省政府	黑龙江发布	黑龙江省人民政府新闻办公室	是	黑龙江省人民政府新闻办公室官方微博（新浪微博）
吉林省政府	吉林发布	吉林省人民政府新闻办公室	是	吉林省人民政府新闻办公室官方微博（新浪微博）
辽宁省政府	辽宁发布	辽宁省政府门户网站官方微博	是	辽宁省政府门户网站官方微博（新浪微博）
河北省政府	河北发布	河北省人民政府新闻办公室	是	河北省人民政府新闻办公室官方微博（新浪微博）
河南省政府	精彩河南	河南省人民政府新闻办公室	是	河南省人民政府新闻办公室官方微博（新浪微博）
山东省政府	山东发布	山东省人民政府新闻办公室	是	山东省人民政府新闻办公室官方微博（新浪微博）
山西省政府	山西发布	山西省人民政府新闻办公室	是	山西省人民政府新闻办公室官方微博（新浪微博）

续表

行政机关名称	微博公众号名称	运营部门	是否为政府官方认证	备注
湖北省政府	湖北发布	湖北省人民政府新闻办公室	是	湖北省人民政府新闻办公室官方微博（新浪微博）
	湖北省政府门户网站	湖北省人民政府门户网站	是	湖北省政府门户网站（新浪微博）
湖南省政府	湖南省政府门户网站	湖南省人民政府门户网站	是	湖南省政府门户网站（新浪微博）
安徽省政府	安徽发布	安徽省互联网信息办公室	是	安徽省互联网信息办公室官方微博（新浪微博）
江苏省政府	微博江苏	江苏省人民政府新闻办公室	是	微博江苏（新浪微博）
浙江省政府	浙江发布	浙江省人民政府新闻办公室	是	浙江省人民政府新闻办公室官方微博（新浪微博）
福建省政府	清新福建	福建省政府新闻办公室	是	福建省政府新闻办公室官方微博（新浪微博）
江西省政府	江西发布	江西省互联网信息办公室	是	江西省互联网信息办公室官方微博（新浪微博）
广东省政府	广东发布	广东省人民政府新闻办公室	是	广东省人民政府新闻办公室官方微博（新浪微博）
海南省政府	海南省人民政府网站	海南省人民政府网站运行管理中心	是	海南省人民政府网站运行管理中心官方微博（新浪微博）
贵州省政府	微博贵州	贵州省政府新闻办公室	是	贵州省政府新闻办公室官方微博（新浪微博）
云南省政府	微博云南	云南省政府新闻办公室	是	云南省人民政府新闻办公室官方微博（新浪微博）
四川省政府	四川发布	四川省人民政府新闻办公室	是	四川省人民政府新闻办公室官方微博（新浪微博）
陕西省政府	陕西发布	陕西省人民政府门户网站	是	陕西省人民政府门户网站官方微博（新浪微博）

续表

行政机关名称	微博公众号名称	运营部门	是否为政府官方认证	备注
青海省政府	青海发布	青海省人民政府新闻办公室	是	青海省人民政府新闻办公室官方微博（新浪微博）
甘肃省政府	甘肃发布	甘肃省人民政府新闻办公室	是	甘肃省政府新闻办公室官方微博（新浪微博）
	微博甘肃	甘肃省对外宣传办公室	是	甘肃省对外宣传办公室官方微博（新浪微博）
深圳市政府	深圳微博发布厅	深圳市互联网信息办公室	是	深圳市互联网信息办公室官方微博（新浪微博）
宁波市政府	宁波发布	宁波市政府新闻办公室	是	宁波市政府新闻办公室官方微博（新浪微博）
青岛市政府	青岛发布	青岛市人民政府新闻办公室	是	青岛市人民政府新闻办公室（新浪微博）
大连市政府	无	无	无	无，新浪微博、腾讯微博均没有
厦门市政府	无	无	无	无，新浪微博、腾讯微博均没有。有个厦门网官方微博，不是政府认证
内蒙古自治区政府	活力内蒙古	内蒙古自治区互联网信息办公室	是	内蒙古自治区互联网信息办公室官方微博（新浪微博）
新疆维吾尔自治区政府	新疆发布	新疆维吾尔自治区政府门户网站	是	新疆维吾尔自治区人民政府新闻办公室官方微博（新浪微博）
西藏自治区政府	西藏发布	西藏发布（政府）	是	西藏发布官方微博（新浪微博）
广西壮族自治区政府	广西政府公报	广西壮族自治区政府	是	由广西壮族自治区政府网站提供，是腾讯微博，没有新浪微博
宁夏回族自治区政府	宁夏发布	宁夏回族自治区人民政府新闻办公室	是	宁夏回族自治区人民政府新闻办公室官方微博（新浪微博）

表3-4　国务院部门微信公众账号开通情况（截至2015年3月10日）

国务院部门	微信公众号名称	运营部门	是否为政府官方认证
外交部	外交小灵通	外交部	是
国家发展和改革委员会	无	无	无
科学技术部	锐科技	科学技术部办公厅	是
国家民委	无	无	无
民政部	无	无	无
财政部	财政部	财政部	是
国土资源部	国土之声	国土资源部	是
住房和城乡建设部	无	无	无
水利部	无	无	无
商务部	无	无	无
国家卫生和计划生育委员会	健康中国	国家卫生计生委	是
审计署	审计署	审计署	是
教育部	微言教育	教育部新闻办公室	是
工业和信息化部	工信微报	工业和信息化部信息中心	是
公安部	无	无	无
司法部	无	无	无
人力资源和社会保障部	无	无	无
环境保护部	无	无	无
交通运输部	无	无	无
农业部	无	无	无
文化部	无	无	无
中国人民银行	无	无	无
国资委	无	无	无
海关总署	12360海关在线	海关总署	是
工商总局	无	无	无
新闻出版广电总局（新闻出版领域）	中国新闻出版	新闻出版总署信息中心	是
新闻出版广电总局（广电领域）	无	无	无
国家安全生产监督管理总局	国家安全监管总局	国家安全生产监督管理总局	是

续表

国务院部门	微信公众号名称	运营部门	是否为政府官方认证
国家统计局	统计微讯	国家统计局新闻办公室	是
国家知识产权局	无	无	无
国家宗教事务局	无	无	无
国家税务总局	国家税务总局	国家税务总局新闻宣传办公室	是
国家质量监督检验检疫总局	无	无	无
国家体育总局	无	无	无
国家食品药品监督管理总局	无	无	无
国家林业局	中国林业网	国家林业局信息化管理办公室	是
国家旅游局	无	无	无
中国地震局	中国地震台网速报	中国地震台网中心	否
中国银行业监督管理委员会	无	无	无
中国保险监督管理委员会	保监微新闻	中国保险监督管理委员会	是
中国保险监督管理委员会	保监微课堂	中国保险监督管理委员会	是
中国气象局	中国气象局	中国气象局	是
中国证券监督管理委员会	证监会发布	中国证券监督管理委员会办公厅	是
国家信访局	无	无	无
国家能源局	无	无	无
国家烟草专卖局	无	无	无
国家公务员局	无	无	无
国家测绘地理信息局	国家测绘地信局	国家测绘地理信息局	是
中国民用航空局	无	无	无
国家文物局	无	无	无
国家外汇管理局	外汇局发布	国家外汇管理局	是
国家粮食局	节约一粒粮	国家粮食局	是
国家外国专家局	无	无	无
国家海洋局	无	无	无
国家铁路局	中国铁路	中国铁路总公司	是
国家邮政局	无	无	无

续表

国务院部门	微信公众号名称	运营部门	是否为政府官方认证
国家中医药管理局	中国中医	国家中医药管理局	是
国家煤矿安全监察局	无	无	无

注:"节约一粒粮"为国家粮食局2014年为配合世界粮食日、全国爱粮节粮宣传周专题宣传开通的。

表3-5 地方政府微信公众账号开通情况（截至2015年3月10日，含计划单列市）

行政机关名称	微信公众号名称	运营部门	是否为官方认证
北京市政府	首都之窗	首都之窗运行管理中心	是
上海市政府	中国上海	上海市政府门户网站管理中心	是
	上海发布	上海市人民政府办公厅"上海发布"办公室	是
天津市政府	无	无	无
重庆市政府	重庆微发布	重庆市人民政府新闻办公室	是
黑龙江省政府	黑龙江政务	黑龙江省人民政府办公厅	是
吉林省政府	吉林发布	吉林省人民政府新闻办公室	是
辽宁省政府	辽宁发布	辽宁省政府门户网站管理中心	是
河北省政府	河北发布	河北省人民政府新闻办公室	是
河南省政府	无	无	无
山东省政府	山东政府网	山东省人民政府办公厅	是
山西省政府	无	无	无
湖北省政府	中国湖北	湖北省政府门户网站	是
	湖北发布	湖北省人民政府新闻办公室	是
湖南省政府	湖南政务	深圳市腾讯计算机系统有限公司	否
安徽省政府	安徽发布	安徽省互联网信息办公室	是
江苏省政府	微讯江苏	江苏省政府新闻办公室	是
浙江省政府	浙江政务服务	浙江省人民政府办公厅	是
福建省政府	中国福建	福建省人民政府办公厅	是
江西省政府	无	无	无
广东省政府	广东省人民政府门户网站	广东省人民政府办公厅	是
海南省政府	海南省人民政府公报	未知	未知

续表

行政机关名称	微信公众号名称	运营部门	是否为官方认证
贵州省政府	贵州省人民政府网	贵州省人民政府网	是
云南省政府	无	无	无
四川省政府	四川发布	四川省人民政府新闻办公室	是
陕西省政府	无	无	无
青海省政府	青海政务	青海省人民政府办公厅	是
甘肃省政府	无	无	无
深圳市政府	深圳发布	深圳市互联网信息办公室	是
宁波市政府	宁波发布	宁波市人民政府新闻办公室	是
青岛市政府	青岛发布	青岛市委对外宣传办公室	是
大连市政府	无	无	无
厦门市政府	厦门网	厦门网	否
内蒙古自治区政府	活力内蒙古	内蒙古自治区互联网信息办公室	是
新疆维吾尔自治区政府	无	无	无
西藏自治区政府	无	无	无
广西壮族自治区政府	广西政府公报	广西壮族自治区人民政府办公厅	是
宁夏回族自治区政府	宁夏发布	宁夏回族自治区人民政府新闻办公室	是

三 政府信息公开目录

（一）概述

编制、公布本机关的政府信息公开目录（以下简称"目录"）是《政府信息公开条例》规定的各级政府机关需要履行的一项重要职责。目录是按照制定部门、标题、关键词、所涉及的事项、内容概述、生成时间等要素，对政府信息进行编辑和归类，以规范政府机关的信息管理活动，提升其信息管理水平，方便公众在浩瀚的政府信息中获取自己需要的内容。目录是贯彻政府信息公开，尤其是主动公开的重要保障。目录编制的水平决定了政府信息公开的质量。在信息化时代，计算机、互联网所提供的大容量信息存储功能、多功能的数据库程序、高效率的信息传输与管理等为推动政府公开目录的电子化和在线化提供了技术平台。

《政府信息公开条例》出台后，国务院办公厅秘书局曾印发了《政府信息公开目录系统实施指引（试行）》（国办秘函〔2009〕6号）。按照其规定，目录系统主要由管理子系统和服务子系统两部分构成：管理子系统主要是对拟公开的政府信息进行采集、整理、加工，从原始信息中抽取其主要特征（核心元数据），连同拟公开信息全文，通过数据交换传递给服务子系统；服务子系统通过互联网将信息提供给公众检索、浏览、下载、打印。服务子系统主要是通过互联网提供政府信息的检索、分类导航、信息展现、下载打印等服务，使公众能快速、便捷地查阅、获取政府信息。信息检索应提供简单（全文）检索、高级（组合）检索两种方式，简单检索应支持任意词组的查询等。高级检索应支持核心元数据组合查询等，且两种方式都应支持在结果中的二次检索。信息展现主要采用列表形式、简要形式和细览形式三种展示方式。分类导航是指对分类目录采取逐级展示的方式供公众浏览。按照该文件，适合政府公开信息分类的方法主要有四种，即主题分类、机构分类、体裁分类和服务对象分类。主题分类是指依据政府信息的主要内容进行的分类，机构分类是依据政府信息发布单位进行的分类，体裁分类是依据政府信息的公文种类进行的分类（目前我国行政机关的公文种类包括命令、决定、公告、通告、通知、通报、议案、报告、请示、批复、意见、函和会议纪要，共13种），服务对象分类是依据政府信息所服务的不同群体进行的分类。

自2009年以来，项目组持续每年对各被测评对象门户网站的目录建设情况进行观察和验证。测评与调研内容包括：有关地方政府门户网站本级政府、所属政府部门、下级政府机关、公用企事业单位的目录编制情况，信息公开目录栏目的有效性及其便利性，目录内容链接的有效性、便利性，目录的检索功能及其有效性和便利性情况，目录信息的全面性（即目录信息是否可以涵盖门户网站公开的所有政府信息）。

2009年测评时，项目组发现，大部分较大的市的政府在其门户网站上提供了目录，并配有相应的政府信息的链接，公众可以直接在线获取主动公开的信息。43家地方政府网站中，有40家门户网站设有本级政府的信息公开目录，39家门户网站设有所属政府部门的信息公开目录，36家门户网站设有下级政府部门的信息公开目录，22家门户网站设有本市公用企事业单位的信息公开目录。各地方政府都按照一定的标准（如事务类别、涉及部门等），在其政府信息公开目录栏目中对相关信息进行了归类，还有3家网站按照体裁、主题、对象、机构等提供了多种归类，方便不同需求的公众查阅信息。到2014年测评时，项目组发现，目录配置情况总体良好。绝大多数政府网站都配有政府信息公开目录，其中31家省级政府全部设置了政府信息公开目录，且配备了目录信息链接。55家国务院部门网站全部配置了比较完善的目录。49家较大的市中有48家提供了较为完善的目录。

特别是不少地方政府十分注重将门户网站的信息发布与后台的公文处理有机衔接，如杭州市余杭区较早启动网上公文流转工作。为了切实推动网上公文流转工作、电子政务建设等工作，余杭区下发了《关于推行公文网上流转制度的通知》（区委办〔2008〕11号），《关于进一步推进"网上办公"和电子政务建设的补充通知》（区委办〔2008〕32号）进一步明确了各部门取消纸质办公的时间表，目前已经实现了全区各镇乡、街道和区级各部门一律实行公文网络化、无纸化、电子化发送，不再印发纸质公文。电子公文在生成的同时就会由文件制作部门依照规定注明是否属于主动公开范围。

（二）目录建设存在的问题

目前，目录建设方面存在的问题仍然不少，主要是未提供电子化的目录、信息链接无效、目录缺乏分类、目录检索功能无效、目录信息不全面等。自2009年以来，上述问题一直不同程度地存在。

1. 未提供电子化的目录

自2009年测评与调研时项目组就发现，不少网站所提供的所谓目录只不过是一个文本列表，相关信息没有链接，公众无法通过链接直接获取相关信息，无法直接查阅、下载、打印有关的信息。例如，2014年测评就发现，不配置目录的情况及目录链接无效的情况仍然存在。2014年，呼和浩特的网站公开目录链接无效。仍有个别政府机关仅提供目录列表，列表内的信息未配置链接，导致目录流于形式，如广西壮族自治区、南宁市、沈阳市及本溪市。司法部网站的信息公开目录中有链接的部分均可以打开，打开是各部门的情况介绍，剩下的内容均链接无效。

2. 信息链接有效性差

2009年，在测评与调研较大的市时，项目组在市级政府的政府信息公开目录的链接中，随机抽查10条信息进行验证，有33家网站的10条信息全部可以打开，占所调查的43家地方政府网站的76.74%；3家网站能打开7-9条信息，占6.98%；3家网站能打开4-6条信息，占6.98%；1家网站所有10条信息均无法打开，占2.33%；余下的3家网站因无本级政府的目录无法进行验证，占6.98%。

2010年首次对国务院部门进行测评时，所验证的信息链接全部有效的有51家国务院部门，在59家被测评的国务院部门中占86.44%；7-9条有效和1-3条有效的分别是1家，占1.69%；2家无链接或者均无效，占3.39%；4家无目录栏目或者栏目链接无效，占6.78%。

2011年首次对26家省级政府进行测评时，被验证的信息全部有效的有25家，占96.15%。

2014年测评时，55家国务院部门门户网站（实际涉及54家部门）中，经验证的链接全部有效的有51家，占92.73%；可以打开6条的有2家，占3.64%；信息链接皆无法打开的有2家，占3.64%。31家省级政府中，26家省级政府的信息链接全部有效，占83.87%；可以打开9条的有2家，占6.45%；可以打开4条的有1家，占3.23%；信息全部无效的有1家，占3.23%；未配置目录的信息链接的有1家，占3.23%。49家较大的市中，全部可以正常打开的有42家，占85.71%；可以打开9条的有1家，占2.04%；无政府信息公开目录栏目或栏目链接无效的有1家，占2.04%；目录栏目未配置信息链接的有5家，占10.20%。

2011年下发的《国务院办公厅关于进一步加强政府网站管理工作的通知》（国办函〔2011〕40号）专门要求，运行维护单位要定期检查链接的有效性，发现链接错误，要及时查明原因，加以更正；网站管理和运行维护单位要建立值班读网制度，安排值班人员每日登陆网站读网，检查网站运行和页面显示是否正常，特别是要认真审查重要稿件和重要信息，及时发现和纠正错误。

3. 目录缺乏分类

对目录信息进行一定的分类，如按照信息的主题、体裁、制作部门等进行分类，有助于公众简单地查找信息。但截至 2014 年 12 月测评时，行政机关门户网站未提供多重分类的情况仍普遍存在。2014 年有 22 家国务院部门、13 家省级政府和 17 家较大的市政府仅提供一种分类，或者说没有分类，给查询信息带来不便。

4. 目录检索功能配置不理想

政府信息公开目录应容纳所有可以主动公开的政府信息，针对容量不断扩大的政府信息，为电子目录配备必要的检索功能，可以方便公众利用关键词等检索方法，在政府信息公开目录不同的子目录之间进行信息检索。项目组每年均会检测政府信息公开目录中跨子目录的检索功能、组合检索功能的有无及其有效性等。2009 年测评与调研时，43 家较大的市的政府门户网站中，有 21 家专门针对政府信息公开目录设置了简单检索功能（即以单独一项条件进行检索的功能），且可以进行有效检索，其中有 18 家网站还提供了多种不同方式的简单检索功能，如按照标题关键词、发文单位、文号等检索；另外，在这 21 家网站中，有 13 家提供了组合检索功能，经验证其中 12 家网站的组合检索功能可以有效使用。但到 2014 年，目录的检索功能配置仍不理想。55 家国务院部门中，提供组合检索功能且验证有效的有 14 家，占 25.45%；省级政府中，提供组合检索功能且验证有效的为 2 家，占 6.45%；较大的市中，提供组合检索功能且验证有效的为 9 家，占 18.37%。不少政府门户网站提供的都是针对全网站的检索功能，一些部门或地方政府网站的检索无效甚至不设置检索，从而不利于文件的查找。有些部门或地方政府网站的组合检索虽然全面，包括了文号、索引号、标题、主题词、正文、时间等内容，但是文件中未提供文号、主题词等，导致组合检索流于形式，不能真正发挥"组合"的作用。有些部门网站的检索隐藏在目录的子栏目中或是仅存在于信息公开栏目中，不能方便大众。众多组合检索的个别检索功能不能使用，或者有些信息可以检索出来、有些信息则检索不出来。

5. 目录信息不全面

国务院办公厅《关于做好施行〈中华人民共和国政府信息公开条例〉准备工作的通知》（国办发〔2007〕54 号）要求，凡属于应当公开的必须按规定纳入公开目录。为此，自 2010 年开始，项目组均会选取网站主页中一些重要信息（如政府文件、公文等）确认是否包含于目录中，以对门户网站的目录所包含信息的全面性进行验证。2010年测评与调研时，国务院部门明显差于地方政府。在目录中随机检索网站主页的主要信息，有20家较大的市的网站未能查到主页中的某些政府文件方面的信息，占全部被调研地方网站的46.51%。有42家国务院部门的网站存在上述问题，占全部被调研国务院部门网站的71.19%。2011年测评时，国务院部门中，有49家网站其他栏目信息未能纳入目录之中，省级政府网站全部存在上述问题，较大的市的政府门户网站中，有41家存在上述问题。2012年，目录不能包含网站其他栏目所发布的信息的，有57家国务院部门、25家省级政府、36家较大的市。2014年测评时，如何处理政府信息公开目录与政府门户网站各栏目之间的关系，仍然是不明确的。从测评情况看，许多行政机关的政府信息公开目录未能包含本级政府门户网站中发布的政府信息，即便将应进入目录的信息范围缩小到《党政机关公文处理工作条例》中所规定的各类可公开的文件形式，仍然普遍存在大量信息未纳入目录管理的情况，目录与门户网站建设"两张皮"的现象十分普遍，网站发布的很多信息未纳入目录中，导致目录功能弱化。有5家国务院部门、8家省级政府和8家较大的市政府门户网站的信息在公开目录中都能找到。

四　主动公开的现状与面临的问题

（一）主动公开的成效

《政府信息公开条例》第二章对主动公开信息的范围作了列举，此外，《行政许可法》《食品安全法》《环境保护法》等法律法规中都对主动公开信息的范围作了列举和规定。《政府信息公开条例》列举了27项应主动公开的信息，国务院办公厅自2012年开始每年均发布文件规定当年和今后一段时间重点公开的信息，如《国务院办公厅关于印发2012年政府信息公开重点工作安排的通知》（国办发〔2012〕26号）、《国务院办公厅关于印发当前政府信息公开重点工作安排的通知》（国办发〔2013〕73号）、《国务院办公厅关于印发2014年政府信息公开工作要点的通知》（国办发〔2014〕12号）等。地方政府、国务院部门发布的相关规定也有类似的列举性规定。《国务院办公厅关于印发2014年政府信息公开工作要点的通知》从行政权力运行信息、财政资金信息、公共资源配置信息、公共服务信息、公共监管信息几个方面规定了应重点公开的内容和方式。不少地方政府或者国务院部门发布的规定中也有类似列举内容,如《北京市政府信息公开规定》所列举的应重点公开的政府信息就包括财政信息及其审计结果、保障性住房信息、食品安全监管信息、环境保护信息、招投标信息、安全生产信息、农村土地管理信息、价格管理信息、企业信用信息、公共企事业单位监督管理信息等。实践中,不少领域的主动公开成效明显。

1. 规范性文件

以规范性文件的公开为例,行政机关公开此类信息越来越细化。规范性文件俗称"红头文件",是各级政府机关执行法律法规、进行管理过程中下发的、对人民群众权益产生一定影响,但效力等级低于规章的文件总称。公开这些规范性文件是《政府信息公开条例》明确要求的。测评与调研发现,截至2014年底,所有国务院部门、省级政府和计划单列市政府都在门户网站设置了规范性文件栏目,集中发布本部门制定的规范性文件,公众可以直接通过网站查询下载。此外,为了防止"红头文件"的规定违法,进而侵害人民群众的合法权益,不少地方政府近年来加强了对规范性文件的备案审查力度,并定期公布经过备案审查的文件目录。2014年对56家国务院部门、31家省级政府和5家计划单列市政府的调研发现,有18家省级政府在其门户网站或者政府法制办公室网站公开了规范性文件备案审查的目录;5家计划单列市全部公开了经过备案审查的规范性文件目录。

规范性文件是否有效关系到公众的切身利益。标注规范性文件是否有效是体现规范性文件公开水平的重要指标。测评与调研发现,截至2014年底,有的国务院部门在发布的规范性文件中标注了有效性,如海关总署公布的规范性文件中绝大多数都标注了是否有效。还有的国务院部门公示了现行有效的规范性文件目录,如国家外汇管理局。还有一些地方政府在文件目录列表上加注了是否有效的说明,公众能一目了然地知悉相关文件的效力情况,如重庆、湖南。其中,湖南省还在门户网站开设了"规范性文件清理"栏目,集中标注规范性文件是否有效。部分地方政府同时发布了失效类文件清单,如江西和四川。部分地方政府在文件正文的最后一条明确交代了文件实施的起止时间,如上海、天津、山东、广东、湖南、陕西、青海、深圳、青岛、大连、厦门等。

2. 财政预决算信息

近年来财政信息公开工作推进有力，成效明显。财政部2008年和2010年分别发布了《财政部关于进一步推进财政预算信息公开的指导意见》和《财政部关于进一步做好预算信息公开工作的指导意见》，对于预算公开的主体、内容、形式等提出了要求。2010年发布的《国务院关于加强法治政府建设的意见》更是提出，政府全部收支都要纳入预算管理，所有公共支出、基本建设支出、行政经费支出的预算和执行情况，以及政府性基金收支预算和中央国有资本经营预算等情况都要公开透明。2010年初，一些政府机关公开了本部门预算，引起公众对此类信息的极大关注。当年的测评与调研专门对国务院部门预算信息的公开情况进行了调研，考察其是否提供预算信息栏目、是否公开2010年度总体预算、财政拨款预算和非财政拨款预算的相关信息。结果显示，国务院部门预算信息的公开程度并不理想，主要表现为预算信息公开程度不高、相关信息公开不细致。59家国务院部门中，能够在目录或者网站主页中设置财政预算栏目的仅有27家，占全部被调研国务院部门的45.76%。能够以各种方式公开上一年度部门预算信息的有43家，占72.88%，其中，有17家公布在目录的预算栏目中，4家是在目录的检索功能中查到的，9家是在该国务院部门官方网站内检索查到的，13家只能借助网站外的搜索引擎找到其他网站上留存的信息（见图3-1）。另外，在公开的预算中公布财政拨款支出预算信息的有41个部门，没有一个部门公开非财政拨款支出预算信息。59个国务院部门中，没有一个部门对收支预算编制标准作出详细说明，仅有3个部门在部门收支预算中对与上年度相比变化较大的项目作了说明，其中，1个部门对其原因作了简单解释；有2个部门在财政拨款支出预算中对与上年度相比变化较大的项目作了说明，其中1家对其原因作了简单解释。

2014年的测评与调研再次考察了各行政机关公开本部门2013年决算、2014年预算及2013年三公经费的公开情况。调研发现，国务院部门中，除公务员局预算纳入人力资源和社会保障部集中编制、煤矿安全监察局纳入国家安全生产监督管理局集中编制外，我们可以在门户网站或者通过其他网站查询到51家政府部门2014年的本部门预算及说明、49家政府部门的2013年本部门决算及说明、44家政府部门对2013年三公经费使用情况的详细说明。地方政府中，可以在门户网站上查询到12家省级政府和3家计划

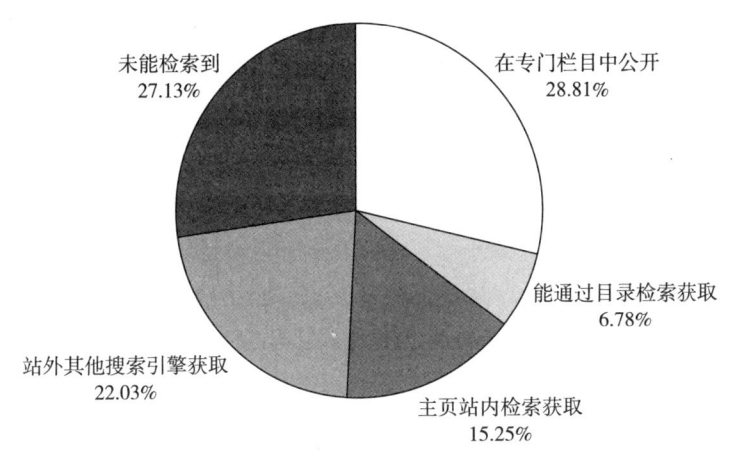

图 3-1　2010 年国务院部门预算信息公开情况

单列市政府 2014 年的预算信息，13 家省级政府和 3 家计划单列市政府的 2013 年决算信息，其他地方政府普遍都在本级财政厅（局）网站公开了预决算信息。

3. 行政审批信息

公开行政审批信息，是简政放权、改革行政审批制度的重要方面，对此，国务院反复提出公开事项的要求。2014 年，中央机构编制委员会办公室网站发布了各部门行政审批事项清单，以权力清单的方式公开了各部门现行有效的行政审批事项，对于促进国务院部门的行政审批事项公开发挥了重要的作用。

2014 年测评与调研发现，截至当年 12 月底，国务院部门中，除 5 家没有行政审批权限的部门外，有 46 家国务院部门在本部门门户网站公开了自身行政审批事项清单，提供了审批依据、申报条件、审批流程信息等内容。地方政府则普遍在门户网站或者政务服务中心网站公示了行政审批事项清单。31 家省级政府和 5 家计划单列市都能以行政服务中心网站、专门的行政审批网站或政府网站在线办事栏目的形式，为行政审批信息公开提供网络平台。这些网站的建设使政府的行政审批项目、权限及审批权运行更加透明，方便了企业和人民群众。海南省人民政府政务服务中心在其网站首页建立专门栏目，列出了省级行政审批权力清单和进驻省政务中心的审批权力清单，并配有行政审批单位、行政审批事项（包括子项）、管理服务事项（包括子项）、互联网申报事项、全流程互联网审批事项的实时数量信息。

此外，公开的行政审批事项信息在形式上相对完整。2012年测评与调研时发现，大部分政府网站提供的行政审批相关信息不够全面。其一，机构联络信息不全面。为了更好地服务和方便公众，网站应该详尽地提供政务服务中心的基本信息，如中心地址、联系电话、电子邮箱、交通路线（自驾车信息或者交通换乘信息）或者地理位置示意图、工作时间（应当精确到工作日、上下班时间）等。在较大的市中，只有2个城市提供了全部信息；没有能够全部提供上述信息的省级政府。其二，审批事项信息不全面。为方便公众办理审批事项，应提供审批依据、审批条件、审批申请材料、审批程序、审批期限、审批办理地点、审批部门联系电话等办事信息。对调研的省市随机抽查10条审批信息，只有5家较大的市政府在办事指南中提供了所有事项信息；有5家省级政府全部提供上述信息。其三，审批办件动态信息不全面。为方便公众及时了解审批的办件动态，应该及时进行办件公示，提供受理审批的主办部门信息、受理事项信息、申报时间、办理状态信息（如在办理中、已办结等）。提供办件公示栏目的较大的市政府有35家，其中有4家提供了上述所有动态信息。提供办件公示栏目的省级政府有13家，其中只有两家省级政府提供了上述所有动态信息。而2014年测评与调研时，有10家国务院部门较为完整地公开了所有行政审批相关事项，如依据、申报条件、审批流程、办理进度、审批结果信息等。有13家省级政府和所有计划单列市政府能够全面提供上述信息。有的行政机关对审批依据作出了详细解释，是政府依法行政和为民服务的具体体现。例如，海南省网上审批大厅在列明行政审批依据的同时，对每一条审批依据都进行了解释，其条理清晰、文字简洁，方便办事群众在申报过程中理解和适用法律法规、规章以及规范性文件的条文，有助于提高办事效率。

4. 行政处罚信息

行政处罚是行政机关重要的管理手段，依法行使行政处罚权既是保障相对人合法权益的要求，也是全面履行政府职责的重要体现。长期以来，行政处罚往往只能做到对当事人特别是被处罚人公开，一般不对公众公开。但实际上，不少行政违法关系到公共利益，特别是一些企业的违法行为危及人民群众人身健康和财产安全、有损纯净的市场环境，因此，公开行政处罚信息不仅仅是对行政机关依法行政的监督，也有助于督促市场、社会主体自觉守法，构建诚信的市场环境。2014年测评与调研发现，截至当年

12月底，国务院部门中除不具备行政处罚权限的部门外，国家发展和改革委员会、民政部、住房和城乡建设部、商务部、环境保护部、工商行政管理总局、新闻出版广电总局（新闻出版领域）、保监会、证监会、民用航空局等都在门户网站公开了全部类别或者部分类别的行政处罚案件信息，包含处罚依据、当事人姓名或者企业名称及主要违法事实、处罚结果等信息。地方政府中，宁波市政府开通了"阳光执法网上服务大厅"，青岛开通了"青岛市网上行政处罚服务大厅"，集中发布全市各部门的行政处罚事项及作出的行政处罚决定信息。

（二）清单制与主动公开

规定不公开信息，用列举的方式规定哪些信息属于政府信息公开的例外，这是一种反向规定政府信息公开范围的方法。而明确列举主动公开的范围，规定哪些信息应当主动公开，这是一种正向规定的方法。中国引入政府信息公开制度不久，社会对政府信息公开的需求又比较高，并且，随着信息化发展以及民主法治的不断进步，这种需求会更加高涨。因此，以正向规定的方式明确应当公开什么、怎么公开、公开的最低要求，显得至关重要。对此，前一部分已有梳理，不再赘述。

但多年的实践显示，虽然有关规定明确了主动公开的范围和方式，但各级行政机关实际的公开效果并不是很理想，不公开、公开不全面、公开不及时、公开方式落后等问题普遍存在。换句话说，对于该怎么公开，相关规定仍显得过于粗线条，标准不明确，缺少可执行性。因此，细化主动公开标准就显得至关重要。而近年来兴起的行政权力清单制无疑是一个很好的解决方法。

清单制是法治政府建设中的一个创新之举。《中共中央关于全面深化改革若干重大问题的决定》提出，推行地方各级政府及其工作部门权力清单制度，依法公开权力运行流程；建立公平、开放、透明的市场规则，制定负面清单。《中共中央关于全面推进依法治国若干重大问题的决定》进一步提出，推行政府权力清单制度，坚决消除权力设租寻租空间；各级政府及其工作部门依据权力清单，向社会全面公开政府职能、法律依据、实施主体、职责权限、管理流程、监督方式等事项。2015年3月，中共中央办公厅、国务院办公厅印发了《关于推行地方各级政府工作部门权力清单制度的指导意见》，要求地方政府部门全面梳理现有行政职权，公布权力清单。推行权力清单，可以梳理清楚各级政府部门手中的权力，向社会公开后，有助于社会公众明确办事的依据、条件和流程。推行并公开负面清单，按照法无明文不为过、法无禁止即可为的原则，反向界定了公权力的界限。

为此，2014年1月8日召开的国务院常务会议决定推出的进一步深化行政审批制度改革的三项措施中就包括公开国务院各部门全部行政审批事项清单，向审批事项的"负面清单"管理方向迈进，逐步做到审批清单之外的事项，均由市场主体依法自行决定。《国务院关于促进市场公平竞争维护市场正常秩序的若干意见》（国发〔2014〕20号）规定，制定市场准入负面清单，国务院以清单方式明确列出禁止和限制投资经营的行业、领域、业务等，清单以外的，各类市场主体皆可依法平等进入；探索对外商投资实行准入前国民待遇加负面清单的管理模式。同时，推行地方各级政府及其市场监管部门权力清单制度，依法公开权力运行流程；公示行政审批事项目录，公开审批依据、程序、申报条件等；依法公开监测、抽检和监管执法的依据、内容、标准、程序和结果。

《国务院办公厅关于印发2014年政府信息公开工作要点的通知》（国办发〔2014〕12号）规定，推进行政审批信息公开，要公开国务院各部门行政审批事项清单，逐步建立地方各级政府及其工作部门权力清单制度，依法公开权力运行流程，接受社会监督。对于行政审批项目调整信息，应当围绕国务院关于简政放权的决策部署，及时公开取消、下放、清理信息以及实施机关变更的行政审批项目信息。而在行政许可办理信息公开方面，则要加强依据、条件、程序、数量、期限、需要提交材料目录以及办理情况的信息公开工作。此外，在推进行政处罚信息公开方面，通知要求行政处罚案件应当主动公开案件名称、被处罚者姓名或名称，以及主要违法事实和处罚种类、依据、结果等，并及时回应社会关切。这些规定为编制权力清单和明确公开标准提供了一定的依据。

2014年以来，上至中央政府、下至地方政府，都纷纷编制权力清单、负面清单，不但有效规范了行政权力，方便了公众办事，也极大提升了政府信息公开水平。2014年初，中央机构编制委员会办公室网站发布了国务院各部门行政审批事项清单，以权力清单的方式公开了各部门现行有效的行政审批事项，对于促进国务院部门的行政审批事项公开发挥了重要的作用。不少地方也纷纷清理行政审批事项，编制了权力清单，如浙江省政府2014年开通了"浙江政务服务网"，集中发布行政权力清单、部门责任清单、企业投资负面清单、财政专项资金管理清单；山东省推行政府及其工作部门权力清单制度，省政府第45次常务会议审议通过了省级行政权力清单目录，目录纳入省直58个部门（单位）权力事项4227项，其中省级直接行使的2876项，省市县共有由市县属地管理的1351项。推行权力清单制度，有助于规范行政权，推动依法行政，也切实提升了主动公开的水平，实现了推进政府信息公开与推动依法行政的良性互动。

编制权力清单，一方面可以摸清本行政机关行政权力的家底；另一方面，则可以同步完成对行政权力的审查，该保留的保留，该整合的整合，该废止的废止，该下放的下放，该转移的转移，由此起到切实规范行政权力的目的。同时，清理后的权力清单除涉密的以外，都应当对社会公开①。例如，江苏省政府办公厅《关于全面清理行政权力　建立权力清单管理制度的通知》就明确规定，经过法定程序确认保留的行政权力，除保密事项外，要以清单形式将每项权力的名称、权力类型、行使主体、实施依据等，通过政府网站或政府公告等载体，及时、准确、完整、详细地向社会公开。《浙江省人民政府关于全面开展政府职权清理　推行权力清单制度的通知》（浙政发〔2014〕8号）也规定，依法公开权力清单和权力运行流程，推进行政权力公开规范运行，政府行使行政权力，除涉及国家秘密及其他依法不予公开的外，应当完整、准确地向社会公开权力的基本内容、运行流程等信息，接受社会监督；各部门对保留的权力事项，应编制并公开权力运行流程图，公开的内容应包括权力名称编号、实施依据、办事流程、责任单位、监督电话等，确保每项权力按照规定的权限和程序行使。因此，清单制是法治政府建设的一个创新，也同步推进了行政权力及其运行的公开透明。

除了权力清单的实践外，有的政府部门还尝试编制了信息公开清单，正向规定公开的最低要求。其中，比较典型的是教育部发布的《高等学校信息公开事项清单》。高等学校，俗称为"大学"，是根据国家高等教育发展规划，依照《高等教育法》等法律法规设立的不以营利为目的的教育机

---

① 关于行政权力清单制，可参见卢超《2014年行政审批制度改革与权力清单制度建设》，《中国法治发展报告No.13（2015）》，社会科学文献出版社，2015，第94-106页。

构。国家设立高等院校是履行教育公共职能的重要体现，其宗旨是为公民提供优质的高等教育服务，以提升国民素质，培育高素质人才，提升国家综合实力，促进国家和社会的进步和发展。作为高等教育的提供者，高等学校的公共性还体现在：一方面，公立高校由国家举办并依靠财政经费运营；另一方面，高校的校长、副校长也须按照国家有关规定任免，以保证高等教育的公共产品属性。正因其公共属性，《政府信息公开条例》第37条才明确规定教育信息应当公开，且公开的方式和内容应参照条例的相关要求。教育信息涉及内容广泛，公开的信息还应参照其他法律法规的相关要求。比如，认定学位授予是受《教育法》等法规授权的行为，高等学校授予学位相关的行为就必须适用《政府信息公开条例》第36条的规定，对外公开相关信息。简言之，高校对社会公开相关信息，既是满足公众知情权的需要，也是其应尽之法定义务。教育部早在2010年就发布了《高等学校信息公开办法》（教育部令〔2010〕第29号），对高等学校公开信息的范围、方式、方法等作了明确的规定。为进一步提升教育信息公开的水平，2014年，教育部专门发布了《教育部关于公布〈高等学校信息公开事项清单〉的通知》（教办函〔2014〕23号），梳理了法律、法规、规章等中有关高等学校信息公开的规定，以清单的形式，明确了公开的范围和标准，并提出引入第三方对教育部直属高等学校落实情况开展评估，并适时组织督察，评估和督察情况将向社会公开。该通知规定，建立即时公开制度，各高校应当在清单信息制作完成或获取后20个工作日内公开，信息内容发生变更的，应当在变更后20个工作日内予以更新。而且，通知特别明确指出，各高等学校可在清单基础上进一步扩大公开范围，细化公开内容，教育部还将根据最新政策要求对清单进行动态更新。也就是说，清单只是高等学校公开的最低要求。通知还要求，高等学校应构建统一的公开平台，统一公布清单各项内容，充分利用新闻发布会及微博、微信等新媒体方式，及时公开信息，加强信息解读，回应社会关切。以清单的方式明确了政府信息公开的标准，对于推动公开作用明显。

（三）加强解读，提升公开效果

高质量的政府信息公开不仅应确保公开信息的准确、及时、全面，还应保证其有效性。有效的信息公开要求公开公众需要、有可用性的信息。

可用性要求向公众提供的是公众可获取、能理解的信息。毫无疑问，让公众能理解政府信息的内涵是对公开工作的更高要求，这意味着，公众只需具有一个普通人的知识水平和认识能力即可理解政府机关所公开的信息内容。而政策解读正是实现这一目的的重要手段。行政机关对重大政策法规作出解读，正面、主动阐释政策法规出台的背景、依据、具体管理思路等，有助于人民群众全面、准确地理解相关决策的内涵，有效维护自身的合法权益。为加强此项工作，《国务院办公厅关于进一步加强政府信息公开　回应社会关切　提升政府公信力的意见》（国办发〔2013〕100号）提出了明确要求。

政策解读是国家治理体系和治理能力现代化的重要体现。在现代社会，政府进行治理不能仅仅以国家权力为后盾强制贯彻落实决策，不能再依靠威权体现自身的权威，不能再把公众作为管理的客体、使其被动地接受管理，而是需要与公众开展有序沟通和良性合作。为提升治理效果，政府需要公众配合，也需要公众的理解，还需要公众的参与，为此，政府必须要让公众知道可能对其权益造成影响的政策规定。只有公众真正了解并充分理解了相关政策，才能实现政府与公众的良性互动，才能有助于政策的贯彻实施。所以，国家近年来也十分注意转变管理理念和方式，其中比较重要的就是对重大政策法规的出台配发解读性信息。

政策法规的特点是，体系较为严密，文字较为精练，语言较为专业，不多的文字可能蕴含着复杂的规则与道理。政策解读的目的就是把政策法规中浓缩的内涵稀释出来，把专业化的文字转换为公众听得懂、看得明的语言，把严肃刻板、乏味无趣的内容转换为吸引人的信息。因此，政策解读需要用图画直观地阐释、用大白话进行内容转述。

对重大政策法规作出解读，是行政机关正面、主动阐释政策出台背景、依据、具体管理思路等的重要手段，有助于人民群众全面、准确地理解相关决策的内涵，有效维护自身的合法权益。《国务院办公厅关于进一步加强政府信息公开　回应社会关切　提升政府公信力的意见》（国办发〔2013〕100号）对此提出了明确要求。2014年12月测评与调研过程中，项目组发现，不少行政机关十分重视重要政策法规的解读工作。截至当年底，国务院部门中有38家在门户网站设置了专门的政策法规解读栏目。地方政府方面，计划单列市政府均在门户网站开设了政策解读栏目，省级政府中有26

家开设了此栏目。从解读数量上看，2014年全年解读的政策法规数量超过30部的有国家税务总局、国家卫生和计划生育委员会、教育部、财政部、商务部等部门。不少行政机关做到了主要发布对本部门、本地方作出的重大政策法规的解读信息。比如，宁波市政府、厦门市政府的解读栏目全部为本地方出台的重要政策法规的解读信息。宁波市针对企业办事依据公开不集中、企业查询信息不方便的情况，专门在门户网站开通了"宁波市企业政策查询平台"，在市本级及所属部门发布的每一条政策法规后都附有《政策解读》子栏目，并根据需要提供解读信息。为方便企业理解相关政策法规，所有政策法规后还根据需要提供相关的政策主管部门的联系电话，方便企业电话咨询，体现了工作的细致与用心。

但解读水平和质量还有极大提升空间。首先，部分行政机关的政策解读栏目所公开的解读信息主要是转载国家相关部门的政策解读。例如，截至2014年底，湖南、湖北、贵州、内蒙古等均将国家政策的解读纳入其中，由于未与本地文件解读作出明确区分，难以知晓本地真正解读的政策文件数量和工作量。其次，政策文件的解读质量还有待提升。多数行政机关发布的解读内容多来源于当地新闻媒体不同角度的报道，缺乏政府主导下的全面性解读。而且，多数解读只是把制定有关法规、规章及规范性文件的说明照搬到网上，不仅形式呆板，信息量也十分有限。例如，公安部集中推出16项便民利民措施解读图，虽然做了图解，但无非是把16项便民措施由纯文字内容变为图标格式，解读功能所发挥的作用极为有限[①]。最后，目前重大决策强调制定后的解读，却忽视了制定过程中的公开与参与。在重大决策制定过程中就公开决策草案、说明，向公众做好解释工作并认真倾听其意见和建议，在政策出台的同时再就采纳意见和建议的情况作出回应，这将更加有助于赢得公众的理解与支持。其效果也远比制定过程中捂着、盖着，制定后再花精力进行解读要好得多。

（四）主动公开质量仍需提升

《政府信息公开条例》第二章明确了行政机关的主动公开义务并强调了需要做好主动公开信息工作，此外，行政审批、食品安全监管、环境保护

---

① 网址：http://www.gov.cn/xinwen/2014-07/25/content_2724534.htm，最后访问日期2015年3月21日。

等众多领域的法律法规也规定了行政机关应当主动公开的信息。但通过多年的连续跟踪测评调研发现，虽然相关领域的主动公开工作进步明显，但应公开的未公开、公开不全面、公开不及时等问题仍然十分突出。

1. 应公开的未公开

相关法律法规及《政府信息公开条例》已经明确了主动公开义务及其范围，但实践中应公开的信息未依法公开的情况还比较普遍。

例如，拆迁信息的公开方面，2009年和2010年连续两年对43个较大的市公开拆迁信息的情况进行了测评与调研，结果显示，提供有效的拆迁公告信息的，2009年为25家（占58.14%），2010年为26家（占60.47%）。2010年，在各类网站中提供拆迁补偿指导性标准的城市为20家（占46.51%），略低于2009年的23家（占53.49%）。除此之外，2010年，能够有效提供拆迁公司资质信息的有14家（占32.56%），2009年为13家（占30.23%）；提供拆迁评估公司信息的有13家（占30.23%），与2009年持平。安置房方面，2010年，仅有4家市政府能够在网站提供其位置信息（占9.30%），2009年为9家（占20.93%），有4家可以提供其价格信息（占9.30%），2009年为3家（占6.98%）。而上述信息都是原《城市房屋拆迁管理条例》明确要求公开的。

在食品安全信息公开方面，《食品安全法》等法律、法规、规章中对公开哪些涉及食品安全监管的信息有明确规定，但并没有得到很好执行。项目组以较大的市为调研对象，2010年对工商、质检、食品药品监督管理等部门公开食品安全信息、2011年对餐饮服务监督管理信息（主要涉及食品药品监督管理部门）、2012年对食品生产监督管理信息（主要涉及质检部门）的公开情况，进行了测评调研。

2010年的测评与调查结果显示，43家较大的市中，仅有22家较大的市的质量监督管理部门网站公布了所作出的食品生产许可信息（占51.16%），仅有5个城市的工商行政管理部门网站公布了所作出的食品流通许可信息（占11.63%），仅有10个城市的食品药品监督管理部门网站公开了所作出的餐饮服务许可信息（占23.26%）。2011年调研显示，一些法定应当公开的信息未在其政府网站公开。仅28个城市公布了餐饮服务许可办理流程（占65.12%），24家介绍了此类许可的办理指南（占55.81%），29家公开了办理此类许可需要提供的申请材料（占67.44%），19家向社会公布了许可的办理结果（占44.19%）。监督检查方面，仅有10家公布了对违法行为的查处情况（占23.26%），3家设立了《餐饮服务提供者食品安全信用档案》栏目（占6.98%）；17家公开了食品安全的预警、警示信息（占39.53%），27家提供了食品安全常识性信息（占62.79%）。

2012年测评与调研显示，食品生产监督管理信息公开很不理想。43家较大的市中，仅有26家质量技术监督部门在网站上公开了本地食品安全监管方面的规范性文件，仅占60.47%。有5个城市的质量技术监督局没有公开食品生产许可办理指南（占11.63%），而公开信息全面（包括核发新证、补领、变更、更正、注销等各类业务流程）的仅有5个（占11.63%）。公开食品生产企业委托加工备案办理指南的仅有21个（占48.84%）。行政审批的办理结果对于公众获知食品生产企业的资质至关重要，但这些信息的公开程度并不高，仅有24家公开了食品生产许可证发证结果信息（占55.81%），仅有5家公开了食品生产企业委托加工备案结果信息（占11.63%）。仅有30家质量技术监督部门公开了食品生产监督抽查信息（占69.77%），公开一个月内此类信息的仅有10家（占23.26%）。仅有16家质量技术监督部门公开了食品企业安全信用档案（占37.21%），而能够在其中详细公开企业各类基本信息的则更少。比如，公开全面的食品生产企业基本信息的仅有3个城市，公开企业守法或者违法记录的仅4个城市（占9.30%）。

在环境信息公开方面，多年的测评与调研连续对省级政府和较大的市的政府在空气质量信息、水质量信息、固体废弃物监管信息、辐射安全信息、建设项目环境影响评价信息和环境行政处罚结果方面的公开情况进行了观测。2012年的调研显示，26家省级政府环境保护部门中，公开下辖区域空气质量预报信息的仅有9家（占34.62%）；公开下辖区域饮用水质量月报信息的仅有10家（占38.46%）；公开危险废物跨省转移申请审批情况信息的仅有11家（占42.31%）；全面公开建设项目环境影响评价受理公告、审批前公示、审批后公告三类信息的仅有12家（占46.15%）；公开建设项目竣工环境保护验收受理公告的仅有9家（占34.62%）；全面公开建设项目竣工环境保护验收受理公告、审批前公示和审批后公告三类信息的仅有6家（占23.08%）。较大的市环境保护部门在这方面的问题更为突出，其与省级政府上述指标相对应的数据分别是11家（占25.58%）、20家

(占46.51%)、13家（占30.23%）、15家（占34.88%）、6家（占13.95%）和4家（占9.30%）。

再如，权力清单的公开方面，截至2014年底，未能公开权力清单的情况还比较普遍。梳理和编制本部门权力清单是摸清本部门职权职责的"家底"、规范行政权力的重要手段。国务院在推进简政放权过程中，要求国务院部门、地方政府梳理本地方各部门的权力清单，一些部门和政府积极推进，取得了比较好的成效。但截至2014年底，国务院部门还普遍没有公开本级部门梳理后的行政处罚的事项清单，公众无法获取该部门准确的行政处罚权限信息。虽然有部分部门公开了处罚案件信息，但公开的仅是其实有的行政处罚权中的一小部分。地方政府方面，有13家省级政府和2家计划单列市政府未能通过其门户网站查询到权力清单信息。

2. 公开不全面

项目组对较大的市的房屋拆迁信息公开情况进行测评和调研时，主要集中于拆迁法规政策、拆迁公告、拆迁补偿指导性标准、拆迁工作流程等信息的公开情况。2009年、2010年对较大的市的拆迁信息公开的测评与调研显示，2010年拆迁公告中能够提供拆迁地段示意图的仅有3家，2009年为2家。

2012年在对较大的市质量技术监督部门公开食品安全政策法规、食品生产许可（含办理流程、指南及发证信息）、食品生产企业委托加工备案（含办理流程、指南及备案信息）、食品安全监督检查信息、食品企业质量信用信息、食品安全常识等的情况进行测评和调研时发现，食品生产企业委托加工备案办理指南中公开全面的食品生产企业委托加工备案办理指南（包括办理依据、办理部门、办理地址、联系方式、需提交的材料、办理程序、办理期限）的仅有9个（占20.93%）。

环境信息公开的目的是让公众获取相关信息，并推动公众参与环境保护，如果公开的信息过于简单就无法达到此目的。不少环境保护部门在建设项目环境影响评价的受理公告信息和审批前公示信息中不提供便于公众理解的环境影响评价报告书的简本。有的环境保护部门只是以简单的列表形式提供一个月或几个月的建设项目环境影响评价的审批情况，有的在列表中只提供批准时间、批准文号和文件题名等一些简单的信息，不提供项目及环境影响评价的详细内容。由于缺失关键内容，公众难以了解项目对环境影响的真实情况，这也是一些项目上马后招致公众质疑的原因之一。

在政府采购方面，也存在信息发布不全面、避重就轻的问题。例如，2012年对政府采购信息公开情况进行测评与调研后发现，政府采购信息的主动公开避重就轻。当年的测评与调研显示，国务院部门及21个省、直辖市在其政府采购网站上主动公开了协议供货商品目录，有20个省、直辖市在其政府采购网站上主动公开了协议供货最高限价，但仅有2个省在其政府采购网站上主动了公开协议供货有效成交记录。除此以外，国务院部门、个别省和直辖市的协议供货成交公告均不提供或不同时提供采购的商品型号、具体配置和对应单价等关键信息，无法据此对协议供货价格的合理性进行判断。一些政府采购中心的中标公告仅列明了采购货物的大类别和数量，既不给单价也不给型号，对于公众而言，仅知道其中标金额毫无意义。有的中标公告只公布商品型号和配置、告知总中标金额，却不公布采购数量和单价。还有的以采购特供商品为由，不提供商品的配置和品级。

在行政处罚方面，首先是行政处罚事项公开不到位。2014年对56家国务院部门、31家省级政府和5家计划单列市政府的测评与调研发现，截至当年12月底，仅有18家省级政府、3家计划单列市政府在门户网站公开了本级政府的行政处罚事项，无一家国务院部门在门户网站公开该信息。在18家公开了行政处罚事项的省级政府中，仅有9家公开了行政处罚依据。其次是行政处罚结果信息公开情况不好。对地方工商、专利、质检、食药监部门查处侵犯商标权、专利权、非法售药、医疗器械违法行为的情况进行观察和统计的结果显示，仅4个省级和3个计划单列市的工商部门，4个省级和1家计划单列市的专利部门，12个省级和3个计划单列市的质监部门，14个省级和3个计划单列市的食药监部门，公开了相应的处罚结果。

3. 公开不及时

政府信息公开应当确保所公开的信息是最新且准确的，否则，非但信息无用，还可能误导公众，影响政府公信力。但公开不及时、信息不更新的问题还比较普遍。

食品安全信息方面，2010年测评与调研时，43家较大的市的政府门户网站、食品安全信息网以及卫生行政管理部门、质量技术监督部门、工商行政管理部门、食品药品监督管理部门的所有网站中，提供的食品安全宣传普及知识包含2010年信息的仅有23家（占53.49%）。而2011年测评与调研发现，有35个城市公布了调研之前3个月内对餐饮服务提供者的监督检查信息（占81.40%），公开之前3个月内对违法行为查处情况的有8个城市（占18.60%），公开3个月内的食品安全预警、警示信息的有7个城市（占16.28%）。2012年测评与调研发现，各地质量技术监督部门中，仅有12家发布了半年内的食品生产许可结果信息（占27.91%），仅有4家发布了半年内食品生产企业的委托加工备案信息（占9.30%），仅有10家提供了近一个月内食品监督抽查情况信息（占23.26%），没有一家提供一个月内的"食品安全信息档案"信息，仅有13家提供了6个月内的食品安全常识信息（占30.23%）。

环境信息方面，2012年测评与调研发现，在43家较大的市环境保护部门中，提供调研日前6个月内的危险废物经营许可证发证信息、废弃电子产品处理资格审批情况信息、辐射安全许可证发证审批信息的分别仅有19家（占44.19%）、5家（占11.63%）和9家（占20.93%）。省级政府公开调研日前6个月内的危险废物经营许可证发证信息、危险废物跨省转移申请审批信息、辐射安全许可证发证审批信息的，分别是21家（占80.77%）、7家（占26.92%）和21家（占80.77%），仍有一部分网站存在信息更新滞后的问题。

4. 公开信息不一致

随着信息化的推进，政府机关公开信息的平台越来越多，不仅《政府信息公开条例》规定的政府公报、政府网站、新闻媒体等平台，就连政府网站也越来越多元化，同一信息可能会发布在不同网站或同一网站的不同栏目中，如发布在当地政府门户网站、业务部门网站，甚至一些专业性的政府网站（如食品安全信息网），或者发布在同一个政府网站的多个栏目上。这一方面增加了公众获取信息的渠道，但随之而来的问题则是，信息公开的随意性大，相关信息在不同平台发布的时候存在内容不一致的现象。

信息发布不一致往往在地方政府门户网站与各部门门户网站中较为明显。例如，我们曾观测过浙江某区政府门户网站，该网站应是汇集全区所有部门重要信息的平台，但调研发现，很多信息并没有发布在区政府门户网站。以食品药品监督管理局发布的《关于印发打击保健食品"四非"专项行动工作方案的通知》为例，该信息发布在该局门户网站"工作文件"栏目的《食品监管文件》子栏目中，但并没有发布在区政府门户网站中的食品药品监督管理局政府信息公开栏目中。几乎所有部门都存在类似情况。

再以行政审批的信息公开为例，各省、市政府的门户网站以及所属部门的网站基本都设立了在线办事栏目，其中大部分内容都是行政审批事项，同时，当地的政务服务中心（或行政服务中心）也建有网站，公开相关行政审批信息，各业务部门也往往在自身网站公开本部门的行政审批信息。换言之，每个地方仅网站公开渠道就至少同时存在两到三个针对同一行政审批事项的信息。2012年，项目组在对26家省级政府、直辖市政府及43个较大的市的政府公开行政审批信息的情况进行调研时，对行政审批网站与政府门户网站或者所属部门网站上的行政审批事项信息、特定审批事项的办事指南等信息进行了对比验证，结果显示，普遍存在各网站所公开的行政审批事项信息不一致的情况。按理说，同一地方的同一审批事项在各不同网站上公开的内容应当一致，但结果显示各网站均一致的只有4家省级政府和8家较大的市。而2014年对56家国务院部门、31家省级政府和5家计划单列市政府进行测评与调研时，多数地方政府在行政服务中心发布的行政审批事项信息能与当地政府门户网站或部门网站发布的信息保持一致。有22家省级政府和3家计划单列市的行政服务中心网站提供的行政审批事项信息与政府网站或部门网站是一致的，其余的行政机关都存在不一致的情况。

我们2013年曾抽查了某区级政府的行政审批信息公开情况。其区门户网站公开的个人在线办事事项包括婚育、户籍、就业、社保、兵役、殡葬、护照、法律、纳税、科教文体、房产、卫生、交通、邮政、旅游、出入境、公安、港澳台外定居、港澳台外旅行、港澳台外投资、港澳台外求学、港澳台外工作，共计22个大项；但行政服务中心位置公开的个人办事事项为婚姻登记、生育收养、教育、文化、就业、卫生保健、公用事业、住房、交通、兵役、户籍管理、社会保障、纳税、出入境、死亡殡葬、其他，共计16个大项。而且，每一个小项所公开的审批指南也不一致，如区门户网站是按照"基本养老、医疗保险关系转入转出审批——外省转入""基本养老、医疗保险关系转入转出审批——跨省转出""基本养老、医疗保险关系转入转出审批——省内转入""基本养老、医疗保险关系转入转出审批——省内转出"来公开的，但行政服务中心网站只提供了"基本养老保险关系转入转出审批"一项，其中的详细信息（如办理依据申报条件、所需材料等）也不一致。类似的问题在其他部门也比较常见。

这样的情况在国务院部门层面也比较普遍，如国务院部门在公开行政审批事项清单时也存在类似情况。梳理和编制本部门权力清单是摸清本部门职权职责的"家底"、规范行政权力的重要手段。国务院在推进简政放权过程中，要求国务院部门、地方政府梳理本地方各部门的权力清单，一些部门和政府取得了比较好的效果。但2014年的测评发现，梳理后的权力清单的公开情况还不理想。在国务院层面，中央机构编制委员会办公室公开各部门行政审批事项清单后，不少国务院部门只是简单地转发了本部门清单，但并没有在本部门门户网站上同步更新行政审批事项，部分国务院部门门户网站上发布的行政审批事项清单仍是2011年、2012年的信息，出现了新旧清单内容不一致的情况。

5. 信息放置随意

在门户网站公开信息，可以通过设置相应的栏目集中发布同类信息，也方便公众到相应的栏目中查找所需要的信息。但不少行政机关在门户网站发布信息时，往往随意性强，缺乏规律，无视栏目的存在。比如，几乎所有的行政机关在发布规范性文件时都比较随意，有的规范性文件放置在公示公告栏目中，有的放置在要闻通告栏目中，放置混乱现象较为普遍。例如，2014年12月的调研发现，民政部门户网站的《政策法规》栏目放了一些非法规类文件；住房和城乡建设部将一部分处罚决定发布在《政策发布》栏目中；教育部在《规章》栏目放置了高校章程；工业和信息化部有的规范性文件栏目放的不是规范性文件，如《文件发布》栏目中，很多信息是行政审批结果。再如，国家中医药管理局2015年将《国家中医药管理局2014年度政府信息公开工作报告》发布在门户网站的《政府信息公开目录》栏目下，但没有放入其《政府信息公开年度报告》栏目中；湖南省政府在其门户网站上设置了一个专门的滚动栏目发布其《湖南省人民政府2014年政府信息公开工作年度报告》，但该报告并未放入网站的《信息公开年报》栏目中，且该滚动栏目并不是十分醒目。信息放置混乱不利于公众快捷便利地获取相关信息，影响公开效果。

6. 政府门户网站建设友好性待提升

随着在政府门户网站公开的信息越来越多，许多政府门户网站已经成为一个容纳海量信息的数据库，有的门户网站一个子栏目下就有上千条信息,如何做好信息的分类,提供必要的导航与检索功能,方便用户高效地查询到所需要的信息十分重要。以海南省人民政府门户网站为例,2015年3月8日访问时显示,其《财政预决算》栏目下有多达2327条信息,涵盖了省本级、省级部门、市县及其部门的预决算信息,查询起来不太容易(见图3-2)。

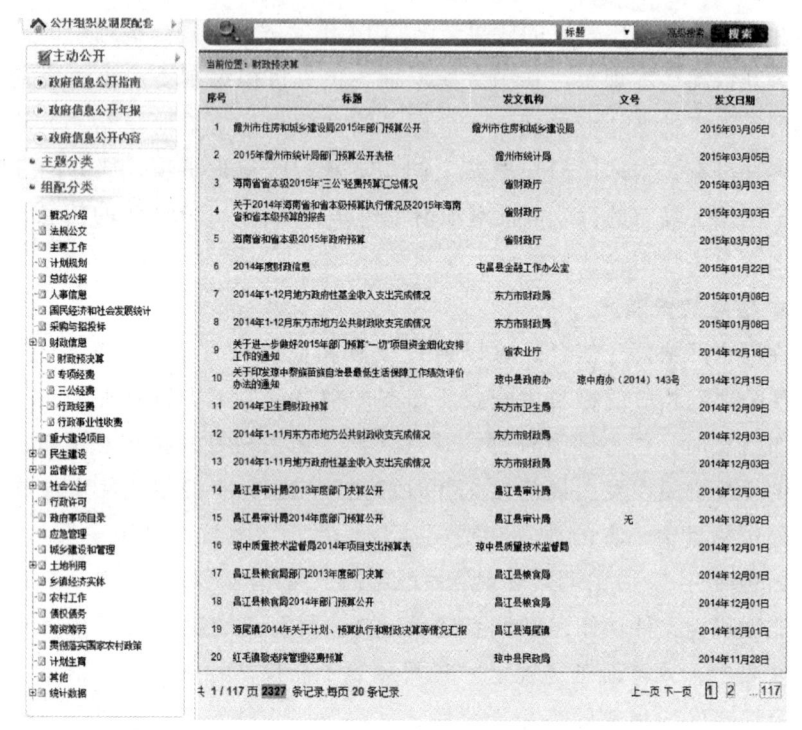

图3-2 海南省人民政府门户网站《财政预决算》栏目

五 小结

主动公开是落实政府信息公开制度、保障公众知情权的重要途径,高质量地落实主动公开有助于提升政府透明度,提升政府管理水平。做好主动公开首先需要有明确具体的公开标准,使公开什么、怎么公开有相对明确的操作指南。其次,还需要根据公众获取信息的实际情况、获取信息的能力以及信息化发展的趋势,科学、系统、全方位地规划好公开方式,做好公开平台的建设与维护工作。在信息化背景下，门户网站因其具有系统展示信息、方便查询信息等优势，应当作为政府信息公开的首要平台，通过其他渠道发布的信息均应在门户网站展示公布。此外，公开信息，尤其是通过门户网站公开信息，还要坚持用户本位原则，以公众需要什么信息、需要怎样获取信息为最高要求，提升公众获取信息的便利性、准确性、有效性，提升网站友好性，将提升信息公开质量作为评价公开工作的重要指标。

第四章

主动回应社会关切

及时主动地回应公众关切,有助于消除公众误解或质疑,提升政府形象和公信力,也是新形势下做好信息公开工作、掌握舆论主导权和话语权、维护社会稳定的重要举措,也是进一步提升公开质量的新要求。近年来,国务院高度重视政府部门回应社会关切的问题,《国务院办公厅关于进一步加强政府信息公开　回应社会关切　提升政府公信力的意见》(国办发〔2013〕100号)明确提出,对涉及政务活动的重要舆情和公众关注的社会热点问题,要积极予以回应,及时通过政府网站发布权威信息,讲清事实真相、有关政策措施以及处理结果等。

一　调研方法及基本情况

为分析行政机关回应社会关切的情况,调研中借助媒体门户网站中的热点新闻做了数据分析,从2014年1月1日至12月31日新浪新闻"每日热点新闻Top 10"的3650条热点新闻中,筛选出需要中央各部门和各级地方政府(含31家省、自治区、直辖市及5家计划单列市)进行回应的230条热点新闻(见表4-1、表4-2),并以环境保护为主题,从新浪、网易、搜狐、腾讯的新闻栏目中截取了2014年的5437条新闻报道,筛选出需要各行政机关作出回应的108条热点新闻(见表4-3)。

如表4-4所示,从2014年新浪新闻"每日热点新闻Top 10"中截取的热点新闻中,与国务院部门有关的热点新闻有33条,涉及17家部门,其中有2家国有企业(铁路总公司及南水北调中线干线工程建设管理局)。从热点新闻的数量来看,除外交部需要例行回应外交事宜外,涉及热点新闻较多的主要有人力资源和社会保障部、国家卫生和计划生育委员会、教育部、农业部、国家发展和改革委员会、国土资源部等部门。上述热点新闻的内容种类繁多,主要与各部门的管理职责有关,如国家卫生和计划生育委员会的社会抚养费问题、人力资源和社会保障部的社保与养老金问题、教育部的高等学校管理问题、国家旅游局的景区门票涨价问题等。

表4-1 从新浪新闻"每日热点新闻Top 10"中截取的热点新闻回应情况（地方政府）

地区	部门	事件	事件发生（曝光）时间	事件链接	有无回应	回应时间	关键字	回应方式	备注
北京	回应部门不确定	京郊风景区建有大量部委直属机关培训中心	2014年7月18日	http://news.sina.com.cn/c/p/2014-07-18/03193053 7879.shtml	无				
	市政市容委员会	69家报刊亭遭强拆引质疑	2014年8月10日	http://news.sina.com.cn/c/2014-08-10/02 5830659623.shtml	有	2014年8月12日	不是"强拆"是"移改"	新闻发布会	有些疑问并未解释清楚，官方说通知了，但邮政公司说没收到通知
	公安局	幼儿园因合同到期遭50多名保安打砸	2014年10月4日	http://slide.news.sina.com.cn/c/slide_1_2841_75072.html	无（未找到回应）				
	交通部门	媒体质疑北上广津停车费收支不透明	2014年11月23日	http://news.sina.com.cn/c/2014-11-23/151231 1231189581.shtml	有，但均未回应清楚 http://news.sina.cn/c/2014-11-23/151231 189581.shtml				

续表

地区	部门	事件	事件发生（曝光）时间	事件链接	有无回应	回应时间	关键字	回应方式	备注
上海	闸北区政府	给"住豪宅"困难户送温暖引发质疑	2014年1月16日	http://news.sina.com.cn/c/p/2014-01-16/231429265024.shtml	有	2014年1月16日	解释是个误会	通过官方微博"闸北发布"	回应迅速
	硚口区政府	上海倒塌居民楼房东疑为拆迁队长被指有渔30套房	2014年5月6日	http://news.sina.com.cn/c/2014-05-06/015930066059.shtml	无				
	食品药品监督管理局	媒体曝光上海、四川、陕西等多地餐馆调料中检出罂粟壳	2014年10月30日	http://news.sina.com.cn/c/2014-10-30/112931069193.shtml	无（未找到回应）				
	交通部门	媒体质疑北上广津停车费收支不透明	2014年11月23日	http://news.sina.com.cn/c/2014-11-23/151231189581.shtml	有，但均未回应清楚				http://news.sina.com.cn/c/2014-11-23/151231189581.shtml

续表

地区	部门	事件	事件发生（曝光）时间	事件链接	有无回应	回应时间	关键字	回应方式	备注
天津	卫生计生委/财政局	记者追问未公布的七份社会抚养费总额（山西、甘肃、安徽、天津、山东、浙江、西藏）	2014年1月27日	http://news.sina.com.cn/c/2014-01-27/02392935 3205.shtml	无（我不知情，先请示领导）				
	天津宁河县	万亩湿地外租后破坏严重因村民抗议被捕	2014年5月25日	http://news.sina.com.cn/c/2014-05-25/01593022 5285.shtml	无（未找到回应）				
	交通部门	媒体质疑北上广津停车费收支不透明	2014年11月23日	http://news.sina.com.cn/c/2014-11-23/15123118 9581.shtml	有，但均未回应清楚 http://news.sina.com.cn/c/2014-11-23/15123118 9581.shtml				
重庆	重庆万州区	一路口五年未装红绿灯	2014年6月29日	http://news.sina.com.cn/c/2014-06-29/08443043 9573.shtml	有	2014年6月29日	没钱	媒体采访	未见后续回应

续表

地区	部门	事件	事件发生时间（曝光）	事件链接	有无回应	回应时间	关键字	回应方式	备注
黑龙江	牡丹江政府	报道称牡丹江政府干预法院执行,"以权压法"	2014年1月23日	http://news.sina.com.cn/c/2014-01-23/23422930157.shtml	有	2014年1月24日	正在调查，从大局稳定考虑	媒体采访	回应太简单，缺乏详细的内容
	哈尔滨延寿县公安局	三名在押人员越狱	2014年9月2日	http://news.sina.com.cn/c/p/2014-09-02/09433078156.shtml	有	2014年9月4号	所长、副所长被立案，将全面整顿	媒体采访	回应迅速，调查深入
	依兰县教育局	教师索礼谩骂学生	2014年9月10日	http://news.sina.com.cn/c/2014-09-14/010030847256.shtml	有	2014年9月12日	行政记大过处分	发布通报	回应迅速，处理成功
	肇东政府	肇东8000名教师不满工资罢工	2014年11月17日	http://news.sina.com.cn/c/2014-11-18/135131116343.shtml	有	2014年11月20日	已基本解决	专题会议	问题解决较快
	四平电力局	副局长怒骂老百姓给脸不要脸	2013年12月30日	http://news.sina.com.cn/c/2014-01-02/134029142312.shtml	有	2014年1月2日	调查属实，撤职处分	媒体采访	回应迅速，成功
吉林	吉林龙潭区政府	拆迁冲突致伤亡	2014年8月1日	http://news.sina.com.cn/c/2014-08-01/190030616214.shtml	有	2014年8月2日	申请法院依法征收并得到批准	媒体采访	解释较为详细

续表

地区	部门	事件	事件发生（曝光）时间	事件链接	有无回应	回应时间	关键字	回应方式	备注
辽宁	沈阳卫生局	沈阳卫生局局长陷开房门	2013年12月30日	http://news.sina.com.cn/c/2013-12-30/19 1429121428.shtml	有	2013年12月30日	责令辞职，接受调查	媒体采访	回应迅速，成功
	辽宁教育厅	体优生造假事件	2014年7月	http://news.sina.com.cn/c/2014-07-06/18 2230477200.shtml	有，将调查（但时隔半年仍然未见查结果）				
	永年县政府	政府开发护车违规征地，致村民外逃	2014年1月12日	http://news.sina.com.cn/c/2014-01-13/05 4029225130.shtml	无（报道中各部门均表示不清楚或拒绝采访：国土局、财政局、宣传部）				
河北	赵县赵州镇政府	官员被曝指挥人打伤拒签征地协议村民	2014年4月28日	http://news.sina.com.cn/c/2014-05-19/13 4430168129.shtml	有	2014年5月19日	村民与施工人员有冲突	媒体采访	回应笼统，细节不明，村民存疑无进一步说明
	邯郸公安局	涉贪在逃官员跳车前曾吐血，家属疑有人相逼	2014年7月11日	http://news.sina.com.cn/c/2014-07-14/02 2030513421.shtml	无（未见后续调查结果）				

续表

地区	部门	事件	事件发生（曝光）时间	事件链接	有无回应	回应时间	关键字	回应方式	备注
	宁海县政府/公安局	9000万粒食用毒胶囊流入市场	2014年9月1日	http://news.sina.com.cn/c/2014-09-02/20263078 4283.shtml	无（政府相关部门的监管责任？未见警方后续调查结果）				
	唐山公安局	少年进看守所4天后死亡	2014年12月11日	http://news.sina.com.cn/s/2014-12-11/16023127 4355.shtml	有	2014年12月11日	系自身原因	发布通报	回应迅速
	新乡牧野区	网传官员拆迁喊"要维权去美国"	2014年1月1日	http://news.sina.com.cn/c/2014-01-03/03392914 6297.shtml	有	2014年1月3日	否认，网传信息不符事实	媒体采访	回应迅速
河南	兰考县政府	记者回访兰考发现贫困县建豪华办公楼群	2014年1月8日	http://news.sina.com.cn/c/2014-01-08/10142918 6819.shtml	有	2014年1月9日	符合国家要求，没有违规	媒体采访	针对媒体的后续质疑没有再次回应
	郑州惠济区	受处分3个月后调任一把手	2014年1月17日	http://news.sina.com.cn/c/2014-01-17/19222927 4647.shtml	有	2014年1月18日	免职	媒体采访	回应迅速，但未解释清楚原因
	固始县政法委	县政法委发红头文件，建议法院作有罪判决	2014年1月27日	http://news.sina.com.cn/c/2014-01-27/04202935 4192.shtml	有	2014年1月27日	内部文件对外没有效力	媒体采访	只是工作人员的简单回应，没有官方的简单，解释太简单

续表

地区	部门	事件	事件发生（曝光）时间	事件链接	有无回应	回应时间	关键字	回应方式	备注
河南	南阳卧龙区政法委	老妪妪两次遭非法"训诫"	2014年2月14日	http://news.sina.com.cn/c/2014-02-15/024029475263.shtml	有	2014年2月14日	训诫中心摘牌	媒体采访	回应是"上级精神"，也没有人负责
	政府	媒体曝河南官员包围中央巡视组驻地藏访	2014年4月14日	http://news.sina.com.cn/c/2014-04-14/103429928782.shtml	有	2014年4月17日	上访渠道通畅	媒体采访	回应是回应了，但是缺少说服力
	鹿邑县公安局	男子户口被注销，疑因举报派出所所长	2014年4月25日	http://news.sina.com.cn/c/2014-04-26/081930015518.shtml	有	2014年4月26日	查无实据，与举报无关	媒体采访	说服力一般
	三门峡卢氏县	官员酒后滥事威胁记者	2014年4月29日	http://news.sina.com.cn/c/2014-06-13/111530353737.shtml	有	2014年6月13日	调查属实，撤职	通过官方微博"清风中原"	回应较慢
	河南政府/招办	央视曝光河南替考事件	2014年6月17日	http://news.sina.com.cn/c/2014-06-17/162930377543.shtml	有	2014年6月27日	公布调查结果，查处责任人	发布通告	调查速度快
	河南公安厅	河南公安厅回应7名律师就访民死警察上访案			有	2014年7月26日	对疑问逐一详解	通过官方微博"平安中原"	解释细致

续表

地区	部门	事件	事件发生（曝光）时间	事件链接	有无回应	回应时间	关键字	回应方式	备注
河南	濮阳机关事务管理局	河南濮阳建设高档公务员小区 房价仅现价一半	2014年7月底	http://news.sina.com.cn/c/p/2014-07-29/10193059533.shtml	有	2014年7月30日	属于商业行为，手续没问题	媒体采访	解释笼统，无法令人信服
	新郑政府	夫妻半夜遭强拆	2014年8月9日	http://news.sina.com.cn/c/p/2014-08-11/18293066908.shtml	有	2014年8月11日	拆迁属实，因私自盖房漫天要价	媒体采访	回应虽迅速，却令人信服，这么做和强盗有什么区别
	新郑公安局	遭强拆夫妻称报警后，警察说不在附近，无法出警	2014年8月11日	http://news.sina.com.cn/s/2014-08-11/22363066750.shtml	无（未找到回应）				
	周口政府/公安局	呕吐死案家属截访失踪	2014年8月13日	http://news.sina.com.cn/c/2014-08-13/19263067986.shtml	有	2014年8月13日	系非法上访，无法联系家属	媒体采访	回应不可信，且没有后续解释说明
	洛阳公安局	副市长与地产商一起失联	2014年9月16日	http://news.sina.com.cn/c/2014-09-15/11463085468.shtml	无（当地官方未回应，10月副市长被警方抓获，但依旧没有回应）				

续表

地区	部门	事件	事件发生时间（曝光）	事件链接	有无回应	回应时间	关键字	回应方式	备注
河南	获嘉县县政府/获嘉县公安局	网曝警察持枪护卫县官	2014年9月17日	http://news.sina.com.cn/zg/lrs/2014-09-17/1247256.html	有	2014年9月17日	警方拿的是对讲机，县长就影响道歉	警方微博、政府官网	回应迅速，态度诚恳，解释清楚
	新郑盐业管理局	郑民用郑州盐被罚款	2014年10月15日	http://news.sina.com.cn/c/2014-10-18/07 5331008361.shtml	有	2014年10月17日	属于跨区域用盐	媒体采访	解释合理
	鹤壁	电管所长酒后拉闸停电6小时	2014年11月2日	http://news.sina.com.cn/c/2014-11-09/11 5731117685.shtml	有	2014年11月3日	处分责任人	官网发布通报	反应迅速
	民权县政府	一车主因超载被敲诈喝农药	2014年11月24日	http://news.sina.com.cn/c/2014-11-26/01 5931220009.shtml	有	2014年11月26日	公布处罚结果	发布通报	回应持续调查有结果，7人移送司法
	驻马店县公安局	一民警质疑妻子涉嫌卖淫证据不足	2014年11月中	http://news.sina.com.cn/c/2014-11-29/03 1931220180.shtml	有	2014年11月28日	确实涉卖淫	媒体采访	回应证据不足
	商丘公安局/宁陵县公安局	刑警队长被指用品奢侈	2014年12月2日	http://news.sina.com.cn/c/2014-12-13/16 0031281735.shtml	无（未找到警方调查结果）				
	长垣县政府	火灾致11死	2014年12月15日	http://news.sina.com.cn/c/2014-12-15/08 1131285733.shtml	有	2014年12月15日	将调查，安抚家属	发布通报	最近发生，故暂无调查结果

续表

地区	部门	事件	事件发生时间（曝光）	事件链接	有无回应	回应时间	关键字	回应方式	备注
	固始县民政局	救助站流浪人员待遇凄惨	2014年12月17日	http://news.sina.com.cn/c/p/2014-12-17/134031295573.shtml	无（未找到回应）				
	南阳政府/公安局	艾滋拆迁队引热议	2014年12月24日	http://news.163.com/14/1225/01/AE9BA95Q00014Q4P.html	有	2014年12月24日	否认政府派出，将进一步调查	媒体采访	因最近发生故暂无调查结果
	郑州管城区	突击分房遭质疑，给领导变相分钱	2014年12月27日	http://news.sina.com.cn/c/2014-12-27/023931333012.shtm	有	2014年12月27日	为迁征地前款	媒体采访	回应不够详细
	交通厅	媒体质疑山东延长高速公路收费年限	2014年1月3日	http://news.sina.com.cn/c/2014-01-06/014729164592.shtml	有	2014年1月3日	详细说明	通过官方微博"山东发布"	解释详细
	莱芜政府	陕西民工在山东讨薪被拘，有关责任人不作为	1013年12月13日	http://news.sina.com.cn/c/2013-12-22/224929053011.shtml	有	2014年1月9日	经调查后查处相关责任人	通过莱芜政府新闻办公室官方微博	回应成功
山东	计生委	记者追问未公布的七份社会抚养费总额（山西、甘肃、安徽、天津、山东、浙江、西藏）	2014年1月27日	http://news.sina.com.cn/c/2014-01-27/023929353205.shtml	无（电话无人接）				

续表

地区	部门	事件	事件发生（曝光）时间	事件链接	有无回应	回应时间	关键字	回应方式	备注
山东	平度政府	守地村民被烧死引发征地违规质疑	2014年3月21日	http://news.sina.com.cn/c/2014-03-23/022929770627.shtml	有	2014年3月23日	资金已经拨付	官方微博"平度发布"	什么都到位了，村民为什么还抵抗，有些问题没有说清楚
	平度政府	村民向中央巡视组陈情遭村支书暴打	2014年4月2日	http://news.sina.com.cn/c/2014-04-02/151129849539.shtml	有	2014年4月2日	高度重视，涉案人已被控制	官方微博"平度发布"	回应迅速
	兖州公安局	网友骂交警被拘5日引质疑	2014年5月13日	http://news.sina.com.cn/c/2014-05-14/011030128910.shtml	有	2014年5月14日	道歉并撤销处罚，将追究责任人	官方微博"兖州公安"	追究责任人的部分太笼统了
	济南民政局	济南弃婴岛遭到质疑：纵容王恶	2014年6月5日	http://news.sina.com.cn/c/p/2014-06-07/025830311249.shtml	有	2014年6月6日	将严厉打击恶意弃婴行为	媒体采访	回应迅速
	东平县公安局/山东省公安厅	多名初中女生受性侵引质疑	2014年7月初	http://news.sina.com.cn/c/2014-07-11/21183050707029.shtml	有	2014年7月11日	嫌疑人被刑拘，进一步调查	媒体采访	回应简单，针对网友的各种质疑没有详解，此案关系重大，不值得开一个新闻发布会吗

续表

地区	部门	事件	事件发生（曝光）时间	事件链接	有无回应	回应时间	关键字	回应方式	备注
	商河县政府	投资数千万水利项目未经使用即报废，记者追问原因	2014年10月14日	http://news.sina.com.cn/c/2014-10-14/020030983222.shtml	无（未找到回应）				
	山东政府	蓬莱车祸12名死者多为幼儿	2014年11月19日	http://news.sina.com.cn/c/2014-11-19/151831170515.shtml	有	2014年12月5日	通报处理结果	发布通报	回应内容全面
	交通厅	媒体质疑高速公路收费去哪儿了	2014年11月30日	http://news.sina.com.cn/c/2014-11-30/145431224679.shtml	无（未找到回应）				
	临沂临港区	超生户缴不起罚款，连带婴儿被拘	2014年12月11日	http://news.sina.com.cn/c/2014-12-11/015731270865.shtml	有	2014年12月2日	涉事者停职	媒体采访	回应迅速
	计生委	记者追问未公布的七份社会抚养费总额（山西、甘肃、安徽、天津、山东、浙江、西藏）	2014年1月27日	http://news.sina.com.cn/c/2014-01-27/023929353205.shtml	无（机构刚合并，没有时间表）				
山西	公安厅长治政府	公安局副局长被曝有8个身份证	2014年4月22日	http://news.sina.com.cn/c/2014-04-22/174129988097.shtml	有	2014年4月24日	免职，相关问题正在进一步立案调查	媒体采访	未找到后续调查结果

续表

地区	部门	事件	事件发生（曝光）时间	事件链接	有无回应	回应时间	关键字	回应方式	备注
山西	运城政府	征地引暴力冲突，60人伤	2014年5月21日	http://news.sina.com.cn/c/2014-05-21/223630190843.shtml	有	2014年5月21日	展开调查	媒体采访	未找到后续调查结果
	原平公安局	交警扣留陕西法院查封车辆	2014年6月17日	http://news.sina.com.cn/c/2014-06-28/021830435599.shtml	有	2014年6月28日	已要求交警自查	媒体采访	
	太原铁路局	大兴铁路被指偷工减料	2014年6月30日	http://news.sina.com.cn/c/2014-07-01/021730446771.shtml	无（未找到回应）				
	山西物价局	五台山一盘炖山鸡400元引质疑	2014年10月2日	http://news.sina.com.cn/c/2014-10-06/095730951387.shtml	有	2014年10月5日	自主定价	媒体采访 官方微博	没解释清楚
	山西交通厅	记者质疑是豆腐渣工程：临高速石缝用墨汁画出	2014年10月29日	http://news.sina.com.cn/sd/2014-10-29/005831059330.shtml	无（未找到回应）				
	大同公安局	市民庆祝书记落马被拘	2014年11月1日	http://news.sina.com.cn/c/2014-11-03/164431087720.shtml	有	2014年11月16日	妨碍交通	媒体采访	
	太原公安局	女民工讨薪命丧派出所	2014年12月26日	http://video.sina.com.cn/p/news/c/v/2014-12-27/164364440201.html	有	2014年12月27日	涉案民警被批捕	发布通报	后续调查不断更新（如户检情况等）

续表

地区	部门	事件	事件发生（曝光）时间	事件链接	有无回应	回应时间	关键字	回应方式	备注
湖北	体育局	律师申请公开奖励李娜80万元依据	2014年2月2日	http://news.sina.com.cn/c/2014-02-02/13 1029391080.shtml	无（未找到回应）	2014年2月2日	合乎政策	媒体采访	回应简单
	武汉园林局	千万项目建了又拆引争议	2014年4月18日	http://news.sina.com.cn/c/2014-04-18/07 2729960130.shtml	有	2014年4月18日	正在建设中	媒体采访	太简单，只有一位工作人员的回应
	武汉政府/城建局	武汉将开挖最大人工湖引市民热议	2014年7月23日	http://news.sina.com.cn/c/2014-07-23/05 5330563448.shtml	无				
	孝感政府	高中教师因编制问题罢课	2014年9月9日	http://news.sina.com.cn/c/2014-09-09/19 4030815093.shtml	有	2014年9月10日	编制必须公开招考	媒体采访	
	武汉公安局	女权主义者微博发裸照被拘	2014年11月3日	http://news.sina.com.cn/c/p/2014-11-03/ 13093108 6865.shtml	无（未找到回应）				
湖南	长沙天心区政府	公务人员限警200余棒持狼牙棒打砸企业	2014年1月13日	http://news.sina.com.cn/c/2014-01-13/02 0429223741.shtml	有	2014年1月13日	予以否认，经调查与事实不符	媒体采访	有视频为证，可信度高
	花垣县政法委/公安局/边城镇政府	上访者列车刺伤藏访者，记者追问细节	2014年1月11日	http://news.sina.com.cn/c/2014-01-16/02 3929254187.shtml	有	2014年1月15日	上访者为缠刑人员，不能离开	媒体采访	理由不够充分，仅有行政法委回应。其他涉事部门不回应

续表

地区	部门	事件	事件发生（曝光）时间	事件链接	有无回应	回应时间	关键字	回应方式	备注
湖南	冷水江政府	公务员工资被"公开"	2014年2月11日	http://video.sina.com.cn/p/news/c/v/2014-02-11/2015634914 01.html	有	2014年2月12日	密码简单被破解，非炒作，也不是黑客	媒体采访	回应快速
	攸县县政府/公安局	52岁公职人员与少女开房	2014年2月10日	http://news.sina.com.cn/s/2014-02-10/12 0729426983.shtml	有	2014年2月11日	已立案调查，进入司法程序，不便说太多	媒体采访	回应迅速
	民政厅	男子欲成立同性恋组织遭拒绝	2014年2月20日	http://news.sina.com.cn/c/2014-02-20/05 1429513800.shtml	有	2014年2月20日	不属于可直接登记的组织，与社会主流不相容	媒体采访	
	双峰县	公务员与交警当街互殴	2014年3月18日	http://news.sina.com.cn/c/2014-03-19/04 0029739667.shtml	有	2014年3月18日	正在调查中	媒体采访	没有找到后续调查结果
	长沙市政府	媒体曝光公务员倒卖福利房指标	2014年4月15日	http://news.sina.com.cn/c/2014-04-16/07 5129943955.shtml	有	2014年4月16日	迅速调查，将严肃处理	媒体采访	回应迅速，但没找到后续调查结果
	邵阳	农民求低保将妻子茅于乡政府，其妻三天后死亡	2014年5月9日	http://news.sina.com.cn/c/2014-05-09/04 0130089929.shtml	有	2014年5月10日	责任人免职，相关问题进一步调查中	发布通报	回应迅速，但没找到后续调查结果

续表

地区	部门	事件	事件发生（曝光）时间	事件链接	有无回应	回应时间	关键字	回应方式	备注
湖南	怀化公安局	男子在怀化检察院坠楼，目击者称曾发鸣冤材料	2014年5月14日	http://news.sina.com.cn/c/2014-05-14/140430134240.shtml	有	2014年5月16日	系自行坠落	发布通报	回应详细
	衡阳政府	回应官员用公车接社会女郎	/	/	有	2014年5月20日	女同事坐顺路车	发布通报	回应详细迅速
	蓝山县交通局	司机被收摩托车后自杀，疑遭钓鱼执法	2014年7月23日	http://news.sina.com.cn/c/2014-07-23/023393056252 8.shtml	有	2014年7月23日	没有钓鱼执法，当天不知道谁值班	媒体采访	回应不清楚，该交代的细节都没交代
	湘潭政府	男子政府前自焚	2014年8月1日	http://news.sina.com.cn/c/2014-08-02/100130618774.shtml	有	2014年8月2日	自焚者系低保户，曾有过激行为	媒体采访	
	湘潭卫生局	产妇在手术台上大出血死亡，家属称医生护士失踪	2014年8月10日	http://news.sina.com.cn/s/2014-08-12/211530673753.shtml	有	2014年8月11日	介入调查，进一步协调中	发布通报	回应迅速且有后续，调查结果不构成医疗事故
	龙山县政府	学生抗议军训冲突公告称与事实不符	2014年8月27日	http://news.sina.com.cn/c/2014-08-28/170230759422.shtml	有	2014年8月27日	调查正在进行，会继续发布调查进展公告	媒体采访	未见后续调查结果

第四章 主动回应社会关切

101

续表

地区	部门	事件	事件发生（曝光）时间	事件链接	有无回应	回应时间	关键字	回应方式	备注
	浏阳物价局	湖南高速拖车5公里收2.7万，物价局称无法管	2014年9月23日	http://news.sina.com.cn/c/2014-09-23/10 0230900251.shtml	无				
	宁远县国税局	网曝3干部因喝酒死亡	2014年10月10日	http://news.sina.com.cn/c/2014-10-10/19 3130970944.shtml	有	2014年10月10日	因病去世	媒体采访	回应迅速
	衡阳衡东县公安局	湖南打猎致人死亡涉案人被捕，死者家属质疑通报	2014年11月16日	http://news.sina.com.cn/c/2014-11-16/17 5031153121.shtml	无（警方未回应有关质疑）				
	临湘公安局	民警勘查现场女生裸死时被指聊天嬉笑	2014年12月16日	http://news.sina.com.cn/s/p/2014-12-16/ 14463129 1448.	有	2014年12月17日	通报批评，严肃处理	发布情况说明	回应迅速，处理恰当
安徽	计生委	记者追问未公布的七份社会抚养费总额（山西、甘肃、安徽、天津、山东、浙江、西藏）	2014年1月27日	http://news.sina.com.cn/c/2014-01-27/02 3929353205.shtml	无（不知情，先请示领导）				

续表

地区	部门	事件	事件发生（曝光）时间	事件链接	有无回应	回应时间	关键字	回应方式	备注
安徽	定远县政府	建筑工人堵路讨薪	2014年1月30日	http://news.sina.com.cn/c/p/2014-01-30/13022938246.shtml	有	2014年2月1日	经协调已解决	媒体采访	回应及时
	郎溪县政府	劳模实名举报官员，被警方以诬陷为由拘留	2014年2月10日	http://news.sina.com.cn/c/p/2014-02-13/04202945053.shtml	有	2014年2月10日	证据不充分合法	发布通告	两次发通报，回应详细
	合肥蜀山区	妻子举报卫生局长包养情妇	2014年2月25日	http://news.sina.com.cn/c/p/2014-02-26/00132956812.shtml	有	2014年2月26日	停职调查	媒体采访	回应迅速
	淮南工商局	百余名公务员拉横幅讨薪	2014年3月18日	http://news.sina.com.cn/c/p/2014-03-19/19342974674.shtml	有	2014年3月19日	已经补发	媒体采访	细节没有解释清楚，如7000元到底是什么钱
	纪检委	100余万千部填报超30万套房产信息引发质疑	2014年4月19日	http://news.sina.com.cn/c/p/2014-04-19/22402969876.shtml	有	2014年4月20日	商品房不登记	发布通告	回应迅速，内容详细
	安徽民政厅	老人纷纷自杀，安徽殡葬改革惹争议	2014年5月1日	http://news.sina.com.cn/c/p/2014-05-28/06003245022.shtml	有	2014年5月28日	老人自杀与殡葬改革无关，会继续推行	媒体采访	回应过于简单

续表

地区	部门	事件	事件发生时间（曝光）	事件链接	有无回应	回应时间	关键字	回应方式	备注
	安庆市政府	市委书记会议用水35元一瓶引质疑	2014年7月14日	http://news.sina.com.cn/c/2014-07-14/220430518345.shtml	有	2014年7月15日	系企业赞助	通过官方微博"安庆发布"	回应迅速
	东海县公安局	超标配置豪华轿车	2014年1月21日	http://news.xinhuanet.com/local/2014-01/21/c_119059094.htm	有	2014年1月22日	违反政策，立即封存	发布通告	回应只说怎么处理车，不谈责任人
	泰州泰兴黄桥镇政府	超生男孩被抱走，调查结果迟迟未公布	2014年1月3日	http://dz.xdkb.net/html/2014-01/08/content_317033.htm	有	2014年1月27日	宣传科长称记者"繁盯此事是捣乱"	媒体采访	调查结果没出来，还骂记者，这是最差的回应了
江苏	盐城建湖县	官员被曝歌厅不雅照	2014年5月20日	http://news.sina.com.cn/c/2014-05-21/054130181763.shtml	有	2014年5月23日	经调查严重违纪，免职	发布通报	
	沛县县政府	江苏沛县为声援玉林，今年将增办狗肉节	2014年6月28日	http://news.sina.com.cn/c/2014-06-28/041130435899.shtml	有	2014年6月29日	企业行为与政府无关	媒体采访	
	南京仙林区管委会	"纸片井盖"受到质疑	2014年7月7日	http://news.sina.com.cn/c/2014-07-07/164430481987.shtml	有	2014年7月7日	是纤维复合材料，可承受踩踏	媒体采访	太过简单，难以令人信服

续表

地区	部门	事件	事件发生（曝光）时间	事件链接	有无回应	回应时间	关键字	回应方式	备注
	昆山政府	员工曝光昆山爆炸企业应对检查：公关检查人员	2014年8月3日	http://news.sina.com.cn/c/2014-08-04/023930624001.shtml	无（未找到回应，只有国务院处理结果，江苏省政府部门未回应此前的管理漏洞问题）				
	淮安纪委监察局	公安分局长被曝公车接送小狗	2014年9月9日	http://news.sina.com.cn/c/2014-09-11/114930825771.shtml	有	2014年9月11日	举报已经受理	媒体采访	未见后续调查结果
	新沂盐务管理局	江苏男子跨区域用盐被罚5000元	2014年11月1日	http://news.sina.com.cn/c/2014-11-01/013931078241.shtml	有	2014年11月1日	须在当地买	媒体采访	解释合理
	计生委/财政厅	记者追问未公布的七份社会抚养费总额（山西、安徽、山东、天津、浙江、西藏）	2014年1月27日	http://news.sina.com.cn/c/2014-01-27/023929353205.shtml	无（电话无人接）				
浙江	杭州交通局	机动车限购搞突袭引争议	2014年3月25日	http://news.sina.com.cn/c/2014-03-26/200529798740.shtml	有	2014年3月26日	突然袭击最保险、泄露消息会追查	媒体采访	后续调查缺少，解释过于简单

续表

地区	部门	事件	事件发生（曝光）时间	事件链接	有无回应	回应时间	关键字	回应方式	备注
	苍南县政府	城管与群众产生冲突	2014年4月19日	http://news.sina.com.cn/s/2014-04-19/15 1229968664.shtml	有	2014年4月20日	已抓获10余名挑事者	媒体采访	回应快速，解释较为清楚
	绍兴越城区城管局	城管持棍棒砸小车	2014年4月30日	http://news.sina.com.cn/c/2014-04-30/05 3030036753.shtml	有	2014年4月30日	临时工	媒体采访	临时工不是推掉责任的借口
	云和县政府	网曝云和县领导酒后互殴	2014年6月4日	http://news.sina.com.cn/c/2014-06-04/04 4530287506.shtml	有	2014年6月4日	网上曝光与事实有出入，是打了一耳光	媒体采访	仅有工作人员的简单回应，过于简单
	慈溪纪委	政府人员被举报与多名女性车震	2014年8月27日	http://news.sina.com.cn/c/2014-08-29/10 1830763806.shtml	有	2014年8月28日	已介入调查	媒体采访	没找到后续调查结果
	东阳公安局	消息称吴英父亲因嫖娼被执行政拘留	2014年9月3日	http://news.sina.com.cn/c/2014-09-03/22 5730790578.shtml	有	2014年9月4日	暂缓拘留	媒体采访	解释简单，原因未说明
	沙县	回应两官员参与宴请致人醉亡事件			有	2014年1月27日	处分	发布通报	回应及时
福建	福鼎市政府（副市长）	市副市长之子被曝打人	2014年10月29日	http://news.sina.com.cn/c/2014-10-30/18 0831070949.shtml	有	2014年10月30日	副市长道歉，支持依法处理	媒体采访	回应及时

续表

地区	部门	事件	事件发生（曝光）时间	事件链接	有无回应	回应时间	关键字	回应方式	备注
江西	南昌规划局	扩建寺庙批让和尚尼姑任一起遭反对	2014年6月6日	http://news.sina.com.cn/c/2014-06-06/202230310027.shtml	有	2014年6月19日	具体事宜还在研究	媒体采访	跟没回应一样
	万载县公安局	网友质疑父子偷拍县长收礼茭苹	2014年6月25日	http://news.sina.com.cn/c/2014-06-25/114530420030.shtml	有	2014年6月25日	否认	媒体采访	
	高安政府	央视曝光病死猪肉入市多年	2014年12月27日	http://news.sina.com.cn/c/2014-12-27/141331334678.shtml	有	2014年12月28日	8名官员被免职	媒体采访	进一步调查还在继续，等待进一步回应
	清远清城区环保局	环保局长遭实名举报	2013年12月9日	http://news.sina.com.cn/c/2013-12-31/113929128180.shtml	有	2013年12月31日	举报属实，立案调查	发布通报	回应迅速，成功
广东	财政厅	广东财政超支700亿，引媒体追问	2013年1月17日	http://news.sina.com.cn/c/2014-01-19/050629284861.shtml	有	2014年1月18日	超支部分是预决算差额	媒体采访	回应迅速，解释较为详细
	深圳机关事务管理局	秘书处处长开公车打高尔夫	2014年1月21日	http://news.sina.com.cn/c/2014-01-22/044029312020.shtml	有	2014年1月21日	启动调查，开展公车检查	媒体采访	回应迅速
	肇庆端州区	女子网上晒"裸照"，举报区文化局长	2014年1月25日	http://news.sina.com.cn/c/2014-01-29/043029372438.shtml	有	2014年1月29日	开展调查，近日公布结果	媒体采访	后续的调查结果没找到

第四章 主动回应社会关切

续表

地区	部门	事件	事件发生（曝光）时间	事件链接	有无回应	回应时间	关键字	回应方式	备注
广东	东莞	央视曝光东莞色情行业	2014年2月9日	http://video.sina.com.cn/p/news/c/v/2014-02-09/112663481937.html	有，多次回应	2014年2月11日	打110 没人受理、处理结果：8民警停职	媒体采访	回应迅速
广东	茂名政府	回应PX事件始末	2014年4月23日		有	2014年4月3日	详解始末并道歉、澄清谣言	新闻发布会	回应迅速，内容详细，态度诚恳
广东	广州纪委	《广州日报》社长之妻实名举报纪委书记	2014年4月24日	http://news.sina.com.cn/c/2014-04-23/005229989978.shtml	有	2014年6月20日	经调查举报不实	媒体采访	缺少细节，回应太简单
广东	广州纪委	被举报的纪委书记涉嫌简历造假	2014年5月5日	http://news.sina.com.cn/c/2014-04-24/041629999504.shtml	无（未见对简历质疑的回应）				
广东	广东纪委	消息称广东纪委无意重启调查茂名"窝案"	2014年5月20日	http://news.sina.com.cn/c/2014-05-05/134230063387.shtml	无				
广东	雷州政府	雷州投6.85亿元改造运河，刚修好突发决口	2014年7月1日	http://news.sina.com.cn/p/2014-05-21/013930180103.shtml	有	2014年5月21日	雨大、正在研究、损失不大	媒体采访	回应不够细致，原因解释不清楚
广东	韶关纪委	副镇长酒后死亡，公款赔75万元惹质疑		http://news.sina.com.cn/c/2014-08-16/030930693491.shtml	有	2014年8月8日	正在立案调查	向政平台答复	没找到后续调查结果

续表

地区	部门	事件	事件发生（曝光）时间	事件链接	有无回应	回应时间	关键字	回应方式	备注
	珠海交通运输局	公务员被举报通奸	2014年11月1日	http://news.sina.com.cn/c/2014-11-04/201831094264.shtml	有	2014年11月4日	已被停职	媒体采访	
	广州交通部门	媒体质疑北上广停车费收支不透明	2014年11月23日	http://news.sina.com.cn/c/2014-11-23/151231189581.shtml	有，但均未回应清楚 http://news.sina.com.cn/c/2014-11-23/151231189581.shtml					
	珠海公安局	网曝女童公交遭猥亵	2014年12月7日	http://news.sina.com.cn/c/2014-12-07/201031256761.shtml	有	2014年12月7日	系父女关系，无违法行为	发布通报	
海南	民政厅	救灾物资发现发霉面包	2014年7月20日	http://news.sina.com.cn/c/2014-07-21/171730554948.shtml	有	2014年7月21日	道歉	新闻发布会	反应快速，道歉诚恳
	三亚政府	央视曝光三亚宰客现象	2014年10月12日	http://news.sina.com.cn/c/2014-10-12/001430976256.shtml	有	2014年10月13日	专项整顿	媒体采访	反应迅速
贵州	台江县公安局	老人讨要亿万藏品：自称警方将古玩全掉包	2014年8月17日	http://news.sina.com.cn/p/2014-08-19/085830707818.shtml	无（警方拒绝出示扣押物照片原件）				

续表

地区	部门	事件	事件发生（曝光）时间	事件链接	有无回应	回应时间	关键字	回应方式	备注
云南	合江县政府	富商举报县政府违法征地父林后被警方带走	2014年8月28日	http://news.sina.com.cn/c/2014-08-30/174430769448.shtml	有	2014年8月29日	扣人不是刑拘，而是让他去对账	媒体采访	回应没有合理依据也没找到后续消息
	大理公安局	回应警方新疆籍人员核查方式不妥			有	2014年3月4日	道歉	官方微博"大理警方"	道歉诚恳
	罗平县公安局	副局长饭后身亡，当地人怀疑与赌酒有关	2014年3月11日	http://news.sina.com.cn/c/2014-03-17/090829724806.shtml	有	2014年3月12日	死因正在调查	媒体采访	回应迅速，但进一步调查结果没找到
	公务员局	公务员考试1个岗位23人中22人为零分惹质疑	2014年5月21日	http://news.sina.com.cn/c/2014-05-21/142830187434.shtml	有	2014年5月22日	22个零分人员属缺考，具体原因正在调查中	媒体采访	回应迅速，但未见后续调查结果
	保山隆阳区	救护车遇车祸未救伤者	2014年6月13日	http://news.sina.com.cn/c/2014-07-03/111330462831.shtml	有	2014年6月25日	涉事院长免职	新闻发布会	
	晋宁县晋城镇镇政府	云南盘龙寺因不满被当地政府商业化誓关山门	2014年8月15日	http://news.sina.com.cn/c/2014-08-16/104730695082.shtml	有	2014年8月15日	只是初步设想，不会以任何形式出卖盘龙寺	媒体采访	回应迅速，态度诚恳

续表

地区	部门	事件	事件发生（曝光）时间	事件链接	有无回应	回应时间	关键字	回应方式	备注
	昆明盘龙区政府/昆明政府	昆明一所小学发生踩踏，致6人死亡	2014年9月26日	http://news.sina.com.cn/c/2014-09-26/153830920162.shtml	有，多次回应	2014年9月26日	2人被免职，5人停职	发布通报	回应迅速
	昆明政府	晋宁征地冲突致死伤	2014年10月14日	http://news.sina.com.cn/c/2014-10-14/19443098452.shtml	有，多次回应	2014年10月16日	情况通报	官方微博"昆明晋宁发布"	
	昆明公安局	村民称报警后警察未及时到场	2014年10月16日	http://news.sina.com.cn/c/2014-10-16/193831000200.shtml	无				
	晋宁县政府	媒体质疑晋宁逾2500万元征地补偿款去向不明	2014年10月20日	http://news.sina.com.cn/c/2014-10-21/074731020152.shtml	有	2014年10月21日	否认	官方微博"昆明晋宁发布"	
	绵阳涪城区	医生拒绝"过度医疗"被迫走廊办公	2014年1月9日	http://news.sina.com.cn/sd/2014-01-09/105129196884.shtml	有	2014年1月18日	调查未发现涉事医院存乱象	发布通告	证据充分，回应详细
四川	古蔺县政府	网曝政府出动特警强挖古树，与村民冲突致10余人受伤	2014年4月13日	http://news.sina.com.cn/c/p/2014-04-15/141029937977.shtml	有	2014年4月15日	实为保护移栽	媒体采访	回应简单，缺乏说服力，对于伤亡是否有没有解释

续表

地区	部门	事件	事件发生（曝光）时间	事件链接	有无回应	回应时间	关键字	回应方式	备注
四川	广元烟草专卖局	网曝四川广元烟草局长酒店嫖宿	2014年4月1日	http://news.sina.com.cn/c/2014-04-19/14 1029968494.shtml	有	2014年4月19日	调查后无证据	媒体采访	后续调查结果没找到
	三台县政府	网曝三台县新生镇发现大量霉烂的"5·12"地震救灾物资	2014年4月23日	http://news.sina.com.cn/c/2014-04-29/19 3330034257.shtml	有	2014年4月29日	经调查，是工作有失误，责任人停职	媒体采访	
	宜宾公安局	宜宾75岁老人广场自焚，或因其厂房被查封	2014年5月22日	http://news.sina.com.cn/c/2014-05-22/17 5130201252.shtml	有	2014年5月22日	具体原因暂未公布	发布通报	后续调查结果没找到
	泸州合江县政府	交警开房丢配枪	2014年5月23日	http://news.sina.com.cn/c/2014-05-24/11 5930221107.shtml	有	2014年5月24日	被双开	发布通报	调查迅速
	巴州公安局	回应城管致老人摔死事件			有	2014年5月26日	当事人非城管，志愿者	媒体采访	说服力太低
	乐至县公安局	女协警称被强暴后成巡警队长情人并堕胎	2014年6月24日	http://news.sina.com.cn/c/2014-06-24/06 3030411490.shtml	有	2014年6月24日	正在调查	媒体采访	未找到后续调查结果

续表

地区	部门	事件	事件发生（曝光）时间	事件链接	有无回应	回应时间	关键字	回应方式	备注
陕西	雅安芦山县	老人拆迁现场身亡，5名家属烧花圈被抓	2014年8月11日	http://slide.news.sina.com.cn/c/slide_1_2841_65804.html	有	2014年8月11日	承认抓人，称妨碍公务	媒体采访	回应不近人情
	食品药品监督管理局	媒体曝光上海、四川、陕西等多地餐馆调料中检出罂粟壳	2014年10月30日	http://news.sina.com.cn/c/2014-10-30/112931069193.shtml	无（未找到回应）				
	渭南	副县长让儿子吃空饷，遭举报半年后平调邻县		http://news.sina.com.cn/c/2014-01-20/064029291616.shtml	无				
	西安政府	幼儿园常年给幼儿喂药	2014年3月12日	http://news.sina.com.cn/c/2014-03-12/112729689062.shtml	有	2014年3月14日	相关责任人刑拘	新闻发布会	回应及时，措施到位
	商洛政府	官员与3名女子搂抱被拍不雅视频	2014年3月初	http://news.sina.com.cn/p/2014-03-19/193429746704.shtml	有	2014年3月19日	免职	新闻发布会	回应内容详细
	富县公安局	县公安局副局长借警衔警号佩戴上班	2014年6月1日	http://news.sina.com.cn/p/2014-06-01/021030272306.shtml	有	2014年6月1日	责令作出检查	媒体采访	回应简单

续表

地区	部门	事件	事件发生（曝光）时间	事件链接	有无回应	回应时间	关键字	回应方式	备注
陕西	米脂县	公务员被曝在联通公司兼职，吃空饷	2014年6月1日	http://news.sina.com.cn/c/2014-06-02/020630275865.shtml	有	2014年6月1日	因家庭困难，党内处分，将对空饷问题进一步调查	媒体采访	回应简单，未找到后续调查结果
	神木县财税监督检查局	打砸租户副局长被曝身家过亿	2014年6月5日	http://news.sina.com.cn/c/2014-06-16/065030367538.shtml	有	2014年6月15日	已经展开调查	媒体采访	未找到后续调查结果
	宝鸡中心血站	规定市民领证前结婚献血引热议	2014年9月24日	http://news.sina.com.cn/c/2014-09-24/182130908605.shtml	有	2014年9月24日	是倡议而不是硬性规定	媒体采访	解释较为清楚
	宝鸡纪委	一镇长被指诱奸女下属	2014年10月20日	http://news.sina.com.cn/c/2014-10-21/234131023879.shtml	有	2014年10月21日	停职调查	媒体采访	回应迅速，有后续调查结果
	食品药品监督管理局	媒体曝光上海、四川、陕西等多地餐馆调料中检出罂粟壳	2014年10月30日	http://news.sina.com.cn/c/2014-10-30/112931069193.shtml	无（未找到回应）				
	铜川公安局	网曝数名交警围殴2名老人	2014年11月11日	http://news.sina.com.cn/c/2014-11-16/134331127983.shtml	有	2014年11月13日	消息不实，有充分证据	发布声明	回应迅速，证据较为充分

续表

地区	部门	事件	事件发生（曝光）时间	事件链接	有无回应	回应时间	关键字	回应方式	备注
	咸阳国土局	媒体称28名正式员工建65万元豪华餐厅	2014年11月24日	http://news.sina.com.cn/c/2014-11-27/105331210955.shtml	有	2014年11月27日	系改建，手续齐全	媒体采访	
	延安宝塔区	媒体报道村干部赊账吃垮面馆	2014年11月29日	http://news.sina.com.cn/c/2014-11-29/020231220117.shtml	无（未找到回应）				
	神木县政府	县政府官员接见访民睡着	2014年12月18日	http://news.sina.com.cn/c/2014-12-18/140531300355.shtml	有	2014年18日	将核查	媒体采访	未见最近核查结果
	西宁公安局	交警被曝当街索贿	2014年1月2日	http://news.sina.com.cn/c/2014-01-20/021929290056.shtml	有	2014年1月19日	涉事人员为协警，已辞退	发布通告	类似"协警"、临时工"回应不是推脱责任的借口
青海	湟中县	媒体质疑城管打人事件中打人领导队长负责任太轻	2014年2月15日	http://news.sina.com.cn/c/2014-02-15/125429478552.shtml	无				

续表

地区	部门	事件	事件发生（曝光）时间	事件链接	有无回应	回应时间	关键字	回应方式	备注
	榆中县公安局	橘子遭哄抢，民警鸣枪制止	2014年1月7日	http://news.sina.com.cn/c/2014-01-08/100629186869.shtml	有	2014年1月8日	调查后认为行为合法，有理有据	媒体采访	有理有据，说法站得住脚
	计生委/财政厅	记者追问未公布的七份社会抚养费总额（山西、甘肃、安徽、天津、山东、浙江、西藏）	2014年1月27日	http://news.sina.com.cn/c/2014-01-27/023929353205.shtml	无（机构合并，没有时间表）				
甘肃	地震局	地震局新住房刚竣工就变形开裂	2014年3月16日	http://news.sina.com.cn/c/2014-03-16/050429717629.shtml	有	2014年3月16日	房屋质量问题	媒体采访	回应一点儿也没有说服力
	兰州政府	回应公众对自来水苯超标事件中政府处置工作的质疑	/	/	有	2014年4月11日	政府态度严肃	新闻发布会	内容详细
	华池县政府	两官员被曝异地迷奸女下属	2014年5月25日	http://news.sina.com.cn/c/2014-05-26/180130234985.shtml	有	2014年5月26日	1人被免，1人停职，立案调查	媒体采访	回应迅速

续表

地区	部门	事件	事件发生（曝光）时间	事件链接	有无回应	回应时间	关键字	回应方式	备注
	兰州城管局	网友称兰州城管哄抢学校迎新摊点，殴打大学生	2014年9月6日	http://news.sina.com.cn/c/2014-09-06/10583080442l.shtml	有	2014年9月6日	4名殴打大学生executive人员停职	微博"中国甘肃网"	回应迅速，且两天后再次回应，公布后续调查结果
	兰州公安局	男子向巡视组举报后被撞死，家属质疑	2014年9月17日	http://news.sina.com.cn/c/2014-09-26/08393091813 4.shtml	有	2014年9月25日	调查认定为交通事故	媒体采访	说明较为清楚
	庆阳公安局	网曝民警酒后施暴致一女子手指断裂	2014年12月2日	http://news.sina.com.cn/c/2014-12-05/11203125012 5.shtml	有	2014年12月5日	停职调查	发布通报	未找到后续调查结果
	金昌纪委/交警支队	交警队车管所被举报老板驾校集体索贿，却迟迟未见调查结果	2014年12月17日	http://news.sina.com.cn/c/2014-12-19/05193130294 4.shtml	有	2014年12月17日	人手不够，调查缓慢	媒体采访	很多疑问有待解决
宁波	宁波公安局	一民警被曝有69所房产	2014年11月26日	http://news.sina.com.cn/p/2014-11-27/07443120999 3.shtml	有	2014年11月27日	已成立专门调查组	发布通报	有后续调查结果，属实，被刑拘

第四章 主动回应社会关切

续表

地区	部门	事件	事件发生（曝光）时间	事件链接	有无回应	回应时间	关键字	回应方式	备注
内蒙古	呼和浩特	土左旗农业局公务员驾无牌车被查后殴打交警	2014年2月22日	http://news.sina.com.cn/c/2014-02-22/040029535426.shtml	有	2014年2月22日	停职、行政拘留	通过官方微博	回应迅速，成功
	阿左旗城管理局	网曝上百只流浪狗被官方活埋	2014年4月23日	http://news.sina.com.cn/c/2014-04-26/172030017196.shtml	有	2014年4月27日	否认活埋，避免扰民临时放土坑	媒体采访	回应迅速，说服力一般
	内蒙古纪委	通报豪车调查事件结果，4辆公车参与			有	2014年7月9日	4辆公车参与，深入调查	官网发布结果	回应迅速
	内蒙古阿拉善腾格里经济技术开发区管委会	腾格里沙漠腹地现巨型排污池	2014年9月6日	http://news.sina.com.cn/c/2014-09-06/023493802937.shtml	有	2014年9月6日	已成立联合调查组	媒体采访	回应迅速，且有后续调查结果 http://news.163.com/14/0926/19/A73GMUH3000146BE.html
	公安厅	回应呼格案民警调查	/	/	有	2014年12月15日	开始调查呼格案全体办案警员	媒体采访	因最近发生，目前暂未见调查结果

续表

地区	部门	事件	事件发生（曝光）时间	事件链接	有无回应	回应时间	关键字	回应方式	备注
新疆	新疆国税局	国税局局长在办税大厅强奸女下属未遂	2014年8月4日	http://news.sina.com.cn/c/2014-08-25/191130740762.shtml	有	2014年8月26日	免职	官网发布	回应简单，未找到后续调查结果
西藏	计生委	记者追问未公布的七份社会抚养费总额（山西、甘肃、安徽、天津、山东、浙江、西藏）	2014年1月27日	http://news.sina.com.cn/c/2014-01-27/02392935205.shtml	无（电话无人接）				
广西	兴业县公安局/政法委	留守女童遭性侵，部分嫌犯以嫖宿幼女罪批捕	2014年1月9日	http://news.sina.com.cn/c/2014-01-09/233429201428.shtml	有	2014年1月12日	案件处理符合法律规定	媒体采访	回应迅速，理由不充分
	贵港平南县政法委/公安局	民警枪杀孕妇，网友质疑领取程序是否合法	2014年2月13日	http://news.sina.com.cn/c/2014-02-13/200929459341.shtml	有	2014年2月13日	程序合法，致死属个人行为	媒体采访	回应迅速
	南宁公安局	交警被指打人摆V字手势	2014年2月9日	http://news.sina.com.cn/p/2014-02-15/03502947528.shtml	有	2014年2月15日	V手势实为比划示意手指受伤	媒体采访	

续表

地区	部门	事件	事件发生（曝光）时间	事件链接	有无回应	回应时间	关键字	回应方式	备注
桂林	永福县	县委书记发百万春节补贴	2014年5月4日	http://news.sina.com.cn/c/2014-05-06/03 1930066482.shtml	有	2014年5月8日	免职	发布通报	回应迅速
	玉林政府	舆论抵制玉林狗肉节	2014年6月5日	http://news.sina.com.cn/c/2014-06-05/22 1030301961.shtml	有	2014年6月6日	否认组织狗肉节；食狗肉系延续饮食习惯	媒体采访、发布说明	回应迅速
	钟山县	官员被举报贪污找情妇	2014年6月初	http://news.sina.com.cn/c/2014-06-11/09 4630337842.shtml	有	2014年6月10日	停职调查	媒体采访	未见后续调查结果

表4-2　从新浪新闻"每日热点新闻Top 10"中截取的热点新闻回应情况（国务院部门）

部门	事件	事件发生（曝光）时间	事件链接	有无回应	回应时间	回应关键字	回应方式	回应链接	备注
国务院办公厅	回应明年中秋无补假			有	2014年12月16日	避免国庆后连上9天班	媒体采访	http://news.sina.com.cn/c/2014-12-17/02 1931292733.shtml	
人力资源和社会保障部	回应一系列社保问题				2014年1月24日	延迟退休有助于缓解抚养压力	发布会	http://news.sina.com.cn/c/2014-01-24/11 312935300.shtml	细致

续表

部门	事件	事件发生（曝光）时间	事件链接	有无回应	回应时间	回应关键字	回应链接	回应方式	备注
	回应公务员涨工资				2014年3月5日	公务员薪酬改革正在研究当中	http://news.sina.com.cn/c/2014-03-05/15 1229630131.shtml	媒体采访	只是简单回应一下
	回应公众对《事业单位人事管理条例》的解读				2014年7月1日	要做好对误读的解释工作	http://news.sina.com.cn/c/2014-07-01/19 3430452332.shtml	媒体采访	简单解释
	回应养老金改革问题				2014年7月25日	是养老金改革，非并轨	http://news.sina.com.cn/c/2014-07-25/16 0030579637.shtml	发布会	
					2014年7月25日	事业单位养老金并轨时或考虑不补缴	http://news.sina.com.cn/c/2014-07-27/21 4930586551.shtml	发布会	
	回应媒体报道"不动产登记局挂牌"				2014年1月28日	否认"不动产登记局挂牌"	http://news.sina.com.cn/c/2014-01-28/02 3929362778.shtml	媒体采访	细致
国土资源部	媒体追问20万亿元土地出让金去哪儿了	2014年9月	http://news.sina.com.cn/c/2014-08-28/02 1930754544.shtml	无					

续表

部门	事件	事件发生（曝光）时间	事件链接	有无回应	回应时间	回应关键字	回应链接	回应方式	备注
公安部、国家质检总局	回应私家车年检制度问题				2014年5月16日	9月1日起私家车6年内免检	http://news.sohu.com/20140516/n399640212.shtml	发布改革措施	
农业部	回应崔永元质疑转基因食品安全问题				2014年3月6日	我国转基因大豆安全	http://news.sina.com.cn/c/2014-03-06/11412963 8521.shtml	开发布会答记者问	
	中央部门三公：农业部接待预算超2000万元	2014年4月18日	http://news.sina.com.cn/c/2014-04-19/031929965825.shtml	有	2014年4月19日	人数最多，人均仅263元	http://news.sina.com.cn/c/2014-04-19/165529968911.shtml	官网发布情况说明	回应速度快，解释清楚
	回应转基因水稻证书到期是否续发				2014年10月10日	能不能续发，要看下一步的评审结果	http://www.yicai.com/news/2014/10/4026557.html	发布会	
	部分"失独"家庭申请国家赔偿	2014年4月21日	http://news.sina.com.cn/c/2014-04-25/141530011113.shtml	有	2014年4月25日	暂无法律规定	http://news.163.com/14/0428/08/9QTFDGV400014JB5.html	答复意见书	
国家卫生和计划生育委员会	回应全面开放二胎	2014年10月17日	http://news.sina.com.cn/c/2014-10-17/182131006115.shtml	有	2014年10月17日	暂无时间表	http://news.sina.com.cn/c/2014-10-17/182131006115.shtml	媒体采访	回应迅速
	六位全国人大代表联名建议取消社会抚养费	2014年11月27日	http://news.sina.com.cn/c/2014-11-28/122131217569.shtml	有	2014年12月2日	不会取消社会抚养费征收	http://news.sina.com.cn/c/2014-12-02/09573123 2855.shtml	媒体采访	

续表

部门	事件	事件发生（曝光）时间	事件链接	有无回应	回应时间	回应关键字	回应链接	回应方式	备注
国家发展和改革委员会	我国已成中等收入国家惹争议	2014年4月24日	http://finance.sina.com.cn/china/20140424/071218904371.shtml	无					
	回应旅游时间不足			有	2014年10月	要落实带薪休假制度	http://news.sina.com.cn/c/2014-10-02/005930943153.shtml		
国务院法制办、中央组织部、人力资源和社会保障部	3153万事业单位人员参加社保细节尚不明	2014年5月16日	http://news.sina.com.cn/c/2014-05-16/033030145514.shtml	无					
国家统计局	工资被平均惹吐槽	2014年5月29日	http://news.sina.com.cn/c/2014-05-29/023830252250.shtml	有	2014年12月		http://www.ayrbs.com/myys/myys/xwsd-20141203-10-584758.html		
铁路总公司	实名火车票丢失后不能凭身份证退票改签惹争议	2014年6月4日	http://news.sina.com.cn/c/2014-06-04/072930289059.shtml	有	2014年	因未联网	http://news.sina.com.cn/c/2014-06-05/171030300539.shtml	媒体采访	
国家文物局	食堂遭北京部门突查，一人员让记者滚	2014年6月4日	http://news.sina.com.cn/c/2014-06-04/143630291692.shtml	有	2014年6月4日	道歉并将严肃处理责任人	http://news.sina.com.cn/c/2014-06-04/143630291692.shtml	通过官方微博	

续表

部门	事件	事件发生（曝光）时间	事件链接	有无回应	回应时间	回应关键字	回应链接	回应方式	备注
外交部	回应撤离981钻井平台			有	2014年7月16日	与外部因素无关	http://news.sina.com.cn/c/2014-07-16/16253052997 3.shtml	媒体采访答记者问	
	回应中国在南海大规模填海造岛作业			有	2014年9月9日	主权范围内的事情	http://news.cnhubei.com/xw/hb/201409/t3041565_1.shtml		
	回应中国全球清廉印象指数排名下降报道			有	2014年12月3日	与中国事实严重不符	http://world.people.com.cn/n/2014/1204/c157278-26144229.html	开发布会答记者问	
	回应奥巴马称北京空气污染严重			有	2014年12月4日	治理决心是坚定的	http://news.sina.com.cn/c/2014-12-04/190431246776.shtml	开发布会答记者问	
	回应中国成全球油价波动最大输家言论			有	2014年12月26日	否认，与事实不符	http://news.sina.com.cn/c/p/2014-12-26/17513133222 7.shtml	开发布会答记者问	
教育部	网传9月教师将普涨工资	2014年7月	http://news.sina.com.cn/c/2014-07-23/18 3330567406.shtml	有	2014年7月23日	否认，网传不实	http://news.sina.com.cn/c/2014-07-23/18 3330567406.shtml	媒体采访	

续表

部门	事件	事件发生（曝光）时间	事件链接	有无回应	回应时间	回应关键字	回应链接	回应方式	备注
	高校科研经费被曝变个人提款机 几乎无报销监管	2014年10月	http://news.sina.com.cn/c/2014-10-05/085330499579.shtml	无					
	多地大学学费迎来涨价潮	2014年8月	http://news.sina.com.cn/c/2014-08-18/050030700636.shtml	有	2014年8月21日	资助体系健全、未出现贫困学生上学难	http://news.sina.com.cn/c/2014-08-21/223730724487.shtml	媒体采访、官网发布	回应详细
国家信访局	江苏访民报社门口喝农药	2014年7月	http://news.sina.com.cn/c/2014-07-28/173130591370.shtml	有	2014年7月29日	县领导被处分	http://news.sina.com.cn/c/2014-07-28/173130591370.shtml	媒体采访	
南水北调中线干线工程建设管理局	回应拒绝抗旱调水			有	2014年8月15日	须统一调度	http://news.sina.com.cn/c/2014-08-16/022030693334.shtml	媒体采访	回应合理
国家旅游局	多家景区再次涨价引热议	2014年9月	http://news.sina.com.cn/c/2014-09-18/003530873712.shtml	无					
财政部	回应媒体水电油价"附加费"报道			有	2014年11月16日	将清理水电油附加费	http://news.sina.com.cn/c/2014-11-16/174231153115.shtml	媒体采访	

表 4-3　从新浪、网易、搜狐、腾讯的新闻栏目中截取的
2014 年环境热点事件回应情况

部门或地区	热点	回应	回应内容
环境保护部	2013 年 12 月 30 日 中科院有关北京雾霾 6 大贡献源 http：//epaper.dfdaily.com/dfzb/html/2013-12/31/content＿852096.htm	2014 年 1 月 2 日 环保部官员：不清楚雾霾到底有哪些"贡献"源 http：//news.163.com/14/0102/07/9HILQLBG0001124J.html	做雾霾的来源解析，需要一年以上时间的监测，获取大量的监测信息，要做大量的来源分析，还要有一定的研究模型。选哪些监测点也非常重要。所以环保部目前也不清楚雾霾到底有哪些贡献源
	2013 年 11 月 22 日 网传中国大范围雾霾原因系空气中含放射性元素铀 http：//news.163.com/14/0114/19/9IIRJ4FI0001124J.html	2014 年 1 月 14 日 所谓"核雾染"纯属危言耸听 http：//paper.ce.cn/jjrb/html/2014-01/28/content＿186981.htm	这是一则谣言，源头可能是 2012 年的一则新闻报道。内蒙古中部大营地区发现我国规模最大的铀矿确为事实，但雾霾的发生与铀没有任何直接关系
	有舆论反应：觉得感受的实际情况和公布的数据有差异	2014 年 2 月 11 日 环保部回应空气监测与感受不同：造假随时发现 http：//news.qq.com/a/20140211/015291.htm	介绍了去年已经做的和今年将要做的监测、监督和信息公开工作
		2014 年 3 月 25 日 环保部回应数据与公众感受不一致：已改进发布内容 http：//news.163.com/14/0325/10/9O667L9E00014JB6.html	公布数据是根据最近 24 小时污染物浓度的滑动平均值计算出来的，实际上反映的是最近 24 小时污染物浓度的平均水平，而不是当前小时污染物的浓度情况。因此，当气象条件突然变化，如冷空气到达或出现逆温、静风条件时，会造成空气质量在几小时内突然好转或突然恶化，会出现我们公布的 AQI 指数与公众感受不一致的情况。我部已对发布内容进行了改进

续表

部门或地区	热点	回应	回应内容
		2014年3月8日 环保部回应网民没有感受到京津冀雾霾好转问题 http://news.163.com/14/0308/15/9MQSV1E100011 24J.html	介绍应对污染所采取的措施和将采取的措施
	多地发生反PX事件	2014年4月10日 多地发生反对PX事件 环保部称宣传引导还不够 http://news.163.com/14/0410/21/9PGHQQR300014JB5.html	从PX项目建设和装置运行情况看,我国装置设计理念和技术装备相对先进,生产运行平稳可靠,至今未出现过重大环境污染事故。当前,我国处于社会转型期,利益诉求多样,加之社会风险与环境风险交织,"邻避效应"突出,PX项目环境影响易成为关注焦点。当前一些地区出现反对PX项目事件,一方面反映出公众维权意识的提高,另一方面反映的是宣传引导得不够
	京津冀减少煤炭产量使环境负担转移问题	2014年3月8日 环保部回应京津冀减少煤炭产量使负担转移问题 http://news.163.com/14/0308/16/9MR2AUJD00011 24J.html	减少煤炭使用,并不是说要减少这个地区的能源供应,而是希望为京津冀提供更多的清洁能源、可再生能源,这样,才能减轻包括京津冀在内的大气污染。而中国的中西部是我们国家的富煤地区,这些地方环境容量比京津冀相对要大,所以鼓励在这些地方发展煤制天然气,来替代中东部地区的燃煤。在这些地方也同样要采取严格的环境治理措施,减少中西部地区的环境污染
国家发展和改革委员会	2014年8月7日 21家环保组织质疑垃圾焚烧入选"低碳技术目录" http://www.goootech.com/topics/72010470/detail-10236630.html	2014年8月8日 垃圾焚烧入选低碳技术目录引质疑,发改委回应 http://news.qq.com/a/20140808/060680.htm	技术目录不解决垃圾焚烧的管理问题,而是在技术上为垃圾处理提供更多的选择。在反对垃圾焚烧的时候,要想一想有没有其他的方法更优于垃圾焚烧,如果有其他更好的方法,我们当然愿意尝试。当然,在处理的过程中肯定会带来一些

续表

部门或地区	热点	回应	回应内容
			负面影响，我们也会关注那些负面影响。这是经过七次专家严格评审以及仔细测算的，经过这么多道程序，作出的评判应该是中肯、客观、准确的
中国保监会	2014年3月21日 中国推出"雾霾险" 污染爆表将赔付 http://news.qq.com/a/20140321/014206.htm	2014年3月27日 保监会叫停"雾霾险" 禁止"创新"博眼球 http://news.qq.com/a/20140327/002232.htm	部分保险公司在互联网上销售的"雾霾险"产品与向保监会备案的条款存在一定差异，正调查产品的合规性。保监会同时强调禁止保险公司打着"产品创新"的旗号，博取眼球
国家文物局	2014年6月4日 文物局食堂被举报污染 执法人员被阻门外 http://news.163.com/14/0604/14/9TTCGTRN0001124J.html	2014年6月4日 文物局官方微博回应机关食堂环保问题 http://news.sina.com.cn/c/2014-06-04/170230292694.shtml	因未出示记者证被阻，下午进行现场检查，并商定当天下午对我局食堂油烟过滤设备进行现场检查。个别人员出言不逊，将严肃批评教育
		2014年7月17日 文物局食堂被举报油烟噪音污染 今发环评报告 http://society.people.com.cn/n/2014/0717/c1008-25295913.html	项目运营后对周边的环境影响不大，不会产生废气污染及噪声扰民问题，不会对该地区的环境带来不良的影响，从环境保护的角度考虑，项目可行
北京	2014年2月11日 京版新能源车补贴被指地方保护：为一己私利 http://finance.sina.com.cn/chanjing/yjsy/20140211/044218167808.shtml	2014年2月16日 北京补贴新能源车被指地方保护 回应：节能环保 http://news.163.com/14/0216/08/9L6M2QPM00014JB5.html	节能环保是主因
	元宵节，面对重霾，北京为何未启动最高级别的空气重污染红色预警	2014年2月17日 北京环保部门释疑元宵节未启动红色预警 http://news.sina.com.cn/c/2014-02-17/200129492832.shtml	未达到启动红色预警规定的要求

续表

部门或地区	热点	回应	回应内容
	河北政车被曝进京排污水	2014年5月11日 河北政车被曝进京排污水 官方回应或是套牌 http://news.sina.com.cn/c/2014-05-11/043130107669.shtml	调查后发现或是套牌
	刺鼻气味将居民"封"在楼里（北京双合家园）	2014年4月30日 居民反映空气污染 已确认是北京焦化厂土地修复造成 http://history.people.com.cn/peoplevision/n/2014/0430/c371454-24960490.html	4月11日，局领导带队到现场检查，并在预处理大棚内的排口采样，检测报告送到局里去了，结果还没有出来
	北京一焦化厂污染土壤被叫停后异味不散	2014年6月13日 北京一焦化厂污染土壤被叫停后异味不散 http://news.163.com/14/0613/03/9UJC2TA900011 24J.html	已于上个月要求治理单位暂停在该处进行土壤烘烧作业，目前的异味可能是土壤运输过程中挥发造成的
	北京一电镀厂排污水污染农田土壤铬超标一倍	2014年8月15日 北京一电镀厂排污水污染农田土壤铬超标一倍 http://news.qq.com/a/20140829/006046.htm	微博回应确定污染和污染源，但对询问整顿措施，未作回应
河南	以"牛畸形人患癌，重污染'下乡'触目惊心"为题，对新乡牧野区、凤泉区的水污染情况进行了报道	2014年1月24日 媒体称河南部分地区污染严重导致牛畸形人患癌 http://news.163.com/14/0126/11/9JGUMK2T00011 24J.html	新乡环保局于24日下午安排部署相关县（区）环保部门，对排污企业开展集中排查整治行动，尤其是死灰复燃的"15小"企业，发现一起，关闭一起，对超标排污企业，责令停产整治
	河南孟津黄河附近水渠漂死猪 污水直入黄河	2014年3月7日 河南孟津黄河附近水渠漂死猪 污水直入黄河 http://news.163.com/14/0307/16/9MOEKJGQ00014 JB6.html	当地官方7日向记者证实，死猪系附近养殖户所抛，已全部打捞并作无害化处理

续表

部门或地区	热点	回应	回应内容
河南	2014年3月25日 郑州金水河污染已近一年：200米内3个排污口 http://henan.163.com/14/0325/06/9O5MAAOG022701R7.html	2014年3月28日 郑州金水河源头污染调查：查不出污染源绝不收兵 http://news.dahe.cn/2014/03-28/102708847.html	开展调查
		2014年3月29日 郑州一河流污染源确定 各部门皆称无权处罚 http://news.163.com/14/0329/02/9OFLADJQ00014Q4P.html	污染源确定，3月31日上午已将整改通知书送达排污单位，并将按照程序进行处理。但谁处罚未定
	2014年4月21日 河南虞城工业园污水直排绵延数十里无人问津 http://news.163.com/14/0421/11/9QBP394E00014JB6.html	2014年4月23日 河南虞城回应工业园污水染黑河道：为"达标"废水 http://wiki.antpedia.com/henanyuchenghuiyinggongyeyuanwushuiranheihedaoweidabiaofeishui-401577-news	经调查，主要原因为县城西部居民、学校及企业生活污水和部分企业处理后的达标废水，未进入污水管网直接排入十字河。将对十字河进行整治
	2014年5月5日 煤矿污水流入小浪底库区 环保部门：危害不大 http://news.qq.com/a/20140509/060459.htm	2014年5月8日 河南新安2家煤矿污水直排小浪底库区被责令整改 http://news.sina.com.cn/c/2014-05-10/173830104076.shtml	危害不大，无法叫停；记者采访后进行调查和检测，并责令污染企业整改
	河南百余亩莲藕绝收	2014年5月25日 河南百余亩莲藕绝收调查：引黄灌渠遭严重污染 http://news.qq.com/a/20140525/010834.htm	采取了取样检测的措施，也关闭了小企业，但是历时一个月仍没有找到污染源
	郑州河边千棵杨树被污水毒死	2014年7月22日 郑州河边千棵杨树被污水毒死 环保局称是淹死 http://news.qq.com/a/20140724/005328.htm	明确污染源，但是因为是生活污水，不属于其管辖范围，并且，不是千棵杨树，只有百十棵
	2014年9月15日 汝阳马兰河污水流入变"红河" http://news.163.com/14/0917/03/A6AJF34Q00014Q4P.html	2014年9月17日 官方回应河南汝阳现污染"血河"：已恢复正常 http://news.163.com/14/0917/21/A6CHOBGN0001124J.html	明确污染源，采取紧急措施，已恢复正常

续表

部门或地区	热点	回应	回应内容
	2014年9月9日 河南民众抗议获嘉县某化工厂污染 http://www.owuran.com/html/rd/61.html	2014年9月17日 河南获嘉企业私自试生产 环保等部门将被调查 http://news.163.com/14/0917/10/A6B9VKOR0001124J.html	明确污染源，采取措施
	河南县官与民众对话，警察持枪撑伞护卫	2014年9月17日 河南化工污染事件再发酵：官方否认"持枪撑伞" http://news.163.com/14/0917/16/A6BV1A4800014JB6.html	系对讲机，承认撑伞错误。不是警民冲突，而是警察对打砸车辆、损毁财物、非法拦截机动车辆等涉嫌违法犯罪人员采取的强制措施。16名参与者被获嘉警方采取强制措施或行政处罚
	2014年11月3日 环保部赴河南暗访 企业接内部通报：注意别冒烟 http://news.163.com/14/1103/17/AA55D1FM00014JB5.html	2014年11月4日 官方否认曾给企业提供过内部信息 http://gongyi.sohu.com/20141104/n405752782.shtml	"我们不知道他们暗访，因为我们也是11月1号媒体曝光以后，我们才知道环保部来暗访了，我们不可能发任何东西。"
	2014年11月23日 郑州市民不满雾霾治理致信市长：许多人都在骂你 http://news.qq.com/a/20141123/012248.htm	2014年11月24日 郑州市长写信回应市民抱怨雾霾：心情很沉重 http://news.sina.com.cn/c/2014-11-24/092331192613.shtml	表态决心治理污染并制定目标
山东	郯城百亩小麦因污水枯死	2014年5月9日 山东郯城百余亩小麦枯死 环保部门介入调查 http://news.163.com/14/0510/15/9RT5I59C0001124J.html	水样检测，结果预计12日公布
		2014年5月12日 郯城百亩小麦因污水枯死 环保局：已查处排污点 http://www.langya.cn/lyxw/zxwlyyw/201405/t20140513_246398.html	取样监测，经过20余天的调查，确定了一处化工废液偷排点。执法人员怀疑这可能与百余亩小麦枯死有关。留取了证据，交公安部门处理

续表

部门或地区	热点	回应	回应内容
	山东济宁汶上县发生污染中毒事故	2014年5月14日 山东济宁汶上县发生污染中毒事故 污染源在查 http://news.qq.com/a/20140519/029568.htm	济宁立即组织安监、环保等部门联合介入，将位于该村约两公里外的一疑似排污源捣毁。但还不能确定小型炼油厂与苏庄村村民的集体不适有直接关系。污染源排查工作仍在进行中
广东	广东博罗河流污染成"红河"	2014年5月11日 广东博罗河流污染成"红河" 涉事企业已关门 http://news.163.com/14/0516/14/9SCGC3D000011 24J.html	5月11日，责令企业停产停排污水，采样检测，水质达到水体功能区要求。5月13日起，博罗县由县环保部门牵头，全面排查全县排污企业
	汽修厂排放废水致河水污染发臭 百余人中毒送医	2014年1月10日 汽修厂排放废水致河水污染发臭 百余人中毒送医 http://www.fenyizx.com/news/newsshow-10384.html	1月10日政府通报，并对水质取样检测，准确原因待查
	2014年5月24日 广东禾云自来水疑被污染 数百人腹泻煮出红色稀饭 http://news.163.com/14/0525/15/9T3NOKAK0001124J.html	2014年6月16日 广东河源一级水源因劣质水管导致自来水污染 http://news.qq.com/a/20140616/000688_all.htm	这种小规模的管道改造根本不需要住建部门的批准或验收，因此也无法进行监管
	2014年8月19日 广东顺德污水直排水源地威胁几十万居民 http://news.qq.com/a/20140819/023735.htm	2014年8月19日 顺德污水直排水源地 环保部门进行突击排查 http://www.555114.com/574664ml	环保部突击排查
	2014年9月10日 广东环保部督办工厂照常排污 环保部门被指放纵 http://news.163.com/14/0910/15/A5PR3NV900014SEH.html	2014年9月10日 广东顺德黑厂"顶风生产" 环境监管何以又出"空白" http://www.hbzhan.com/news/Detail/91676.html	不是不想管，是管不过来啊

续表

部门或地区	热点	回应	回应内容
广东	2014年9月13日 广东博罗县千人聚集抗议建垃圾焚烧厂 http://www.cnues.com/guangdong/33992.html	2014年9月14日 广东博罗千人聚集抗议建垃圾厂 警方限令领头人自首 http://news.qq.com/a/20140914/006203.htm	对上述违法犯罪活动的为首分子和积极参与者,限在本通告发布之日起三日内到公安机关投案自首
		2014年9月13日 广东博罗部分民众反对拟建垃圾焚烧厂 官方回应 http://news.sina.com.cn/c/2014-09-13/190330846736.shtml	解释项目,聚集现场情况,并坚持科学选址
	广东廉江村民称垃圾焚烧厂听证存作假 被骗签名	2014年10月1日 广东廉江村民称垃圾焚烧厂听证存作假 被骗签名 http://news.163.com/14/1001/06/A7EUDBQB00014AED.html	"我们都是按法律程序走的,没有发现暗箱操作。"那是否调查过到底是谁签的名？针对记者的提问,相关部门再未回应。李清称,曾经确实出现过为加快项目上线致听证会走过场的情况,将尽快核实情况予以解决
	广东翁源15名儿童血铅超标 原因指向环境污染	2014年11月7日 广东翁源15名儿童血铅超标 原因指向环境污染 http://news.sina.com.cn/c/2014-11-09/114131117855.shtml	11月9日,翁源县环保局称,对当地企业进行了排查,没有发现企业排污超标情况。在日常监测和巡查中,当地企业排放也达到了国家相关标准
	广州花都两家工厂长期夜间焚烧各种垃圾	2014年12月11日 广州花都两家工厂长期夜间焚烧各种垃圾 http://news.sina.com.cn/c/p/2014-12-11/085731272584.shtml	下达整改通知
	2014年12月26日 央视调查：珠江广州段受抗生素污染非常严重 http://news.qq.com/a/20141226/002778.htm	2014年12月26日 广州环保局回应珠江检出抗生素报道 http://news.sina.com.cn/c/2014-12-26/155231331894.shtml	未检出抗生素,广州环保局26日回应表示,将积极采取行动,加大对涉抗生素生产企业的监管力度,并着手开展相关监测方法研究

续表

部门或地区	热点	回应	回应内容
上海	上海崇明多镇自来水出现异味	2014年2月20日 上海崇明多镇自来水出现异味 污染原因仍在调查 http://news.qq.com/a/20140223/003531.htm	进行水质监测，污染源待定，但有了初步分析
山西	2014年5月26日 山西浮山一铁厂粉尘污染 村民秋收浑身变黑 http://news.qq.com/a/20140526/017387.htm	2014年5月28日 山西浮山回应铁厂污染：责成多部门将污染降到最低 http://news.163.com/14/0528/18/9TBQD38900014JB6.html	经调查核实，鸿丰达铸业公司符合生产和环保要求，当地政府部门将会在日后督促企业减少扬尘等污染情况
天津	天津精武镇遭严重污染	2014年1月25日 天津精武镇遭严重污染 外出村民不愿回家过年 http://news.qq.com/a/20140125/007406.htm	不是我们环保部门管的，是水务管
天津	传"南水北调"水到天津被污染	2014年10月14日 传"南水北调"水到天津被污染天津水务局：未正式调水 http://news.163.com/14/1014/16/A8HH41O300014JB5.html	未正式调水，不会污染
云南	云南澜沧江出现大量死鱼	2014年7月1日 云南澜沧江出现大量死鱼 官方否认事关污染 http://news.qq.com/a/20140701/055069.htm	该段澜沧江水质正常，面瓜鱼大量死亡是由江底水中缺氧所致
云南	2014年4月1日 昆明一河流受污染变"牛奶"河 村民称水味辛辣 http://society.yunnan.cn/html/2013-04/01/content_2675907.htm	2014年4月3日 回应网友关注：昆明东川区整治"牛奶河" http://society.yunnan.cn/html/2013-04/03/content_2679852.htm	水质检测，采取措施
		4月9日 东川村民称"牛奶河"水浇灌西瓜减产 环保局坚称可灌溉 http://society.yunnan.cn/html/2013-04/09/content_2684309.htm	水质达标，可灌溉

续表

部门或地区	热点	回应	回应内容
		2014年11月30日 云南昆明回应"牛奶河"污染问题：排污企业已确定 http://news.163.com/14/1130/18/ACAQ0L3U00014JB5.html	原因是上游企业尾矿库的上清液沉淀时间不够就排放，排污企业已确定为东川区小江固体废弃物治理有限公司。目前全面的调查、化验结果尚未出来，将根据这两项结果确定是否给予涉事企业及相关负责人相应的处罚
江西	2014年3月15日 南昌赣江里发现死猪漂浮	2014年3月18日 赣江死猪漂流区已排除疫情 水质无污染 http://news.sina.com.cn/c/2014-03-18/231029738363.shtml	确认水质和采取措施
	2014年5月10日 赣数千人抗议水泥厂污染遇千警清场致20伤	2014年5月13日 曝江西上栗水泥厂污染引风波 回应称系劳资纠纷 http://news.163.com/14/0514/19/9S7TPQQI00014JB5.html	中共上栗县委宣传部13日两次通过其官方微博发布"印山台水泥厂与当地村民发生矛盾纠纷问题的情况说明"
		2014年5月13日 江西上栗千人抗议水泥厂污染 官方否认警方清场 http://news.qq.com/a/20140513/040532.htm	过激行为系劳资纠纷。控制事态，安抚情绪
	2014年7月24日 江西发生车祸致槽罐车化学品泄漏 已污染河流 http://news.163.com/14/0724/20/A1UOIHIJ0001124J.html	2014年7月24日 江西：车祸致一槽罐车化学品泄漏 造成下游县城居民临时停水 http://news.xinhuanet.com/local/2014-07/24/c_1111789699.htm	临时停水，进行水质检测，采取应急措施
	赣江遭污染	2014年10月24日 江西南昌回应赣江遭污染：仅有局部氨超标 http://news.sina.com.cn/c/2014-10-24/170531040778.shtml	检测结果、原因和措施

续表

部门或地区	热点	回应	回应内容
江苏	南京建邺区环保局传达室开起洗车场 环境脏乱差	2014年4月17日 南京建邺区环保局传达室开起洗车场 环境脏乱差 http://news.sina.com.cn/c/2014-04-17/140629954569.shtml	租给个人的,设立了严格的环保标准并被执行,因签有合同,不能让其搬走
	靖江水污染	2014年5月9日 靖江:说不清的水污染 http://jingji.cntv.cn/2014/05/16/VIDE1400170500279171.shtml	5月9日 第一时间关闭取水口,暂停供水。有关部门已启动应急预案
		2014年5月9日 水质异常致江苏靖江停水 可排除船舶事故等可能 http://news.qq.com/a/20140509/044113.htm	
		2014年5月11日 江苏靖江未发现企业、码头涉嫌污染饮用水源 http://news.163.com/14/0511/09/9RV34R3D00014JB6.html	
		2014年6月3日 江苏靖江水污染被认定为犯罪式排放 污染源成谜 http://news.21cn.com/domestic/jinriredian/a/2014/0611/08/27430342.shtml	披露污染物和原因,移交相关部门处理
	2014年5月7日 放射源铱-192丢失事件 http://news.sina.com.cn/c/2014-05-11/085830109805.shtml	2014年5月10日 南京官方还原放射源丢失过程 称不会污染发现地 http://news.sina.com.cn/c/2014-05-11/174930112797.shtml	还原事件,并说明不会造成污染

续表

部门或地区	热点	回应	回应内容
	2014年5月11日 南京三天找回丢失放射源 信息发布被指太迟滞 http：//www.chinanews.com/gn/2014/05-11/6156605.shtml	2014年5月13日 江苏环保厅回应放射源丢失信息滞后：避免引恐慌 http：//news.163.com/14/0513/09/9S461PMC0001124J.html	信息需要核实，避免恐慌
	传江苏大丰水污染 市民争抢矿泉水	2014年5月19日 传江苏大丰水污染 市民争抢矿泉水 http：//news.163.com/14/0519/21/9SKVUNSC00014JB6.html	环保局回避该问题，政府表示水质没有异常，正在对水质进行监测
	南京玄武湖水质呈奶白色	2014年6月23日 南京玄武湖水质呈奶白色 环保局称非污水进入 http：//news.qq.com/a/20140623/044145.htm	非污染，系空气流入
	2014年6月26日 江苏淮安金湖县43万斤鱼暴死 环保局：与排污无关 http：//news.163.com/14/0626/08/9VLCI7RF00014JB6.html	对环保局认定的死鱼与排污无关结论的三大质疑未回应	
	江苏宿迁一工厂周边稻田禾苗枯萎	2014年8月27日 江苏宿迁一工厂周边稻田禾苗枯萎 疑偷排废气所致 http：//news.qq.com/a/20140829/023285.htm	8月29日已责成相关部门调查，具体原因还未知
安徽	1月9日 记者曝光安徽东至县环保局公车私用，县环保局官方微博晒记者名字长达10天	2014年1月10日 记者曝光环保局公车私用 被晒名字10天 官方道歉 http：//news.qq.com/a/20140110/011092.htm	官方道歉，并对相关责任人进行调查处理
		2014年1月11日 安徽东至环保局"晒"曝光者姓名 当事人：操作失误 http：//news.163.com/14/0111/04/9I9GPPEM0001124J.html	

续表

部门或地区	热点	回应	回应内容
	安徽安庆一湖面发生不明油污	2014年5月11日 安徽安庆一湖面发生不明油污　污染原因仍在排查 http：//news.qq.com/a/20140512/021900.htm	5月12日，现场控污，经初步勘查，推测是雨水冲刷市政管道油污
青海	青海启源矿业铜矿废水泄漏污染环境	2014年4月24日 青海启源矿业铜矿废水泄漏污染环境 http：//news.163.com/14/0424/16/9QK33F1K0001124J.html	4月24日，政府正采取措施确保水源安全
	2014年9月11日 网曝昆仑山口河流出现油污　河中生物大面积死亡 http：//news.sina.com.cn/c/2014-09-11/190630828012.shtml	2014年9月11日 昆仑山口河流油污污染原因查明：输油管破裂漏油 http：//news.sina.com.cn/c/2014-09-11/195630828354.shtml	原因查明，采取应急措施
河北	2014年2月24日 石家庄市民因大气污染状告环保局　索赔万元 http：//news.sina.com.cn/c/2014-02-24/171829551163.shtml	2014年2月25日 石家庄环保局回应因雾霾被诉：空气质量在改善 http：//news.163.com/14/0225/22/9LVA5QMJ00014JB6.html	介绍已经采取的措施和取得的成果
	2014年7月15日 视频：实拍河北白沟大量垃圾露天焚烧黑烟滚滚 http：//video.sina.com.cn/p/news/c/v/2014-07-15/150564070963.html	2014年7月16日 《燕赵都市报》报道，白沟箱包尾料焚烧引央视关注 http：//bd.hebnews.cn/2014-07/16/content_4042478.htm	垃圾是由拾荒者和环卫工焚烧的，对于拾荒人焚烧垃圾难以制止。此外，白沟新城目前仍按照镇级规划，没有足够的财政资金去建设相应的垃圾处理站
陕西	2014年4月3日 陕西榆林330亩治沙松林遭环保局雇人毁坏 http：//news.qq.com/a/20140403/002056.htm	2014年4月3日 榆林330亩治沙林遭环保局雇人毁坏　林业局介入 http：//sn.ifeng.com/shanxidifangzixun/yulin/news/detail_2014_04/03/2080628_0.shtml	查明施工方是榆林高新区管委会环保局雇用的，属无手续施工。及时扣押了正在施工的机械，同时还将施工人员带回派出所了解情况

续表

部门或地区	热点	回应	回应内容
贵州	2014年11月10日 云贵接壤地饮用水源冒"黑汤" 3个月未找到污染源 http://news.163.com/14/1110/09/AAMB0H2E00014SEH.html	未回应3个月未找到污染源	
重庆	2014年8月17日 三峡库区腹地巫山县水库受污染 5万人用水困难 http://news.qq.com/a/20140817/011615.htm	2014年8月17日 重庆一水库受污染水体恢复清澈 总体已无毒性 http://news.163.com/14/0817/16/A3S7ARDE00014JB6.html	发布各个阶段检测结果和应急处理结果
浙江	2014年2月19日 嘉兴多校暴发诺如病毒感染 400多学生呕吐腹泻 http://zj.sina.com.cn/news/s/2014-02-20/0806169428_2.html	2014年2月21日 浙江500多学生染病毒续：官方称桶装水污染所致 http://news.qq.com/a/20140221/000325.htm	查明污染源，采取措施
	2014年4月18日 浙江金华非法小作坊排放"血色污水" http://www.chinanews.com/tp/hd2011/2014-04-18/336383.shtml	2014年4月20日 浙江金华排放"血色污水" 非法作坊被关停 http://news.163.com/14/0420/14/9Q9GS0MT0001124J.html	采样，关停和处罚污染企业
	2014年5月10日 杭州九峰建垃圾焚烧发电厂引民众聚集（秘密开工）（5月7日垃圾焚烧，民众聚集，5月10日冲突对抗） http://news.qq.com/a/20140510/020309.htm	2014年5月10日 杭州余杭区通告九峰垃圾焚烧厂项目情况 http://news.sina.com.cn/c/2014-05-10/225530106011.shtml	保证未得同意不开工
		2014年5月11日 杭州副市长：杭州的垃圾不可能由别的城市来处理 http://news.sina.com.cn/c/2014-05-11/164030112553.shtml	解释冲突性事件和九峰建垃圾焚烧发电厂的必要性

续表

部门或地区	热点	回应	回应内容
浙江	2014年4月25日 村民投诉工厂排污无果 邀环保局长来村住两晚 http://news.qq.com/a/20140429/027461.htm	2014年4月29日 瑞安村民投诉无果 邀环保局长住两晚 部门称将整改 http://news.66wz.com/system/2014/04/29/104088014.shtml	对于养鸡场大量鸡死亡的问题,叶局长和瑞安塘下镇副镇长戴美东都表示不清楚,回去后马上了解
	2014年5月18日 25.8吨有毒化学品泄漏 部分流入富春江 暂未影响水质 http://news.163.com/14/0518/13/9SHIGS2600014JB6.html	2014年5月18日 杭州环保局长回应泄漏事件:不会影响杭州 http://news.163.com/14/0518/17/9SI048PA00014JB6.html	说明泄漏情况,采取措施。该事件在可控范围内,目前的判断是对杭州没有影响
	杭州自来水再现异味	2014年6月11日 杭州自来水再现异味 环保部门称水质无异常 http://news.sina.com.cn/c/2014-06-11/162530339993.shtml	立即启动应急预案,赴现场调查取样,并对苕溪全流域进行巡查,现场未发现有工业废水直接污染苕溪。据监测结果,祥符水厂苕溪取水口水源水质无异常。未发现排污企业,将加大巡查和监测力度
	2014年7月24日 浙江苍南县惊现"血河" 疑有人倾倒污染物 http://news.qq.com/a/20140725/002026.htm	2014年7月26日 温州"血河"水检未发现有毒物质 污染物不明 http://news.qq.com/a/20140726/001222.htm	排除工业污染,但污染物不明
	网友投诉噪音扰民 环保局微信回"正吃切糕"	2014年9月2日 网友投诉噪音扰民 环保局微信回"正吃切糕" http://news.163.com/14/0903/12/A57FHMO000001124J.html	系统自动回复
	浙江武义江死鱼成群 被疑污染	2014年11月5日 浙江武义江死鱼成群 被疑污染 官方:实为水体缺氧 http://news.163.com/14/1105/12/AA9P2NCU00014JB6.html	详细解释是因为缺氧

续表

部门或地区	热点	回应	回应内容
	环保局公布受罚污染企业多用"某某公司"引争议	2014年11月5日 环保局公布受罚污染企业多用"某某公司"引争议 http://news.163.com/14/1105/21/AAAMAIUP00014SEH.html	微博回应涉密
海南	2014年3月30日《人民日报》三问海南非法种植转基因作物 http://news.sina.com.cn/c/2014-03-31/233029835098.shtml	2014年4月1日 海南农业厅：尚未发现农业转基因生物污染 http://news.sina.com.cn/c/2014-04-01/223629843272.shtml	遵循法定程序发布准确结果。本次执法检查出来的违法行为，属于未经批准擅自从事转基因研究试验的行为
		2014年3月31日 海南证实现非法转基因作物 9种试验作物被销毁 http://news.sina.com.cn/c/2014-04-01/025429835754.shtml	一经核实确认，该厅将坚决依法销毁并进行处罚
黑龙江	哈尔滨群力污水厂二期因当地居民反对暂不开工	2014年5月19日 哈尔滨群力污水厂二期因当地居民反对暂不开工 http://news.163.com/14/0519/18/9SKJL9H900014JB5.html	在没有履行完法定建设审批程序和获得群众认可之前，群力污水厂二期工程不开工
湖北	武汉企业排污被罚 环保局不点名	2014年2月8日 武汉企业排污被罚 环保局不点名 称涉国家机密 http://news.163.com/14/0208/10/9KIAR8VG0001124J.html	涉密
	2014年4月24日 武汉汉江水质氨氮超标 30余万人用水受影响 http://news.qq.com/a/20140424/000189.htm	2014年4月23日 武汉两水厂氨氮超标停产 政府称污染水未入管网 http://news.qq.com/a/20140423/023981.htm	出现水污染，采取应急措施，正在排查污染源
		2014年4月25日 武汉水污染事件初步查明：或因农业氨氮污染进汉江 http://news.163.com/14/0425/16/9QMJE9EL0001124J.html	

续表

部门或地区	热点	回应	回应内容
湖北	2014年5月7日 湖北神农架机场明起通航 环评报告至今查询无果 http：//news.163.com/14/0507/08/9RKK6V480001124J.html	2014年5月8日 湖北神农架机场实现首航 当地回应环评等质疑 http：//news.qq.com/a/20140508/079340.htm	已公布，可查询，并解释环评结果
	湖北长阳自来水现异味	2014年5月25日 湖北长阳自来水现异味 当地称系养殖污水渗入 http：//news.sina.com.cn/c/2014-05-25/110130227211.shtml	查明污染源，采取措施，已开始从新的水源点进行试供水
	2014年6月17日 武汉青山污水直排长江 政府承诺治理 2年不见动静 http：//news.qq.com/a/20140617/015722.htm	未回应	
	2014年7月3日 湖北汈汊湖水遭重污染：800只鹅河里走一趟全死光 http：//news.163.com/14/0703/11/A07Q3MNG0001124J.html	针对治理的要求停留在纸面上和排除污染企业的判断有异议，政府没有回应	
	湖北嘉鱼7万斤鱼苗死亡	2014年7月7日 湖北嘉鱼7万斤鱼苗疑因污水外溢死亡 http：//news.sina.com.cn/c/2014-07-08/202530488744.shtml	7月8日，已安排工作人员赶赴现场监测数据，并开展水质取样，已送往上级部门检测，检测结果预计在3-5天出来。届时将根据水质检测结果来判定鱼苗死亡的原因
	2014年9月11日 湖北影视城环保不合格 违规开工：不可能停下来 http：//news.sina.com.cn/c/2014-09-11/173830827852.shtml	无回应	

续表

部门或地区	热点	回应	回应内容
湖南	湘江油污带今天抵洞庭湖	2014年4月20日 湘江油污带今天抵洞庭湖 长沙等地水质未受影响 http://news.qq.com/a/20140420/007001.htm	采取各种预防措施防止污染，水质未受影响
	2014年4月24日 湖南临澧污染企业成公安局重点保护单位 http://news.sina.com.cn/c/p/2014-04-24/103430002992.shtml	2014年4月25日 湖南临澧公安局回应"挂牌保护污染企业" http://news.qq.com/a/20140425/020425.htm	临澧县公安局向人民网回应称，门牌是企业主自制，公安部门已于23日将其摘下，并将依据相关法规对这家企业进行处罚
	湖南临澧1家猪场污染数百亩稻田 村民吃米外购	2014年7月17日 湖南临澧1家猪场污染数百亩稻田 村民吃米外购 http://news.sina.com.cn/c/2014-07-17/042830531481.shtml	因为天气原因和施工问题，该厂的排污设备完善还需要一段时间，最迟为9月30日。目前，环保已经对该厂立案，如果9月30日之前再次无法完工，将上告法院强制执行
	湖南儿童血铅超标	2014年6月15日 湖南儿童血铅超标检测：居民家污染与工厂排污一致 http://news.163.com/14/0615/01/9UOAR3KE00014AED.html	6月15日，排放达标，系咬铅笔所致
		2014年6月16日 湖南衡东儿童血铅事件：环保局三官员被停职 http://news.qq.com/a/20140616/078476.htm	应急和善后工作
	2014年12月6日 湖南桃源一企业污染环境 居民得癌环保局称无关 http://news.163.com/14/1206/03/ACOKBKQD00011229.html	2014年12月7日 湖南桃源铝厂污染致多名居民患癌 环保部门介入 http://news.163.com/14/1207/17/ACSMUP7D00014JB5.html	对污染情况开展调查
		2014年12月10日 环保部调查湖南桃源：初步发现确有污染问题 http://news.qq.com/a/20141210/004283.htm	

续表

部门或地区	热点	回应	回应内容
		2014年12月12日 湖南桃源环保局承认监管不力 4年前知企业排废料 http：//news.163.com/14/1212/10/AD8QIJUQ00014SEH.html	
		2014年12月13日 湖南环保厅责令桃源涉污染铝厂限期整改 http：//news.sina.com.cn/c/2014-12-13/154431281713.shtml	
福建	福建漳浦一水库遭污染 自来水混浊 村民投诉半年	2014年9月10日 福建漳浦一水库遭污染 自来水混浊 村民投诉半年 http：//news.163.com/14/0910/18/A5Q4UJ2E00014AEE.html	对水库的管理确实存在失职行为。"但我们也很无奈。"养猪场共养了70多头猪，要一下子让它全部清理掉，有点不现实，只能要求它一步步处理。水利站要求养猪场首先将化粪池填平，不得直接将污水排至水库中。另外，要求养猪场将猪慢慢清理出去，不得扩大规模养殖
	2014年11月14日 福州凤坂河变乳白色 环保部门称将介入调查 http：//news.163.com/14/1114/17/AB1E0R2000014AEE.html	2014年12月9日 福州凤坂河附近石材厂污水直排 治理好的内河成"牛奶河" http：//www.fjsen.com/d/2012-12/09/content_10050356_2.htm	环保部介入调查后没消息，部门间推诿
	福建一化工厂排黄烟黑水	2014年11月15日 福建一化工厂排黄烟黑水 村民疑其环保不达标 http：//news.qq.com/a/20141115/020582.htm	该厂工业原材料出现问题，是氧化车间反应罐出现故障造成的，现已停工检修，平日排放均达标
	2014年11月15日 福建一监狱多名狱警患病投诉工厂 环保局3年未果 http：//news.qq.com/a/20141115/010554.htm	2014年11月21日 "福建监狱投诉污染3年无果"续：环保局介入，企业停产整改 http：//news.163.com/14/1121/22/ABK0SHFF00014SEH.html	企业停产整改

续表

部门或地区	热点	回应	回应内容
吉林		2014年8月11日 吉林一村庄弥散异味 致村民不适 环保部门介入 http://news.qq.com/a/20140811/055421.htm	"气味源"具体来自何处暂时无法界定，但吉林环保局已介入，近期将会公布检测结果
甘肃	2014年3月7日 甘肃兰州多处自来水出现异味 官方称水质达标 http://news.sina.com.cn/c/2014-03-07/154029649610.shtml	2014年3月7日 兰州环保局称自来水水质达标 异味原因仍未查明 http://news.163.com/14/0307/21/9MOUFNF000014JB5.html	水质达标
	2014年3月11日 兰州自来水被曝出现异味 相关部门处置应对引发争议 http://news.xinhuanet.com/2014-03/11/c_119711116.htm	无回应	
	兰州"4·11"自来水苯超标事件	2014年4月11日 兰州自来水降压供水 全力排查苯超标污染源 http://news.163.com/14/0411/16/9PIJPO8G00014JB5.html	甘肃政府新闻办公室通报称，兰州威立雅水务集团公司出厂水及自流沟水样中苯含量严重超标，黄河水未受污染。通报称自来水苯超标的原因，"据水厂分析可能是化工厂污染自流沟造成"
		2014年4月11日 兰州发布最新水质检测数据 黄河水质未受污染 http://news.sina.com.cn/c/2014-04-11/201129914697.shtml	
		2014年4月11日 兰州自来水苯含量下降 每2小时公布一次水质检测结果 http://news.163.com/14/0411/18/9PIQ30VJ00014JB6.html	目前兰州主城区自来水未受大影响，但不建议市民24小时内饮用，政府将每两个小时向市民公布一次检查结果
		兰州发布最新水质数据 安宁区苯含量略有下降 http://news.163.com/14/0412/07/9PK57CS500014JB6.html	

续表

部门或地区	热点	回应	回应内容
甘肃	兰州"4·11"自来水苯超标事件	2014年4月11日 甘肃省省长：尽快查明供水污染源　做好社会管控 http：//news.sina.com.cn/c/2014-04-11/161329913401.shtml	
		2014年4月11日 视频：兰州回应自来水苯超标　称已切断污染源 http：//video.sina.com.cn/p/news/c/v/2014-04-11/214463730465.html	
		2014年4月12日 兰州水厂称自来水苯超标或因化工厂污染导致 http：//news.qq.com/a/20140412/002549.htm	
		2014年4月13日 兰州官方公布自流沟周边地下含油污水形成原因 http：//news.163.com/14/0413/18/9PNVIBV000014JB6.html	
		2014年4月13日 兰州自来水污染：开挖探坑取样 对责任人调查取证 http：//news.163.com/14/0413/23/9POF86I400014JB6.html	
		2014年4月14日 兰州修建应急输水管道取代受污染自流沟 http：//news.163.com/14/0414/17/9PQCCVIF00014JB5.html	

续表

部门或地区	热点	回应	回应内容
	2014年4月22日 兰州受污染4号自流沟将具备使用条件 http://news.sina.com.cn/c/2014-04-23/042029991138.shtml		
	2014年4月11日 兰州市民质疑威立雅水务公司苯污染延报 http://news.163.com/14/0411/22/9PJ6D1NO00014JB6.html	2014年4月12日 兰州市书记谈水污染：问心无愧地说没有隐瞒任何事 http://news.sina.com.cn/c/2014-04-12/180129919712.shtml	从昨天7点多钟到现在，没有隐瞒任何事情，是什么就说什么，是什么我们就做什么，我们想到的、认定的也都在做，没有隐瞒任何事情，我们可以问心无愧地跟社会说
内蒙古	2014年6月5日 呼和浩特一县城现6000亩污水湖 官员：早蒸发完了 http://news.163.com/14/0605/12/9TVOTQRH0001124J.html	2014年6月17日 内蒙古托克托县回应"污水湖"事件：责令常盛制药整改 http://finance.chinanews.com/ny/2014/06-17/6291066.shtml	采取措施，免去相关责任人职务
	2014年9月6日 腾格里工业园污水直排沙漠 曝光三年状况依旧 http://news.163.com/14/0906/21/A5G6RCA300014SEH.html	2014年9月7日 官方回应腾格里沙漠遭污染：可能监管不到位 http://news.qq.com/a/20140907/001953.htm	至于腾格里沙漠出现刺鼻气味等现象，陈主任回应，这可能是监管上不太到位，企业出现了偷排漏排的现象
		2014年9月7日 环保局长回应"沙漠排污池"：人格担保没排污 http://news.163.com/14/0907/18/A5IEP2AL0001124J.html	对于过去产生的污染，他们现在采取的是晾晒蒸发的处理方式，没有埋到沙子里面。下一步要建固废厂啦、焚烧炉啦，进行固废填埋、焚烧，不可能埋到沙子里面。我们晾晒区旁边还有5个观测井，到季度都要把井水拿去化验的。我们怎么可能把污水埋到沙子里呢？这不可能是事实

续表

部门或地区	热点	回应	回应内容
	2014年9月12日 内蒙古就腾格里沙漠腹地污染事件举行发布会 http://news.163.com/14/0912/19/A5VESB9800014JB5.html	就媒体曝光的问题，当地环保部门当天就成立调查组对污染事件进行调查和整改，主要调查是否有新的企业违规排放等情况。经核实，目前还没有发现"将污水排入沙漠"的情况	
	2014年9月12日 内蒙古鄂尔多斯化工区逾万只珍禽离奇死亡 http://news.xinhuanet.com/city/2014-09/12/c_126979033.htm	2014年9月12日 鄂尔多斯回应万只珍禽死亡：疾病所致 无关水污染 http://news.qq.com/a/20140912/071394.htm	检验结果显示，未检出禽流感病毒，未检出新城疫病毒；依据临床症状和病理变化，以及实验室检测结果综合分析，确定此次野生鸟类死亡的原因为多杀性巴氏杆菌引起的急性感染
广西	2月23日 传广西一水库遭污染 致8万公斤鱼死	2014年2月26日 传广西一水库遭污染 致8万公斤鱼死 官方辟谣 http://news.qq.com/a/20140226/017981.htm	养殖人员在网捞鱼群时，由于围栏时间过长，空间小，鱼与鱼相互碰撞，出现部分碰伤、碰死的现象，死鱼量约为500公斤，网民所反映的8万公斤鱼成片死亡，损失超过百万元的情况不实
	2014年11月27日 广西村民受铅锌矿污染 关节变形 政府介入调查 http://news.163.com/14/1127/19/AC34C92E00014JB5.html	2014年11月30日 广西村民疑遭污染 关节变形 官方回应只是患痛风 http://news.sina.com.cn/c/2014-11-30/175631224928.shtml	经自治区疾病预防控制中心对现场采集的4份食品样品检测，综合评价食品样本不存在重金属污染；对2份住户储水样本重点检测铅、镉、汞、砷、硒等重金属，均符合《生活饮用水卫生标准》

续表

部门或地区	热点	回应	回应内容
	2014年12月7日 央视调查广西重金属污染：村民双臂长疙瘩 http：//news.163.com/14/1207/20/ACT1G60I0001124J.html	2014年12月9日 广西大新重金属污染村庄5名症状明显者已送医 http：//news.sina.com.cn/c/2014-12-09/015531261413.shtml	
		2014年12月10日 广西大新重金属污染区530份居民体检报告出炉 http：//news.qq.com/a/20141210/042686.htm	
	2014年12月10日 广西大新镉污染体检报告公布 村民吁第三方检测 http：//news.163.com/14/1210/19/AD4IFA5100014SEH.html	无回应	
宁波	宁波上千人抵制垃圾中转站	2014年6月19日 宁波上千人抵制垃圾中转站 官员问不建垃圾放哪 http：//news.sina.com.cn/c/2014-06-19/191430391303.shtml	"垃圾设施我都不建，那垃圾往哪里去？必须要建，建在哪里？建在任何一个地方都会产生'邻避效应'，苦就苦在这里。"
大连	中石油大连输油管泄漏	2014年7月1日 中石油大连输油管泄漏：未对自来水管网造成污染 http：//news.163.com/14/0701/15/A031G0BJ00014JB6.html	经过现场排查，溢出原油未对当地自来水管网等形成污染
深圳	2014年5月13日 深圳后海10个楼盘无排水行政许可污水直排入海 http：//news.163.com/14/0513/08/9S43D6Q800014JB5.html	无回应	

表4-4 2014年新浪新闻"每日热点新闻Top 10"中的热点新闻数量（国务院部门）

部门	数量（条）
人力资源和社会保障部	5
外交部	5
农业部	3
国家卫生和计划生育委员会	3
教育部	3
国土资源部	2
国家发展和改革委员会	2
国务院办公厅	1
公安部、国家质检总局	1
国务院法制办、中央组织部、人力资源和社会保障部	1
国家统计局	1
铁路总公司	1
国家文物局	1
国家信访局	1
南水北调中线干线工程建设管理局	1
国家旅游局	1
财政部	1

如表4-5所示，截取的2014年新浪"每日热点新闻Top 10"中，与地方政府有关的热点新闻有197条，涉及30个省、自治区、直辖市和1家计划单列市，其中部分热点新闻虽涉及行政机关之外的部门（地方党委部门，如南阳市卧龙区政法委），但考虑到相关事件及其回应情况具有一定的代表性，此处并未将其从数据中剔除。从各地区的热点新闻数量来看，排在前列的主要是：河南、湖南、广东、陕西、山东、四川、山西、云南、甘肃、安徽、江苏、浙江、广西等。而且，除了少数省政府及其部门牵扯其中外，大部分热点新闻的回应机关为市、县（区）政府或者其政府部门。例如：与北京市有关的4条热点新闻中，有1条涉及国务院部门，其他3条均为市政府部门；上海市的4条热点新闻中，有2条与市政府部门有关，2条与下属区政府有关；河北省的5条热点新闻中，均与下属市、县的政府部门有关，其中一条涉及乡镇政府。地方政府的热点新闻种类极为复杂，归纳起来主要包括行政执法（如强拆、征地、城管执法）、市场监管（如食品药品

安全监管、土地管理、物价管理)、社会管理(如社会救助、工资待遇、计划生育、殡葬、救灾、住房保障)、公职人员行为(如公务员招录、公职人员辱骂殴打行政相对人、公车私用、廉洁从政)、收费(如停车收费、高速收费)、环境保护、突发公共事件(如踩踏)等。

表4-5 2014年新浪新闻"每日热点新闻Top 10"中的热点新闻数量(地方政府)

地区	数量(条)
河南	25
湖南	18
广东	14
陕西	13
山东	12
四川	10
山西	9
云南	9
甘肃	9
安徽	8
江苏	8
浙江	7
广西	6
河北	5
湖北	5
内蒙古	5
北京	4
上海	4
黑龙江	4
天津	3
江西	3
吉林	2
辽宁	2
福建	2
海南	2

续表

地区	数量（条）
贵州	2
青海	2
重庆	1
宁波	1
新疆	1
西藏	1

此次截取的热点新闻显示，地方政府的环境保护热点新闻中出现较多的关键词依次为水污染、空气污染（含雾霾）、垃圾处理、环保执法等，这从某些方面可以反映出目前环境保护中较为突出的问题或者较受公众关注的问题。如表4-6所示，有108条热点新闻与环境保护有关，其中，有8条涉及国务院部门，有5条与环境保护部有关，各有1条与国家发展和改革委员会、中国保监会、国家文物局有关。与环境保护部、国家发展和改革委员会、中国保监会有关的热点新闻涉及环境执法、环境保护政策，涉及国家文物局的热点新闻则是其自身被投诉存在环境污染的问题。另外100条热点新闻覆盖了27个省、自治区、直辖市和3家计划单列市。其中，热点新闻较多的分别有河南、广东、浙江、江苏、北京、湖北、湖南、江西、福建、内蒙古、广西等省份。甘肃的2个热点新闻均为其自来水苯超标事件，有14条新闻报道与此有关。由于此次截取的数据主要是被门户网站确定为某时间段内具有一定关注度的热点事件，个别报道事件具有偶发性的特点，因此，环境保护热点新闻的数量并不能全面反映一个地方当年的环境保护状况。

表4-6 2014年环境热点事件的分布情况

部门或地区	热点数量（条）	涉及事项
环境保护部	5	雾霾、PX项目
国家发展和改革委员会	1	垃圾处理
中国保监会	1	雾霾
国家文物局	1	空气污染、噪声污染
北京	6	环境执法、雾霾、水污染、空气污染、土壤污染
河南	12	水污染、雾霾

续表

部门或地区	热点数量（条）	涉及事项
山东	2	水污染
广东	10	水污染、垃圾处理、血铅超标
上海	1	水污染
山西	1	空气污染
天津	2	水污染
云南	2	水污染
江西	4	水污染、
江苏	8	水污染、放射源遗失
安徽	1	环保局公车私用
贵州	1	水污染
重庆	1	水污染
浙江	10	水污染、垃圾处理、噪声污染、环保执法
海南	1	转基因
黑龙江	1	水污染
湖北	3	环保执法、水污染
青海	2	水污染
河北	2	空气污染
陕西	1	毁坏治沙林
湖北	6	环境影响评价、水污染
湖南	5	水污染、血铅超标、环保执法
福建	4	水污染、空气污染、环保执法
吉林	1	空气污染
甘肃	2	水污染
内蒙古	4	水污染
广西	4	重金属污染
宁波	1	垃圾处理
大连	1	水污染
深圳	1	水污染

二 积极回应社会关切的主要做法

(一) 加强政策回应网站栏目建设

调研发现,不少行政机关较为重视对社会关切问题的主动回应,有的行政机关还在门户网站专门开辟了回应栏目,如上海、云南、四川、陕西、甘肃、内蒙古、宁波等。

(二) 注重重大舆情的研判

做好主动回应的前提是及时掌握公众关切问题的动态,为此,各级政府部门必须做好舆情的研判这门功课。宁波市在门户网站设置了《宁波市市级部门网站群最受关注的信息》栏目,把全市各部门相关信息被关注的热度情况,作为相关部门判断是否需要及时作出应对的重要依据。

(三) 回应意识不断增强

作为公众最为关注的信息,热点信息的回应率很大程度上反映了政府信息公开的回应程度。调研发现,不少行政机关对热点新闻的回应意识不断增强,对多数热点有回应。由于公众监督范围越来越广,行政机关所回应的热点信息所涉及的事项也越来越宽泛,不仅涉及养老金改革、公务员涨工资等问题,也有对如重庆一路口五年未装红绿灯这类公民身边事的回应。可见,无论大事小事,政府都不敢怠慢,只要是公众关注的热点,能回应的都予以快速回应。

对个案的观测发现,2014 年不少政府部门面对热点问题时能够主动、及时地作出回应。例如,财政部 2014 年 12 月 12 日宣布上调燃油税后,舆论反响强烈,对此,财政部、国家税务总局相关负责人于 13 日就作出回应,表示提税是为了治污,虽然这样的回应结果仍不够理想,未能有效消除公众质疑,但也起到一定的引导舆论作用。又如,针对媒体有关"1 月 20 日起,北京首套房贷八五折优惠利率将全面取消"的报道,中国人民银行当天即发声明辟谣称:目前北京地区首套房贷政策没有任何改变。此外,2014年,不少地方政府针对舆情或者社会关注的热点问题也作出了及时回应。例如:①北京针对公交票价改革、冬季供暖、雾霾阻击战、进京证办理等热点问题作出回应；②上海针对亚信峰会、上海车牌拍卖等问题作出回应；③湖北针对征地农民养老保险补偿、适龄儿童少年上学、武汉公交专用道等问题作出回应；④广东省在新闻发布会上多次对相应专项行动热点作出回应，如公安厅通过新闻发布会针对打击整治涉黄违法犯罪专项行动作出回应；⑤宁波市在门户网站的《阳光热线》栏目有相关厅局关于民生问题的访谈节目，对相关民生问题作出回应；⑥厦门门户网站政民互动的领导访谈栏目中，对《关于厦门市公共自行车系统规划与建设的意见、建议》等热点问题作出了回应。

（四）注重对社会热点的快速反应

对于热点信息，公众不仅想知道是什么、为什么、怎么样，更急于在第一时间掌握信息，因此，对于热点信息的回应必须做到及时迅速，否则，当热点已经不热时再回应，意义将大打折扣。调研发现，不少行政机关对于热点新闻的回应都非常迅速，争取第一时间。如上所述，在230条涉及国务院部门和各级地方政府的热点新闻中，绝大多数得到回应，且几乎都是在事情发生或事件曝光之后一周内就迅速回应的，有的甚至当天就作出了回应。一般说来，回应时间与事件性质有关，一些需要调查的事件的回应往往会稍慢，相比之下单纯解释性的回应更为迅速。例如，2014年9月10日网传黑龙江依兰县一教师向学生索礼并辱骂学生，随后依兰县教育局迅速反应，仅一天就完成了调查并于9月12日向社会发布通报，公布了调查结果。2014年5月23日四川一交警开房丢佩枪的新闻引发社会关注，24日，泸州市合江县政府就公布了调查结果。此外，回应不仅及时，主动性也在增强，不仅仅是等待记者来追问，不少回应都是行政机关主动作出的。

（五）回应形式趋于多样

基于对不同类型事件的回应，政府也采用了越来越多样的方式与公众沟通。调研发现，行政机关进行回应的方式不局限于单纯的接受新闻媒体采访，而是积极采用包括官方微博、发布通报、召开专门新闻发布会在内的多种形式。国务院部门回应有关重大政策性问题时往往采用新闻发布会的形式，如人力资源和社会保障部回应关于延迟退休、养老金改革等一系列社会保障问题时，即采取了新闻发布会的形式。此方式能够与新闻媒体实时沟通，回应正式，且可以一次性全方位解答来自各方的不同问题。而省市行政机关则更多选择通过微博这种接地气的方式进行发布。以山东省为例，该省各级政府部门普遍开设了官方微博，2014年的230条待回应事项中，共有12条热点新闻涉及山东，在得到回应的9条中，有5条是通过其官方微博发布的。类似常采用微博形式予以回应的还有上海、河南等政府部门。值得一提的是，有的政府部门对同一事件采取了多种方式予以回应，大大增强了信息发布和回应的立体化程度。2014年9月17日，网曝河南获嘉县警察持枪护卫县长引起网民质疑，就在消息曝光的当天，获嘉县警方通过微博说明情况，澄清误会，同时，县长在门户网站说明情况并就此事的影响进行诚恳的道歉。

此外，值得注意的是，在得到回应的信息中，有一半左右是通过媒体采访的方式进行回应，占全部回应信息的56%，可见通过新闻媒体回应舆论发挥着非常重要的作用。

可以说，积极主动地回应社会热点及社会关切，正在成为各行政机关政府信息公开工作的新任务、新常态。通过回应社会关切，进一步提升了各级政府的公信力，拉近了政府部门与人民群众的距离。

三 回应社会关切存在的问题

虽然不少行政机关日益重视对于热点事件和百姓关切的回应，主动性和及时性都有所增强，在一定程度上满足了群众的信息需求。但在回应提速和熟练化的同时，一些问题也逐渐暴露。"回应模式化""回应缺乏实质内容"现象较为普遍，使得回应不仅没有起到正面的效果，反而引发了更多的质疑与不信任，降低了政府的公信力。

（一）回应模式化，"将展开调查"成万能回复

回应的实质在于内容而并非形式，回应迅速、回应形式好不等于回应效果好，好的回应应该是抱着真诚负责的态度对公众关心的问题进行合理的解释和明确的答复，从而获取公众的信任，而不是引发公众的质疑，但现实中回应流于形式的情况并不少见。在截取的热点信息中，有多条信息

虽得到回应，但有头无尾，不了了之。比如，2014年6月网友曝光辽宁本溪高中高考体育违规加分，多家媒体对此进行报道。随后辽宁省公安厅对此回应将进行调查，然而截止到2014年12月30日，辽宁省仍未公布调查结果。再比如，2014年5月，山西运城因征地引发冲突致60人伤，媒体报道当天运城市政府称将展开调查，但直至2015年1月25日，通过百度搜索"运城征地冲突调查结果"，仍未能找到相关内容。

此外，还有极少数政府以"不太清楚""不好回答"或者电话无人接听躲避记者追问。例如，2014年1月底，某报记者向公布社会抚养费总额的7省份（安徽、山西、天津、浙江、山东、甘肃、西藏）进行追问，7省份计生委、财政厅要么电话无人接听，要么回应"不知情，需请示领导"，之后便再无下文。

(二) 回应或抓不住重点，或避谈核心问题

回应的目的在于将公众的疑惑解释清楚，给出明确清晰的答案，但现实中各政府部门对社会关切的回应满足于形式，看似说了不少，实际却顾左右而言他，对公众最关注的核心问题往往并未给出令人信服的回应。此种做法最终会降低公众对政府的信任。比如，2014年针对公众对高速公路收费问题的质疑，交通运输部随后通过自身门户网站抛出了一篇题为"中国特色的收费公路政策功不可没"的文章，试图解释公路收费的意义，但因没抓住公众关心的重点，回应效果事与愿违，引发了更大的质疑。又比如，2014年8月，北京市先后有72座报刊亭遭遇强拆，媒体报道后，北京市市政市容委员会召开新闻发布会进行解释，回应不是"强拆"，只是"移改"。但会议只允许记者提问两三次，会议结束后，媒体记者将回答记者提问的负责人围住，询问为什么市政部门说已经告知，但经营者和邮政管理公司都表示没有获得通知。该负责人只回应说"我们有发给他们的函件"，便匆匆离场。北京市虽然在发布会上说明了情况，但对重要的核心存疑问题不予以解释，公众难以信服。再比如，2014年1月，媒体报道西宁交警以"买烟送领导办事"的名义，私下收取司机400元钱。随后西宁市公安局向媒体发布通稿，称涉事人员只是协警，已经辞退。无独有偶，2014年4月，绍兴市越城区城管局一城管被曝持棍棒砸车，随后城管局回应称"是临时工"。近两年类似的"临时工""协警""志愿者"等回应越来越多，但政府应该明白"临时工"一类的说法绝不是推脱责任的借口，"临时工们"暴露了政府管理的问题，不对问题进行回应而只是一味推脱责任、撇清自己，难以赢得公众的信任。

类似不太理想的回应并不少,这说明,政府机关在回应社会关切时,还需要找准公众的关切点,逐步提升回应水平。

(三)回复敷衍,说服力差,态度有待改善

回应公众关注的热点,认真的态度和详细的解释理应是最基本的要求,但现实中有些行政机关虽然作出了回应,但实质上跟不回应没区别。例如,有些回应过于简单,有些回应说服力差,疑点重重,有些重大事件却只有简单的回应。

比如,2014年7月,媒体报道山东东平多名女生称遭性侵,几名社会青年诱骗女学生已是当地公开的秘密。随后山东省公安厅、东平县公安局等作出回应称将进一步调查,但在后续的媒体报道中,相关部门对"市里有人打招呼""为什么不能认定其余三人强奸罪成立"等公众质疑均未回应,并且此事的部分回应始终是以接受媒体采访的形式,并未就如此重大的事件专门召开过一次新闻发布会。

又比如,2014年5月,安徽安庆多名老人纷纷自杀,公众质疑这与殡葬改革有很大关系。5月底,安徽省民政工作人员回应称老人纷纷自杀与殡葬改革无关,将继续推行。此事事关重大,但安徽省民政部门的回应却是寥寥数语异常简单,其回应不仅没有说服力,更没有详细的内容佐证,对于自杀的老人也没有表现出人文关怀与尊重。

还比如,2014年1月,引发社会关注的泰州泰兴黄桥镇超生男孩被抱走的调查结果迟迟未公布,媒体进行质疑追查,该镇政府宣传部门反而称,记者紧盯着宣传部门是搞对立,并用手指着记者说,"紧盯此事是捣乱"。

再比如,2014年6月,媒体报道重庆市万州区一交叉路口车水马龙却常年没有红绿灯,交通事故频发,从五年前居民就开始四处奔波希望装上信号灯却一直毫无进展。当记者采访区政府时,该区建委城建科的一名工作人员直言:"我们现在没钱,要是有钱我们什么都可以干。"回应态度和回应结果都显得不太负责。

四 小结

在信息时代,信息的传递极为快捷,对舆论热点和公众关注的问题予

以及时、准确的回应，这已经成为现代政府治理的重要手段之一。做好回应必须对公众的诉求作出及时且负责的反应，细致耐心地解释、说明，赢得公众的信赖和支持，而不能面对公共事件和社会舆论一味地"捂""压""盖""躲"。政府机关面对舆论热点和社会关切，用权威的调查结果和积极认真的态度，及时作出回应，也有助于最大限度地压缩谣言滋生的空间，提高政府管理的公信力。做好热点回应对新时期做好政府信息公开工作提出了高标准和高要求。为此，行政机关要养成主动发声的习惯，在做好政府网站信息公开的同时，养成用新闻发布会、微博、微信等方式主动对外发声的习惯。回应社会关切还要改变发声时生硬、冰冷的模式，充分运用动漫等传播手段，使用更加通俗的语言，让信息公开更生动，拉近与人民群众的距离。此外，尤其是应当加强舆情监测，将发布前的舆情风险预判与发布后的主动回应紧密结合，提升信息公开效果。

第五章

依申请公开

一　依申请公开的意义

依申请公开制度是政府信息公开制度的核心。所谓依申请公开制度，是与主动公开制度相对而言的，是指公众有权申请行政机关向其公开自己需要的政府信息，站在行政机关的角度上，则是要求其不仅仅要主动向不特定公众公开政府信息，还要应特定个人的申请向其提供政府信息。

保障公民的知情权是建设法治政府的必然要求，也是保障人权的基础。知情权意味着公众有权了解公权力的运行情况、获取与公权力运行有关的各类信息，保障知情权意味着在知悉与获得与公权力相关的信息方面，公众有自主性，不是被动地接受信息，而是可以主动地索取信息以及选择自己需要的信息，强调的是公众在获取信息方面有自主权。知情权的产生有很多原因，对抗公权力的秘密主义是主要因素之一，是为了削减公权力机关在公开信息方面的裁量权。知情权的实现必须依靠具体的制度，政府信息公开制度恰恰是实现知情权的重要途径。政府信息公开制度不仅要求行政机关主动公开本机关制作、获取的信息，更要求其应公众要求向其提供信息。该制度的核心是，确认了公众对政府掌握的信息拥有公开请求权，即有权向行政机关提出获取某政府信息的申请，行政机关必须对这项请求权作出正式的回应。政府信息公开请求权是对知情权的具体化，是指任何公众不论基于何种原因，更不论有无利害关系，均有权请求政府机关向其公开有关的政府信息。

政府信息公开制度通过规定任何公众有权请求行政机关公开信息，强制行政机关向公众履行公开义务，并最大化地消除行政机关对政府信息的垄断，限制行政机关对于是否公开信息的自由裁量权，使知情权由抽象走向具体，以便将这样一项高高在上的宪法权利实实在在地落实好，并得到切实的保障。

政府信息公开制度最早可追溯至1766年的瑞典，但最具影响力的则是美国1966年的《信息自由法》。美国在其原有《行政程序法》的基础上，专门制定《信息自由法》的一个主要原因是，《行政程序法》赋予行政机关以公共利益、正当理由等为由拒绝公开的权限，且允许申请政府信息的一般仅限于与行政程序有直接利害关系的当事人①。因此，制定《信息自由法》的一个重要目的就是取消对申请信息公开主体资格的限制，赋予公众政府信息公开请求权，不问其与所申请的政府信息之间是否有利害关系，以保障公众知情权，满足公众的信息需求和监督政府的需要。这是政府信息公开制度的灵魂所在，也是显示其存在必要性的根本。该思路得到之后各国各地区政府信息公开立法的认可，虽然各国各地区往往会从加强政府信息公开的角度出发，强调主动公开的重要性，但政府信息公开立法的重点始终都是如何设计依申请公开制度，科学合理界定不公开信息的范围。毫无疑问，推进透明政府建设、实现绝大多数政府信息的公开和公权力运行的透明主要依靠主动公开制度，而不能过度依赖依申请公开制度。因为，无论对于行政机关，还是对于公众而言，指望一件件地申请公开或获取信息都是很不经济的，也难以适应信息化发展的背景下政府管理、公众生产生活对信息快速传播和共享的需求。但是，我们绝不能因此就否定依申请公开制度在整个政府信息公开制度中不可替代的地位和作用。

《政府信息公开条例》出台之前，全国上下已经出现了不少涉及政务公开、政府信息公开的制度，不少国务院部门、地方政府都制定了此方面的政策文件，但实际效果有限。其主要原因就是没有对依申请公开制度作出明确的规定，行政机关轰轰烈烈地大搞政务公开，看上去做了大量的主动公开工作，但与公众的需求相去甚远，公众需要的没有公开，公开的信息又不细致，选择性公开的问题也很突出。依申请公开制度得到法规确认后，这种状况才开始逐步转变。恰恰有了依申请公开制度，才可以有效制约行政机关在公开与否、公开什么、如何公开上的自由裁量权，并有助于推动民主参与、社会监督，以至于将依申请公开制度等同于政府信息公开制度都不为过。不理解这一点，便不会真正理解政府信息公开制度及其立法的必要性，也不利于政府信息公开制度的实施。

二　依申请公开与主动公开的关系

主动公开和依申请公开是行政机关公开政府信息的两种公开形式，前

---

① 参见王名扬《美国行政法》，中国法制出版社，1995，第955页；〔日〕松井茂记：《情报公开法》，日本有斐阁，2001，第483页。

者要求行政机关依照职权、自由裁量权等自行公开信息,公开与否无须待公众提出申请;后者则依据公众的政府信息公开请求权,以公众提出申请为前提。但《政府信息公开条例》实施的过程中,将两者割裂、对立起来的认识与做法还较为常见。例如,2011年,针对某申请人公开三公经费信息的申请,国家发展和改革委员会、工业和信息化部、国家烟草专卖局等以三公经费信息属于主动公开信息、不属于公民依申请公开的范畴为由拒绝公开。还有的行政机关则将依申请公开限定于主动公开的信息,如项目组2012年开展测评和调研时,某市政府回复称,申请人不能申请政府信息公开目录中没有的信息。2009年测评和调研时发现43家较大的市中,有25家市级政府门户网站提供的政府信息公开指南指出,提出政府信息公开申请只适用于主动公开的信息之外的信息,这明显混淆了主动公开与依申请公开的关系。凡此种种,都表明主动公开与依申请公开的范围和界限在一些行政机关工作人员的眼中还是模糊不清的,经常会被混淆,需要予以厘清。

为此,首先要明确政府信息公开申请权的特点。此项权利应当包括提出申请的权利和申请得到依法回应的权利。所谓提出申请的权利,就是说任何公众都有权向行政机关递交申请,要求向其公开某政府信息。申请的对象是全部政府信息,无论该信息是否涉及国家秘密、商业秘密、个人隐私及其他不宜公开的内容,也无论该信息是否已经被以主动公开的形式向社会披露过。这意味着,提出申请的权利十分宽泛,不受过多限制,只需要确保申请能够准确、明确地对所需要的信息作出描述,以供行政机关检索即可。随后,才会产生申请应当得到依法回应的权利的问题,也即符合要求的申请被提交后,行政机关应当依法受理,并甄别所申请的政府信息是否为本机关掌握、是否已经主动公开、是否属于不公开信息,并按照法定时限作出答复。

基于此,依申请公开与主动公开并不是一种互斥的关系,既不是公众只能申请主动公开的政府信息之外的信息,也不是只能在主动公开范围内申请公开。依申请公开适用于所有的政府信息,包括主动公开的信息和各类属于不公开信息的政府信息。要知道,公开与不公开之间的界限并非绝对和一成不变。某些现阶段因涉及国家秘密、个人隐私、商业秘密等不宜公开的信息,可能会在未来因时过境迁而没有保密的必要,或者公开更加有助于增进社会福祉。因此,将现阶段不公开的信息排除在依申请公开制度之外显然是不妥当的。如此定位依申请公开制度至关重要,特别是在行政机关应主动公开但未公开、公开不全面的情况下,公众还可以申请其公开,只有这样,才可确保知情权得到落实,并督促行政机关做好主动公开工作。

此外,依申请公开与主动公开的政府信息是可以互相转换的,且主要是从依申请公开转为主动公开。行政机关可以综合考虑公众对政府信息的需求状况、进行管理的需要等因素,依职权将一些不属于主动公开的信息纳入主动公开范围。比如,英国在准备实施《信息自由法》时,曾预期法律一旦于2005年实施,必然会有大量关于要求公开其议员使用公共经费详细情况的申请。因此,下议院没有坐等个人提出申请或分别向单个记者提供文件,而是在2004年末以电子文档的形式主动公开了其议员花费公共经费的详细情况。在中国各类行政机关于每年3月底前发布的年度报告中,也可以看出不少行政机关会对上一年度申请量较多的事项或者涉及的部门进行统计,这也为将部分依申请公开的政府信息转换为主动公开的政府信息提供了条件。行政机关在处理申请时,完全可以根据某一时期公众集中申请的事项,确定随时转换公开方式,满足公众的信息需求,减轻处理政府信息公开申请的负担。

三 申请指南

申请指南是对公众申请政府信息公开的说明,涉及依申请公开的条件、流程等内容,提供申请指南有助于公众正确提出申请。《政府信息公开条例》所要求的是编制本机构的政府信息公开指南。政府信息公开指南类似于政府信息公开制度的说明书,也类似于行政审批的办事指南,不熟悉政府信息公开制度的公众可以根据其了解享有的权利、谁有义务提供政府信息、负责政府信息公开的工作机构、获取政府信息的方式和途径、无法依法获得政府信息时寻求救济和获得帮助的渠道等。申请指南是政府信息公开指南的有机组成部分,本书仅就依申请公开部分的指南编写进行简单探讨。

1. 指南的公开

2009年、2010年、2011年和2014年的测评与调研曾连续对政府信息公开指南的发布情况作过观察。总体而言，政府信息公开指南，尤其是依申请公开指南的编制情况有明显改善。就是否提供指南而言，2009年，43家较大的市的门户网站中，有31家网站提供了本级政府的指南全文，其余网站经使用本网站搜索引擎和常用搜索引擎均未发现其指南。没有提供本级政府指南的13家网站中，有4家提供了本级政府办公厅的指南，1家在依申请公开栏目中对申请条件、流程等作了说明，另有7家未提供任何指南性的内容，且有1家网站虽有政府信息公开指南栏目，但此栏目却链接到了政府信息公开目录。上述31家网站大多数都是按照统一的格式在指南中对政府信息公开有关的事项作了说明，仅有1家网站采用了问答的方式对政府信息公开制度进行了解释。

2010年，较大的市的政府门户网站中提供指南全文或者利用搜索引擎等可以获取指南全文的有39家网站（在43家网站中占90.70%），比2009年的31家有所上升。国务院部门中，提供指南全文或者利用搜索引擎等可以获取指南全文的有53家网站（在59家网站中占89.83%）。

2011年，政府网站公布指南的情况有明显改善。59家国务院部门和26家省级政府全部在网站上提供了指南全文，而2010年测评与调研时国务院部门为53家。较大的市政府网站提供指南全文或者利用搜索引擎等可以获取指南全文的仍为39家。绝大多数被调研机关都将指南放在专属位置，也有个别部门的指南放置混乱，如唐山市的指南混杂在其他部门指南之中，造成查找困难。另外，有的地方政府的指南与同级办公厅（办公室）指南混用，且指南流于形式的问题依旧存在，有的部门套用上级部门提供的指南模板，但相应的栏目不填写内容即公布在网上。比如，郑州市和洛阳市的指南中关于收费标准、监督电话的栏目都没有填写。

2014年12月，测评和调研时对国务院部门以及省级政府、较大的市的财政部门门户网站公开指南的情况进行了统计，结果发现仍有一些部门的指南公开不理想。部分行政机关没有提供依申请公开说明或依申请公开说明的设置位置不合理，不方便申请人查找相关信息。测评和调研时先通过行政机关的政府信息公开指南查找申请条件及流程说明的信息，如果指南中没有该信息，则在依申请公开栏目下的申请说明中查找。通过上述方法查找，仍然找到有些部门没有相关的申请说明或者公开指南。例如，如国家公务员局、黑龙江省财政厅、大连财政局的网站上没有提供政府信息公开指南和申请说明；海南省财政厅虽然提供了政府信息公开指南，但是指南里并没有关于依申请公开的说明。

2. 受理机构的信息

《政府信息公开条例》要求政府机关在指南中提供政府信息公开工作机构，包括政府信息公开申请受理机构的有关信息，以方便公众进行咨询、提出申请等。为此，测评和调研时常对该机构的名称、地址、电话、传真、电子邮件、办公时间等信息的公开情况进行过观察。2009年，43家较大的市中，有31家网站提供了政府信息公开机构的名称（在统计中，仅提供办公厅政府的指南或者在依申请公开栏目中作说明的也统计在内），占43家政府网站的72.09%。有30家网站提供了政府信息公开工作机构的地址，但都没有提供公共交通工具换乘方式或者方位示意图。有23家网站以上下班时间的方式说明了政府信息公开工作机构的办公时间，有2家网站仅笼统地说明工作时间为"工作日"。测评和调研时对政府网站提供的政府信息公开工作机构的电话号码和电子邮件地址进行了实际验证。验证的结果不是十分理想，一些网站提供的号码或者邮件地址有误，电话无法打通，邮件无法成功发送，还有的电话打通后，对方或者声称不负责公开事务或者态度恶劣拒绝回答咨询，有相当一部分电子邮件发送成功后没有任何回复。23家政府网站在其指南中提供了政府信息公开工作机构的电子邮件地址。我们利用同一个电子邮件地址，对各较大的市指南中提供的电子邮件地址进行了验证，有5家网站提供的地址有误，邮件被退回，18家网站提供的地址可以成功发送邮件。截至调研结束，仅4家地方政府的有关部门回复了邮件，解答了咨询。

2010年的调研中，列明了政府信息公开工作机构或者申请受理机构地址的，有28家较大的市的门户网站和51家国务院部门的门户网站；国务院部门中仅有2家提供了本单位方位示意图或者行车路线等，而较大的市政府都未提供上述信息；详细说明了工作时间的，较大的市有23家，国务院部门有47家。有36家较大的市的政府门户网站在指南中提供了政府信息公开工作机构或者申请受理机构的联系电话（在43个城市中占83.72%）。国务院部门中，有46家部门网站在指南中列明了上述联系电话（在59家国务部门中占77.97%）。从2010年对指南提供的电话进行验证的情况看，地方政府的情况略好于2009年，接听电话的工作人员多数能够热情、详细地解答咨询，但国务院部门的一些电话长时间无人接听，有的工作人员态度傲慢。在政府信息公开工作机构或者申请受理机构的电子邮件信息方面，2010年，27家较大的市的政府门户网站在指南中提供了电子邮件地址，略高于2009年的23家，在43家较大的市中占62.79%；36家国务院部门在指南中提供了电子邮件地址，占全部被调研部门的61.02%，略低于地方政府。

2011年，指南列明政府信息公开工作机构或者申请受理机构信息的情况有所改善。提供此类机构地址信息的，国务院部门有58家，省级政府有2312家，较大的市有31家。福州市在指南中提供了详细的方位示意图和行车路线。在指南中详细说明工作时间的，国务院部门有49家，省级政府有12家，较大的市有24家。其他有的部门或者不作说明，或者仅给予笼统说明，如福建省的指南注明"咨询时间：周一至周五，上班时间，法定节假日除外"，山西省注明为"工作日"，内蒙古注明为"工作时间（周一到周五）"。列明联系电话的，国务院部门有52家，省级政府有24家，较大的市有32家。提供政府信息公开工作机构或者申请受理机构的电子邮件信息的，国务院部门有44家，省级政府有15家，较大的市有26家。

2014年仍发现，部分政府信息公开申请受理机构信息不全，申请人在申请时无法填写收件人信息，以致无法提交申请。例如，国家信访局和新疆维吾尔自治区财政厅的政府信息公开指南上没有提供受理机构的地址；山西省财政厅、海南省财政厅和新疆维吾尔自治区财政厅的政府信息公开指南没有提供受理机构的邮编。有7家行政机关（6家部委和1家省级财政厅）的政府信息公开指南没有提供受理机构的联系电话。有24家行政机关（15家部委、7家省级财政厅和2家市级财政局）的政府信息公开指南没有提供电子邮箱。

3. 政府信息公开申请的条件与流程信息

指南应当对政府信息公开申请的条件与流程作出说明。2009年测评时，43家较大的市中，10家较大的市的政府门户网站没有准确地对依申请公开的提出条件予以说明。有33家网站（含没有专门的指南，但在其他栏目中进行说明的网站）对依申请公开的流程作了说明。其中，20家网站既提供流程的文字说明，也提供流程图；10家网站仅提供了文字说明；1家网站仅有流程图，没有文字说明；2家网站提供的说明与实际情况不符。比如，指南提出可以通过互联网提交申请，但该网站不提供此功能。

2010年，有35家地方政府对依申请公开的流程作了说明（占全部被调研地方政府的81.40%），略高于2009年的33家，但是仅有9家同时在指南中附加了流程图（占20.93%），另有8家在依申请公开部分提供了流程图（占18.6%），2009年在指南或者依申请公开部分提供流程图的有20家。2010年与2009年存在一定差别的主要原因是，2009年统计尺度较宽，并不要求必须在指南中提供流程图，同时，2010年测评和调研时，一些网站在指南中提供的流程图链接无法打开。国务院部门中，有42家提供了流程的文字说明（占全部被调研国务院部门的71.19%），但指南内提供流程图的仅3家，指南未提供而在依申请公开部分提供的仅为4家，分别占全部被调研国务院部门的5.08%和6.78%。

2011年，在指南中提供依申请公开申请流程说明的，有56家国务院部门、23家省级政府和37家较大的市。在指南中配有流程图的，国务院部门有4家，省级政府有7家，较大的市有8家。有的部门虽然标明配有流程图，但流程图链接无效。

而2014年测评与调研时发现，部分行政机关关于申请方式的说明与实际不符。有30家行政机关（17家部委和11家省级财政厅、2家市级财政局）网站上的政府信息公开指南对申请方式的说明与实际不符。其中，有7家行政机关（4家部委和3家省级财政厅）的政府信息公开指南显示该行政机关提供在线申请平台，但是在其网站上无法找到申请平台。行政机关网站上不同栏目提供的申请方式不一致会误导申请人，并且在一定程度上可能延误申请人的申请，损害申请人申请政府信息公开的权益。

四 申请人的资格

依申请公开制度的主体一是申请人，一是受理者，后者为行政机关及依法行使行政管理职权的组织，也包括《政府信息公开条例》第37条规定的公共企事业单位。而前者究竟适用于哪些人，实务中往往成为关注的焦点。依照《政府信息公开条例》第13条的规定以及《国务院办公厅关于做好政府信息依申请公开工作的意见》（国办发〔2010〕5号）的解释，申请人必须与所申请公开的信息有生产、生活、科研上的特殊需要（俗称"三需要"），也就是说，审查申请用途成为审查申请人是否适格、申请是否应当被受理的实质性要件。从实践情况看，申请用途的审查可以用在申请受理、审查公开等任何环节，既可供行政机关作形式审查之用，也可作实质审查之用。例如，2012年测评和调研时提交的申请中，59家国务院部门中，直接要求填写申请用途的有20家，在收到申请后要求补充说明申请用途的有18家，另有8家未对项目组作出任何回复，无法确定其是否需要；被调研的26家省级政府中，直接要求填写申请用途的有6家，3家省级政府在收到申请后要求补充说明申请用途，1家因未回复不能确定其是否需要；43个较大的市中，17家直接要求填写申请用途，4家在收到申请后要求补充说明申请用途，6家因未回复不能确定其是否需要。但无论从政府信息公开制度的意义，还是从制度实施本身而言，这种限制都是保守甚至荒谬的。

首先，限制和审查申请用途严重背离依申请公开制度的本意。如前所述，政府信息公开制度不同于狭义的行政程序法上对相对人公开信息的制度，其本意是保障一般公众自由获取和共享政府信息的权利，扩大可获取政府信息的主体范围，满足公众的信息需求。所以，几乎所有国家和地区都将申请人界定为"任何人"，并不会对申请人的目的或用途进行限制，而只关注申请人所申请的政府信息公开是否描述清晰可供其准确检索以及目标信息是否涉及不公开信息而无法对外提供。日本在制定信息公开法时也曾就是否要求申请人提供申请理由及用途进行过讨论，最终的结论是，"鉴于依申请公开制度乃是不问申请理由与利用目的，且不问申请人为谁，而允许请求公开政府文件的制度，因此，不应要求申请人说明申请理由、利用目的、申请人与所申请信息之间的关联性等事项"。①

其次，将生产、生活、科研等特殊需要作为依申请公开申请人的资格要件是多余且不明智的，而且，这种限制完全不具有任何意义和操作性。如果公开申请人不方便以生产、生活上的特殊需要等理由来搪塞政府机关

---

① 参见1995年设立在日本行政改革委员会的行政情报公开部会提交的《关于信息公开法要纲案的意见》，http://homepage1.nifty.com/clearinghouse/johokokaiho/bukai/kangaekata.html。

的审查的话，至少还可以以科研上的特殊需要来予以搪塞。从事科学研究是《宪法》规定的公民基本权利，更没有任何一部法律只允许大学教授、研究所的研究人员才有权利进行科学研究。所以，花费大量的公共成本去审查申请人是否有特殊需要完全没有意义。唯一的解释就是，政府机关可以随时以此为理由来设法规避自身的公开义务，阻碍公众获取信息。当然，实践中也有的行政机关针对申请人提出的科研需要，要求其提供科研立项证明、科研计划、科研论证书等材料，这更加是多余和违反政府信息公开制度本意的。

此外，实务中，也有行政机关试图对申请人如何使用政府信息作出限制。比如，2013年在测评与调研时，有的地方政府部门在答复中明确要求不得随意传播其提供的政府信息。例如，福州市市容管理局针对项目组要求获取"福州市垃圾减量、减排方面的规定和现状，循环利用、包装简化方面的政策文件"的申请，提供了《2013年度福州市城市生活垃圾分类收集试点工作方案》（榕市容综〔2013〕230号）文件，但随后提出"申请人不得将获得的政府信息进行随意传播，不得以此信息谋利或进行任何违法行为，否则将追究其法律责任"。早在《政府信息公开条例》起草过程中就曾有意见认为，应当对公开的政府信息的使用作出必要的限制，防止不法分子利用政府信息从事违法犯罪活动。随后，多数意见认为这样的规定多余且没有任何效果，因此，未被采纳。道理很简单，不仅通过依申请公开渠道获取的信息，就连主动公开的信息都可能被用来从事违法犯罪活动，这就如同市面上正常销售的各类商品都可以被人用作违法犯罪的工具一样。对此，完全可以通过相应的法律法规进行打击、制裁，但绝不能因噎废食。

关于申请人的资格方面，还涉及其国籍问题，也就是说，是否有必要对申请人的国籍作出限制？《政府信息公开条例》制定过程中，也曾有一种意见，希望对申请人的国籍作出限制，如只允许中国公民、法人等提出申请，或者实行对等原则，但最终也未被采纳。从其他国家和地区的立法例看，很多国家和地区已经明确将这项政府信息公开请求权赋予本地区、本国的公民乃至外国人、无国籍人。《政府信息公开条例》本身在规定政府信息公开申请人的时候，也并没有对申请人是本国公民还是非本国公民进行明确限制。但《关于外国公民、法人或其他组织向我行政机关申请公开政府信息问题的处理意见》（国办秘函〔2008〕50号）却对此作了明确的限制性解释。该意见将外国公民、法人或者其他组织区分为是否在中国境内：在中国境外的外国公民、法人或其他组织向我行政机关提出政府信息公开申请的，不予受理；在中国境内的，可以受理，但应当对申请人的身份进行核实，并进行严格的保密审查。事实上，依据国籍甚至是否在中国境内规定申请人资格既没有必要，也不现实。政府信息公开申请不同于行政审批，对当事人的主体资格要求没有那么严格，信息既然可以向某一个公民公开，除极个别情况外，也就意味着可以向所有的公众公开，自然也可以突破国界传递给世界任一角落的任何人。行政机关无法对此作出限制，除非不予公开。

五 被申请人

被申请人是指政府信息公开申请的提交对象，也就是政府信息公开请求权的对象。从《政府信息公开条例》的规定看，被申请人包括3类主体：①行政机关（即国务院部门、地方各级人民政府及县级以上地方人民政府部门，《政府信息公开条例》第13条）；②法律法规授权的组织（法律法规授权的具有管理公共事务职能的组织，《政府信息公开条例》第36条）；③公用企事业单位（即教育、医疗卫生、计划生育、供水、供电、供气、供热、环保、公共交通等与人民群众利益密切相关的公共企事业单位，《政府信息公开条例》第37条）。

关于行政机关的确定比较简单，即依照宪法、组织法行使行政管理职能的组织都可以成为政府信息公开的被申请人。但个别案件中也容易出现争议。

1. 执政党的机关是否可以成为被申请人

如一些党政合署办公的部门在公开信息时究竟按照政府信息公开对待还是按照党务公开对待，需要引起注意。例如，张某诉泰州市姜堰区住房和城乡建设局信息公开一案中，当事人原告张某向姜堰区纪委检举姜堰区城建拆迁公司在恒盛香格里地段征地拆迁过程中，过渡安置费的补偿执行了两种标准。该检举事项由姜堰区纪委转区住建局纪委调查处理，由区住建局纪委工作人员承办并向张某告知了调查结果。张某后向区住建局提交政府信息公开申请书,要求公开恒盛香格里地段拆迁涉嫌违规操作的查处情况,在姜堰镇城北村以张贴形式公告并向原告提供书面的调查结论。区住建局答复称:"我局于 2013 年 10 月 15 日收到你要求公开恒盛名城地段房屋拆迁有关问题的查处结论的申请。经核实,该调查结论是依据你向区纪委的书面举报进行的,你所要求提供的调查结论我局纪委也已于 2013 年 7 月 31 日与你见面,并有你本人签字的记录。"但法院认定,检举控告由纪检监察机关处理,对该检举控告事项的调查处理内容,不是被告区住建局在履行职责过程中形成的信息,不属于政府信息,应由承办的纪律监察机关将处理结果告知检举、控告人(参见〔2014〕泰姜行初字第 0004 号行政判决书)。按照其理解,纪检监察机关履行职责过程中产生的信息不属于政府信息,也意味着此类机关不应成为政府信息公开申请的申请对象。

严格按照《政府信息公开条例》的规定,这样的理解有一定道理。因为《政府信息公开条例》的调整对象是行政机关,而不是执政党的机关、人大机关或者司法机关,申请这些机关公开信息,不能适用《政府信息公开条例》的规定。但问题在于,目前中国的纪检监察处于合署办公的状态,纪检职能是共产党的纪律检察机关维护党的纪律的活动,无疑属于党委工作范畴,但监察职能则是监察机关依法对国家行政机关及其公务员和国家行政机关任命的其他人员实施监察的活动,肯定属于行政管理权限。如果严格区分下来,只能按照作出决定的机关的属性进行判断,如以纪检部门名义作出的决定属于党务信息范畴,适用党务公开的规定;以监察部门名义作出的决定属于政府信息范畴,适用《政府信息公开条例》的规定。但实践中,两者的界限并不明确,区分更不容易,特别是严格区分下来,很容易出现为规避《政府信息公开条例》的规定而一律以纪检机关名义作出决定的情况。此外,实践中,各类机关(不限于行政机关)的信访投诉事项,一般都是由纪检监察部门处理,按照上述标准的话,此类信息的公开将不能适用《政府信息公开条例》的规定,申请公开相关信息的权利也就难以得到保障。上述案件中,实际调查处理的就是住建局的纪检监察部门,考虑到其所处理的实际上是和行政管理有关的事务,将有关信息按照政府信息对待,以住建局为被申请人似乎更有助于推进公开工作。

当然,上述结论显然比较理想化,要想真正解决好这个问题,还必须同步推进包括党务公开在内的政务公开工作,实现政府信息公开与其他领域公开工作的协同推进。

2. "谁制作、谁公开"如何认定

实际工作中，哪个主体具有公开义务也是比较容易混淆的。这主要发生在一些政府信息的形成往往经过多个行政机关之手的情形。比如，经过内部请示、备案、批准的政府行为，政府信息的经手主体既有下级行政机关，也有上级行政机关；又如，行政机关委托审计部门向同级人大常委会作出的审计工作报告，则涉及审计部门、同级政府、同级人大常委会等多个国家机关。其结果是，某项政府信息可能经由多个部门制作而成，也可能多个部门都保存着该信息。事实上，为了解决这个问题，《政府信息公开条例》确定了"谁制作、谁公开，谁保存、谁公开"的原则。一些行政机关也进一步明确了这项原则，如《国土资源部办公厅关于做好征地信息公开工作的通知》（国土资厅发〔2013〕3号）第7条规定：各级国土资源部门要按照"谁制作、谁公开"和"就近、便民"的原则，各司其职，各负其责，协调联动，规范有序，共同做好依申请信息公开工作。通知规定，国土资源部负责国务院批准建设用地批准文件的信息公开申请答复；省级国土资源主管部门负责省级政府批准建设用地批准文件的信息公开申请答复；市、县级国土资源主管部门按照当地市、县政府信息公开工作要求，做好用地报批中征收土地方案、农用地转用方案、补充耕地方案等用地报批基础资料有关信息的公开申请答复工作。这些规定看似逻辑清晰、关系简单，但实践中却并非如此。

首先，对于那些上下级机关之间、同级机关之间因工作关系相互报送的信息，处理起来相对简单。考虑到制作机关更了解相关信息是否涉密，可以按照谁制作、谁公开的原则对待，由原制作机关负责公开。此外，实践中，多个机关同时掌握某信息时，面对申请人提交的申请，往往相互推诿，将公开职责推向其他机关。我们在申请公开政府信息时，就曾遇到类似情况：某政府信息明明是省级厅局制作并保存，但面对公开申请，该机关却建议申请人向其上级国家部委提出申请，理由是相关信息已经报送给了上级机关。其原因可能是，某些信息分散在各下级机关时可能未必涉及不公开事项，但汇总到上级机关后所形成的信息是否属于不公开信息，下级机关难于判断。对此，也可以作为例外，由接收材料报送的上级机关审查是否公开。

但从方便公众申请的角度考虑，不建议受理申请的行政机关以本机关不属于公开义务主体或者建议向其他行政机关申请为由拒绝公开，而是建议接到申请后，经内部审查确认所申请的政府信息系其他行政机关制作且其他行政机关公开更为合适的，应直接将申请移送有关行政机关处理。行政机关决定将政府信息公开申请移送其他机关的，应事先征得被移送机关同意，并明确告知申请人。受移送的行政机关接到移送后，应当受理并作出是否公开的决定。作出移送决定的行政机关在移送前针对申请所作出的行为（如要求申请人补正申请、对申请内容的确定等）应视作受移送行政机关所作出的行为。移送应当视作行政机关之间的内部行为，因移送造成的时间耗损不应由申请人承担，因此，受移送的行政机关处理申请的时限自移送的行政机关收到申请时起算，可以按照普通申请依法延长。申请人对移送行为不服的，以移送的行政机关为行政复议被申请人或者行政诉讼被告。被申请人或者被告仅需举证证明申请人所申请的政府信息由其他行政机关制作，由其审查公开更为妥当即可免责。申请人对受移送的行政机关作出的政府信息公开决定不服的，应以受移送的行政机关为行政复议被申请人或者行政诉讼被告。

其次，对于上级机关作出的决定所依据的下级机关报送的材料以及下级机关作出的决定所依据的上级机关批示、批复等，不宜按照谁制作、谁公开的原则进行处理。此类案件实践中较为常见。例如，陈某诉福建省国土资源厅不履行政府信息公开法定职责案中，陈某于2013年5月20日向福建省国土资源厅提出政府信息公开申请："闽政地〔2013〕33号征收德化县龙浔镇丁溪村旱地0.5996公顷、园地0.0244公顷、林地0.9296公顷、其他农用地0.0923公顷项目的有关文件：1. 闽政地〔2013〕33号批文；2. 一书四方案；3. 征地勘测图；4. 社会稳定评估报告；5. 社会保障经费落实证明；6. 规划部门意见书；7. 政府征收土地的公告、确认、听证有关材料；8. 土地利用总体规划图等。以上文件由申请人查阅并复制。"福建省国土资源厅答复认为，陈某所要求公开的"一书四方案，征地勘测图，社会稳定评估报告，社会保障经费落实证明，规划部门意见书，政府征收土地的公告、确认、听证有关材料，土地利用总体规划图等"系由德化县国土资源局制作，不属于本机关的公开范围。法院判决认为，上述信息属于用地报批基础资料信息，由德化县国土资源局负责公开，不由福建省国土资源厅负责公开［见（2014）榕行终字第369号行政判决书］。此外，罗某诉福建省国土资源厅不履行政府信息公开法定职责一案［见（2014）榕行终字第330号行政判决书］、林某诉福建省国土资源厅不履行政府信息公开法定职责一案［见（2014）榕行终字第351号行政判决书］均属于同类情况。

对此，可有两个方案供选择。其一，行政机关作出某项决定所依据的各项材料，不管是否在对外作出的决定中体现，都是其所作出决定的有机组成部分，都应当一并由最终作出决定的行政机关负责公开义务。否则，让申请人找作出决定的行政机关申请公开决定，再找其他机关申请公开作出决定所依据的其他基础性材料，无异于额外增加了申请人负担。而行政机关如果对基础性材料是否涉及不公开信息存疑或者没有把握，完全可以在收到申请后，征询提供基础性材料的行政机关的意见，或者在接受基础性材料时就要求有关行政机关就该文件的公开性作出说明和标注。但如果经征询意见，提供基础性材料的行政机关认为相关信息不可公开，或者在提供基础性材料时就已经明确相关信息不可公开，受理申请的行政机关据此作出不公开决定的，应以哪个行政机关为行政复议被申请人或者行政诉讼被告呢？可以考虑仍以受理申请的行政机关为被申请人或者被告，并将提供基础性材料的行政机关追加为共同被告。

其二，仍坚持谁制作、谁公开的原则，由制作信息的行政机关承担公开义务，但为了方便申请人，可以由受理申请的行政机关向制作基础性材料的行政机关移送申请。当然，移送的前提是，其他行政机关制作的基础性材料并未主动公开，如果已经主动公开，受理申请的行政机关应当告知获取途径，而不是移送申请。移送的规则与前述上下级机关之间、同级机关之间移送申请一致。

上述两个方案中，方案一较为有利于申请人，可以有效防止行政机关推诿，但很容易导致多个行政机关被同时拉入同一个行政复议案件或者行政诉讼案件，尤其是可能导致现行《行政复议法》所规定的管辖制度被突破。比如，当事人申请某县级国土部门公开的政府信息可能涉及县政府、市政府国土部门甚至市政府的批复，一旦产生争议，当事人向县级国土部门的上级部门申请行政复议时，可以以县政府或者市政府国土部门为行政复议机关，这就意味着县政府可能追加自己或者市政府国土部门、市政府为被申请人，或者市政府国土部门要追加县政府、市政府为被申请人。这在现有的行政复议体制下，是无法实现的。而且，该方案也会令受理申请的行政机关陷入左右为难的境地，为了不做被告，其只能无视提供基础性材料的行政机关的意见，但这就意味着其有权审查并改变其他机关（包括同级机关甚至上级机关）的不公开决定。而方案二通过行政机关内部的移送减少了申请人在不同机关之间的奔波，达到了便民的目的，也不至于突破现行的行政复议和行政诉讼制度。

六　申请渠道

　　申请渠道关系到政府信息的申请人可以采取何种方式提交申请。《政府信息公开条例》第 20 条明确规定应当采用书面方式（包括数据电文形式），意味着申请人可以提交纸质或者电子形式的申请书。该条还规定，申请人可以口头申请，且第 24 条进一步提出，行政机关可以当场答复的应当当场答复，这意味着申请人可以现场提交申请。从上述规定看，申请公开政府信息的方式可以是现场提交申请，也可以通过邮寄、传真等方式递交申请，还可以通过网络手段发送申请，且多种方式并用，有助于满足不同群体、不同情况的公众的信息需求。这虽然无关公开与否的实质性判定，却决定了公众能否有效地提出申请以及能否方便公众获取信息。

　　现实中，申请人提交申请无非有两种方式，一种是现场申请，一种是远程申请（或非现场申请）。前者是申请人专门到行政机关或者其指定的地点，当面向行政机关提出政府信息公开申请。受理申请的机关可以当场对申请进行形式审查，符合条件的直接受理，启动答复程序，不符合条件的可以要求其立即补正。其优点是，申请人与被申请人的工作人员可以当面沟通，减少沟通理解上的失误，但也有缺点，从申请人获取信息的角度看，其成本较高，需亲自到场提出申请，交通、时间成本是必须考虑的。后者又包括在线申请和非在线申请两种，或者分为数据电文形式的申请和非数据电文形式的申请。远程申请有助于减少申请人的申请成本。其中，在线申请是指通过互联网提交申请，包括申请人向被申请的行政机关发送电子邮件提出申请，以及申请人利用行政机关开发的在线申请平台，在线填写申请表格后在线提交申请；非在线申请则包括信函和传真，其中通过互联网提交申请和传真申请属于《政府信息公开条例》所规定的数据电文形式。在线申请更加高效、便捷，且成本低廉。上述几种申请方式适用于不同的申请人群，在线申请人在异地敲击键盘即可提交申请，并可以在线获取信息，而传统的现场申请、信函申请等则更适合不善于使用互联网的人群。因此，行政机关安排申请渠道的时候，应当充分考虑申请人的实际情况，可以鼓励申请人选择更现代化的申请方式，但也要兼顾其他人群的实际申请能力。

中国社会科学院法学研究所的项目组自2009年开始每年都会在政府透明度指数测评与调研中对依申请公开的渠道畅通情况进行验证。总体而言，现场申请、邮寄申请等较为传统的答复方式较为普及，在线申请渠道的普及率还较低。例如，2012年度的测评与调研显示，在线申请平台的有效性仍然较差。59家国务院部门中，设有有效的在线申请平台的仅有19家（2011年仅有15家），26家省级政府中有13家（2011年有14家），43家较大的市中有23家（2011年有26家）；允许通过电子邮件方式申请政府信息的有32家国务院部门（2011年有27家），13家省级政府（2011年为6家），10家较大的市的政府（2011年为2家）。

但近几年的测评与调研发现，一些行政机关限制申请方式、申请渠道不畅通的情况还比较常见。

首先，有的行政机关在申请渠道上限制申请人提交申请的方式。如前所述，政府信息公开的申请应以书面形式提交，这种"书面形式"应可以采取邮寄、传真、现场提交、邮件或者在线渠道等电子方式，多种方式应当并用。但测评与调研发现，除了那些不允许提交申请的外，有的行政机关只接受某些特定的申请方式，如现场申请或者在线渠道等。2014年的测评与调研发现，邮寄方式是最普遍的申请方式，几乎每个行政机关都提供了邮寄申请渠道，但部分行政机关只提供部分或仅提供一种申请方式。有12家行政机关（8家部委和4家省级财政厅）门户网站没有提供在线平台或电子邮件申请方式，9家行政机关（7家部委和2家省级财政厅）不接受现场申请，有5家行政机关（3家部委和2家市财政局）仅提供一种申请渠道。有的行政机关在其政府信息公开指南中提出，"因网上申请无法进行身份或其他证明材料的确认，仅限于咨询性质或无须身份确认的信息获取，需身份确认或其他证明材料的信息获取，申请人应通过现场或其他方式进行申请"。

其次,在线申请渠道还有极大普及空间。在线申请渠道可以是通过电子邮件申请,也可以像在线审批一样,通过一个在线系统平台,填写申请表格,在线提交申请。两者都属于在线申请,都具有高效便捷的优势,其中,前者的优点是无须专门开发和维护信息系统,利用现有的电子邮件地址即可实现接收申请、作出答复,但缺点是申请可能会被邮件系统误识别为垃圾邮件或者因为邮箱接收到大量的垃圾邮件而导致真正的申请无法被及时处理;后者的优点是可以有效防范垃圾邮件等无效信息,且可以对申请进行统计分析,缺点是需要投入一定的人力物力开发并维护专门的信息系统。2009年测评与调研时,有34家较大的市的政府门户网站允许通过互联网提交申请,其中,1家需要通过发送电子邮件的形式提交,其余33家则提供了在线填写表格和直接提交的平台,但有2家网站必须先使用实名注册用户名并登陆后方可进行申请。在可以在线提交申请的网站中,为本市所有部门和区县设置统一的提交平台的有31家,另有3家只能到各部门各区县的网站上提交申请。31家有统一平台的网站中,有11家不要求提交时须选择申请部门,有20家网站要求必须选择提交申请的部门。2010年测评与调研时,有15家国务院部门网站设有专门的在线提交系统(占被调研国务院部门网站的25.42%),另外26家仅允许通过电子邮件申请,18家未提供上述两种申请方式。

但从政府信息公开申请的规范化管理角度看,在在线申请方面,设置在线申请平台十分必要。因为,在线申请平台更有助于对申请的集中高效管理。处理政府信息公开申请需要精细化管理,需要了解诸如特定时间的申请量、申请主体、申请公开的信息事项等,以判断公众的政府信息公开需求情况,而且,如果可以建成一个地区的统一申请平台,则可以利用后台的管理系统有效管理所有行政机关的政府信息公开申请工作。在线申请平台可以有效满足这个需求。采取其他方式申请的,一般还需要人工进行录入,方可进行统一管理。有些地方利用政府信息公开申请的统一受理平台,实现了对本地方政府信息公开申请办理的集中、统一管理。例如,宁波市一直强调市政府办公厅在全市政府信息公开工作中的领导作用,为规范全市各部门和各县市区依申请公开的办理工作,宁波市政府办公厅开通了统一的政府信息公开申请平台,所有针对宁波市政府、宁波市政府部门、宁波市下属县市区的政府信息公开申请可以通过这一渠道提交,各部门收到及答复申请的情况,办公厅一目了然、心中有数。这样,既方便了公众提出申请,也可以及时有效地监督下级部门依法、按时、规范地作出答复,还可以发现各部门及县市区面临的共性问题,及时进行协调、督办。

再次,少数政府网站的在线申请平台友好性差,增加了公众申请的难度和成本。《政府信息公开条例》实施几年来,申请渠道不畅通的情况还较为普遍。例如,2010年测评与调研时发现,有的政府网站的在线申请平台存在填写项目设计不合理,或者以种种技术手段增加公众申请难度、成本的情况。有的网站要求公众必须实名注册该网站用户后方可提交申请;有的网站相关填写栏目所允许填写的字符长度较短,无法填写正常的电子邮件地址等;有的网站设计的联系电话栏目只允许填写固定电话号码,不允许填写手机号码,而且,还只能按照固定的格式填写,如只允许"010－×××××××"的格式,不允许"010×××××××××"的格式,甚至网站不对此作出任何说明;有的网站对于相关栏目存在填写错误的情况,不给予明确的提示,令申请者无所适从;有的网站要求申请人必须下载、打印申请表,亲笔签名后,再扫描为图片格式作为电子邮件附件提交申请;还有的网站在申请系统中声明不支持某些邮件服务商提供的邮件地址。2013年测评与调研时,在线申请平台方面,部分地区需注册登陆方可进行相关信息的申请,但在注册登陆的过程中,其网站自身并不能保证申请人可顺利进行,有些会出现网页错误,以致申请人实际上并不能通过在线方式进行申请。某些地区在信息公开指南上称可以进行在线申请,待完整填写相关信息后系统却显示提交信息错误,但并未提示哪些信息填写错误。还有一些地区在信息公开指南上并未列明可以进行在线申请,但申请过程中发现,其门户网站会弹出可以进行在线申请的页面,这就导致了申请人获取信息的不一致性,导致申请人并不清楚以哪项为准。2014年测评与调研时,类似情况仍较为普遍。仍有部分行政机关没有提供有效的在线申请平台,有30家部委、18家省级财政厅、1家计划单列市的财政局没有在线申请平台或在平台上无法有效提交申请。虽然有部分行政机关提供了有效的在线申请平台,但对申请表的填写格式作了限制。例如,某国务院部门的在线申请平台限制联系电话的位数;某国务院部门的在线平台要求申请人填写联系电话必须按照区号加电话号码的格式;某国务院部门的在线平台对申请内容描述作了字数限制；某财政厅的在线平台的工作单位填写有格式要求，不能不填写也不能填写"无"；某省财政厅的在线平台对提交身份证扫描件的格式有要求，只能是 JPG 格式的文件；某省财政厅的在线平台只对本省籍的申请人开放；某计划单列市财政局的在线系统在获取手机验证码阶段提示尚不具备向外省手机用户发送验证码的功能，换句话说，该市财政局的在线系统也只对持有本市手机号码的申请人开放。所有这些都造成了申请的不便，增加了申请的时间乃至经济成本，与推行政府信息公开乃至构建服务型政府的目标相悖。这些做法可能本意是好的，但由于设计不周，实际上，均在不同程度上给公众申请制造了麻烦，没有起到方便公众的目的。

七 适格的政府信息公开申请的甄别

如同申请行政许可一样，申请获取政府信息，也应当符合一定的形式要件。《政府信息公开条例》第 20 条除要求采用书面形式外，还要求申请必须列明自然人申请人的姓名或者非自然人申请人的名称、联系方式，以确定谁在申请，并及时联系申请人，向其提供答复；对申请公开的政府信息的内容作出描述，以确定所申请的信息是什么，便于行政机关进行检索；告知申请公开的政府信息的形式要求，以便行政机关明确以何种方式向其提供政府信息。这一规定与世界主要国家和地区的同类规定并无二致。

为了进一步明确政府信息公开申请的条件，《国务院办公厅关于做好政府信息依申请公开工作的意见》（国办发〔2010〕5 号）作了进一步的解释说明。首先，行政机关向申请人提供的政府信息，应当是正式、准确、完整的，申请人可以在生产、生活和科研中正式使用，也可以在诉讼或者行政程序中作为书证使用。其次，行政机关向申请人提供的政府信息，应当是现有的，一般不需要行政机关汇总、加工或者重新制作。也就是说，行政机关一般不承担为申请人汇总、加工或者重新制作政府信息，以及向其他行政机关和公民、法人或者其他组织搜集信息的义务，即信息应当具备现有性。最后，应符合"一事一申请"的要求，即一个申请只对应一个政府信息项目。

一般而言，国办发〔2010〕5号文所提示的3个申请条件有其合理性，但细究起来却有一定的问题，容易被滥用。首先，就"正式"、可以"作为书证"而言，很容易被用来缩小政府信息的范围。按照《政府信息公开条例》对"政府信息"的界定，只要是行政机关在管理过程中制作、获取的，以一定载体形式存在的都属于政府信息，也就是说，不一定是以特定的正式的形式存在。但国办发〔2010〕5号文所谓的"正式""书证"很可能被限定为政府公文。按照《党政机关公文处理工作条例》，中国目前的公文包括15种，分别是决议、决定、命令、公报、公告、通告、意见、通知、通报、报告、请示、批复、议案、函、纪要。但这15种公文显然难以涵盖政府信息的全部，如财政预决算信息、统计数据乃至类似环保部"2014年11月份重点环境案件处理情况"等都可能被排除在政府信息之外。正如前文所述，如果将政府信息限定为"可以在诉讼或者行政程序中作为书证"的信息，那么，《政府信息公开条例》恐怕应更名为"政府公文公开法"，依申请公开制度的存在也就毫无意义，只需要设定主动公开制度即可。

其次，在"现有性"标准下实务中已经出现滥用的情况。坚持"现有性"标准并无不当，否则，行政机关应申请人要求进行统计、分析必将浪费宝贵的行政资源，而政府信息公开制度的目的无非是把原始信息或者数据提供给公众，由其自行分析即可。现实中，很多行政机关本身就负有加工汇总相关信息的义务，不对相关信息进行统计分析无法履行其管理职责，只是在遇到公众申请后，却往往用"不负责加工汇总"来逃避公开义务。比如，项目组2012年申请公开干部任免信息时，有8家国务院部门表示不负责加工汇总；2013年，有当事人向国家发展和改革委员会申请5年来的反垄断执法信息时收到的答复也是："该类信息属于加工汇总信息，发改委无此公开义务。"从目前情况看，确有不少申请涉及的信息是需要加工汇总的，但也确有不少事项是行政机关本来就应加工汇总的，但其疏于履职，因此提供不出信息。对于类似申请，只坚持不需要行政机关对政府信息进行分析、研判的原则即可，但绝不能将行政机关提供原始数据、素材等的义务一并免除。以前例而言，行政机关理应掌握本机关过去录用了多少人以及残疾人公务员的比例，不掌握相关情况或者未作统计只能说明其失职。而对公开干部任免信息的申请，行政机关完全可以把所有任免记录提供给申请人，由其自行统计分析，事实上，当年宁波市政府、国家宗教事务局等也是这样答复的。这样看来，现有性标准只能理解为行政机关处理当事人申请（而不是申请人提交申请）时相关信息已经存在，至于该信息是单独存在，还是混杂于其他信息中均不影响其现有性。

再次，"一事一申请"（即一项信息提交一份申请）的规定也有一定的合理性，但现实中这一规定极易被滥用。2011年申请公开被调研部门用于网站和政府信息公开工作的经费与人员信息时，上述信息作为一个完整的申请是可以说得通的，但是，有的政府部门认为其不符合"一事一申请"的原则。最后，只能将已经发送的申请再拆解为4个申请（即网站建设经费、网站运行维护人员、政府信息公开工作经费、政府信息公开工作人员情况）重新发送。这不仅增加了申请人的负担，实际上也增加了被申请行政机关的工作量。2012年，申请公开被调研对象2012年1月至9月30日本部门的干部任免情况信息（包括选拔领导干部任职的岗位、人数，新选拔任职干部的性别比及其学历、专业分布情况；干部处分人数、原因、类别）时，同样有部门认为这一申请不符合"一事一申请"的规定。可以说，这一规定极易遭到滥用，并成为增加申请人成本、拖延公开信息的正当理由，需要慎用。

另外，在处理政府信息公开申请时，确有必要对一些咨询性质的申请进行甄别。国家卫生和计划生育委员会门户网站公开了"常见依申请公开政府信息申请答复"①，其中列举了45项申请答复实例。其中的41项申请被认定为"咨询"（作为十分难得的实例，本书将上述45项实例整理附后，供学习、讨论参考），仅有极个别的申请，可以视作政府信息公开申请，如第3项申请提出："最新的经核准的乙肝表面抗原携带者不得从事的职业范围、不得从事的依据分别是什么？目前核准了哪些行业和学校入学和就业体检时检测乙肝项目？检测依据分别是什么？"对此，可以将其转化为三个申请，分别是：①请公开最新的规定乙肝表面抗原携带者不得从事的职业范围的文件；②允许入学和就业体检时检测乙肝项目的文件；③检测乙肝项目的检测依据方面的文件。除此之外的近40项申请都属于典型的咨询。例如，第1项申请的内容为："婴儿奶粉宣传：①'胆碱'具有促进脑发育、提高记忆能力是否有公认的科学依据？②'乳铁蛋白'能帮助婴幼儿

---

① http://www.nhfpc.gov.cn/zhuzhan/cjwt/201311/f33b414fddfa46829919db44e92ce256.shtml.

抵抗细菌、病毒等有害微生物,提高自身免疫力是否有公认的科学依据?"第2项申请的内容为:"食品配料表中标注含'奶精''植脂末''人造奶油''代可可脂'等(或上述其中一种)是否应按照GB18050规定要求标注'反式脂肪(酸)'含量?"这些咨询类申请不属于符合法定要件的政府信息公开申请,不应作为政府信息公开申请受理并进行答复,而应作出不予受理的决定,并转有关部门予以解答即可。

根据宁波市政府办公厅的统计,2014年,其市级政府层面共收到政府信息公开申请61件,其中咨询、投诉类8件,比较典型的如下(以下申请内容表述照搬自宁波市人民政府依申请公开答复书,病句、错字等未予修改):

1) 鄞州区下应街道湾底村即现在的天宫庄园,现在的小区的入住情况,小区建设房屋共有多少套(商品房和小别墅),本村村民入住占有多少套房子,多少数量已被交易出售,多少房子被用于出租,还有多少房租空置着。由于村里的公告栏中是没有公布,所以麻烦你们告知!

2) 宁波南站火车站商铺招租信息未在采购网上找到,能否提供火车站商铺招租方式及部分租金信息,如已在采购网上公布,请提供采购公告及采购结果公告链接地址。

3) 我曾经在网上写给宁波市住房和城乡建设委员会的信,受理编号为〈000103××〉,查询密码为〈2171〉,要求归还宅基地一事,迄今还没有答复,为什么。

4) 轻轨一号线徐家漕站的站台为何是开放式的,每当列车经过时,那噪音和广播声让我们小区的居民难以忍受,长期下去对身体会造成严重影响……多次反映无果,无奈只能向政府求救!希望领导多多关心一下民生,还我们一个宁静舒适的生活环境,期望!

5) 申请人反映镇海白蚁防治所服务和收费问题,询问是否转给了个体承包。

6) 咨询残疾人优惠政策(家里装有线电视、数字电视、管道煤气,及小区物管费)。

但实践中，不少行政机关甚至并没有对咨询等适用不予受理的决定，而是受理后以申请内容不属于"政府信息"、需要加工汇总等来答复。通过检索公开的政府信息公开案例，这类案件大量存在。例如，于某诉临江市医疗保险经办中心政府信息公开一案显示，当事人申请公开的内容为："一、职工或退休职工是否可以参加职工医疗保险；二、退休职工参加职工医疗保险的程序、具体参保条件；三、退休职工参加职工医疗保险视同缴费年限的认定；四、退休职工怎样补缴所欠缴的职工医疗保险费，征缴年限和征缴基数如何认定，补缴后何时开始享受职工医疗保险待遇。"两审法院均认定当事人申请的不属于政府信息［见（2014）白山行终字第11号行政判决书］。又如，吕某诉厦门市教育局不履行法定职责一案中，当事人的申请内容为："1. 何为'为择校'造成的人户分离，实践中有几种分离情形？教育部门是如何认定几种分离情形的？2. 因原房产变卖，造成人户分离，现又没有任何房产，是否属于为择校造成的'挂户'情形之一？如果不是，是否能在户口的片区内报名？如果不能在户口的片区内报名，请问法律依据是什么？"行政机关及法院均认定该信息属于需要加工汇总的信息［见（2014）思行初字第46号裁定书］。杨某诉山东省物价局政府信息公开一案中，当事人的申请内容为："1. 178号批复①的有效期；2. 178号批复附件《济南市征地地面附着物和青苗补偿标准》中关于房屋补偿标准价格行政许可事项的法定依据、条件。"行政机关认定，申请不符合《政府信息公开条例》规定，不予受理；两审法院认定，当事人申请的事项不属于政府信息［见（2014）济行终字第175号行政判决书］。此外，宋某诉北京市大兴区旧宫镇人民政府一案中，当事人提交的申请内容为，"旧宫镇政府在（2013）大民初字第2055号民事庭审中公开的2004年1月8日作出的证明与申请人相关内容错误（租赁面积、为谁所建、产权等），请求更正，公开正确信息或者说明理由"，行政机关认定申请内容不属于政府信息［见（2014）大行初字第31号行政判决书］。再如，杨某诉山东省国土资源厅政府信息公开一案中，当事人在"政府信息公开申请表"上写明所需信息的主要内容为："你单位2005年6月15日在王×与申请人的离婚案中，向济南历下区人民法院出具证明：'王×自2005年6月份至今一直独自借住在厅

---

① 即《山东省物价局、山东省财政厅、山东省国土资源厅关于济南等三市调整征地地面附着物和青苗补偿标准的批复》。

办公楼里,借住期间多次请求保证其人身安全。'2012 年 3 月 28 日上午,济南中院审理王×与申请人婚后财产纠纷一案,法庭调查时,审判长问:'双方是什么时候分居的？被告(王×):2003 年 11 月左右。'申请人不明白你单位向法院出具这个证明有何事实依据和法律依据,特向你单位申请公开下列信息:1.这个证明是哪个人开的？他为什么比王×自己法庭承认的分居时间要早近半年？2.这个出具证明的人难道 24 小时都与王×贴身相陪？他没有老婆孩子吗？王×与二奶李×在济南甸柳新村五区×号楼×单元×室通奸鬼混时,他是否也在场一起参与？3.王×什么时间向你单位哪位人员提出请求人身保护？你单位指派哪位工作人员保护王×的安全？你单位为什么不让王×向警方求助保护？"两审法院均认定申请内容不属于政府信息。从上述案例中当事人的申请内容看,均应以不属于政府信息公开申请为由作出不予受理决定,法院也应以此理由认定事实［见(2014)济行终字第 127 号行政判决书］。

当然,也有的行政机关在处理此类申请时,前后矛盾、顾此失彼。例如,李某诉南通市住房保障和房产管理局政府信息公开一案中,李某所提出的公开申请为:2005 年南通市崇川区山芝庄工房 105 号 22 户居住地块的拆迁任务交由何部门或单位实施？从其申请内容看,这明显属于咨询。但被申请人南通市房管局先答复系由南通市人民政府国有资产监督管理委员会组织实施,后又以答复不准确为由予以撤销,接着再答复不属于政府信息［见(2014)港行初字第 00046 号行政判决书］。这表明,被申请人对于如何认定申请是否适格认识不清。

从上述申请案例看,实际上当事人提出的均属于咨询、投诉事项,严格来讲不应作为政府信息公开申请处理。当然,在因属于咨询等不予受理时,应当本着有利于申请人一方的原则进行处理,凡是经过补正,可以转换为符合条件的申请的,应当按照政府信息公开申请予以处理。如前述国家卫生和计划生育委员会"常见依申请公开政府信息申请答复"中的第 3 项申请。即便是典型的咨询类申请,也应从服务于公众的角度进行善意处理。所谓的"善意",可以理解为为申请人解决问题提供尽可能的协助和指引。在作出不予受理决定的同时,可告知向哪些部门咨询或者提供相应的文件材料,令其自行研究分析。国家卫生和计划生育委员会对"常见依申请公开政府信息申请答复"中的 41 项咨询类申请,除 9 项申请确无法答复外，其他的均提供了相关文件、告知咨询方式或者进行了简单解答，其工作方式和态度值得肯定。

最后，还需要注意具有信访投诉举报性质的申请。实践中，还有一部分申请看似是申请人要求公开某些政府信息，实则是信访投诉举报事项，对此类申请也应当进行甄别。例如，（2014）温瑞行初字第 15 号判决书显示，当事人以受到他人打击报复、残酷殴打但公安机关工作人员包庇加害人为由，申请"依法公开民警郑×、张×收受犯罪嫌疑人许×、王×、许×贿赂的情况"。从判决书描述的事实情况及申请内容看，案件当事人所提出的申请具有投诉举报的性质，恐怕不适宜使用依申请公开制度进行处理。但对本案申请人的答复及受案法院的认定均将焦点集中于所申请内容不属于政府信息，越过了是否属于政府信息公开申请的认定。而且，如果申请人所申请公开的内容确实已经产生，如此答复也有问题。判决书显示，被申请人（即本案被告）主张，"《人民警察法》第六条规定了被告的职责范围，原告（即申请人）要求公开的民警收受贿赂情况，属于被告内部监督事项，不属于被告履行职责范围过程中发生的信息，因此不属于《政府信息公开条例》所称的政府信息"。法院进一步认定，原告所申请的内容并不属于被告履行职责过程中制作或获取的信息，即不属于政府信息公开的范围。但被申请人（案件被告）的主张及法院的认定都不够准确。内部监督事项仍应当是行政管理的一部分，也是公安机关履行行政管理职能的具体体现，既然民警收受贿赂情况属于被告内部监督事项，那么，由此产生的信息很难认定为非政府信息。因此，如果申请人所申请公开的信息确实已经经过被申请人调查处理，并产生了调查处理结果，那么，申请人的申请就不应被认定为信访投诉举报，而应当按照政府信息公开申请处理，且被申请人应审查所申请公开的政府信息是否属于不公开信息，而不能以不属于政府信息为由拒绝公开。

从实施严格的政府信息公开制度这一角度看，将咨询等排除在适格的政府信息公开申请之外，是没有任何法律上的问题的，但问题在于，从构建法治政府、服务型政府的角度看，咨询等事项也不能一推了之。在马某、靳某诉郑州市人民政府信息公开一案中，马某、靳某申请公开的内容为：①郑州市医药供应公司改制关联哪些部门？程序文件何时何部门制作？在何处保管存放？②郑州市医药供应公司主体、资产当今是否存在？③郑州市医药供应公司2000年至今法人变更时间及政府任命文件信息；④郑州市医药供应公司改制起止时间。对此，一审法院认为，事项3要求公开医药供应公司政府任命文件信息，属于典型的政府信息，其余事项应为行政咨询，行政机关对相关事项的答复属于政务公开范畴。一审法院还认为：①上述事项在相关政府信息存在的前提下，行政机关通过简单查阅即可得出结论，因此对相关事项进行答复并不会过分增加行政机关的行政负担；②本案被告郑州市人民政府在受理原告的政府信息公开申请时并没有对原告的申请进行释明、引导，且被告已经按照政府信息公开的程序作出了答复；③公民、法人或者其他组织显然拥有向行政机关咨询与自身利益有关的问题并获得答复的权利；④我国目前并没有统一的关于相对人行政咨询等行政公开权利保障的法律规范。因此，行政机关按照《政府信息公开条例》规定的程序与义务办理相关行政咨询答复并无不当。法院还认为，被告受理申请后，已从郑州市工商局全面了解了原告等所咨询问题的说明意见，完全可以将工商局的答复向原告等申请人进行反馈，而其却告知原告等再向市工商局咨询，明显增加了申请人的负担。但二审法院认为，行政咨询不属于信息公开案件的审理范围，一审法院从行政咨询的角度让郑州市人民政府履行信息公开的答复义务，超出本案审理范围，应予纠正［见（2014）豫法行终字第00169号行政判决书］。二审法院将行政咨询排除在政府信息公开申请之外，符合《政府信息公开条例》的立法本意，但一审法院认为当事人向行政机关咨询的权利也需要得到保障，也有其道理。

  从目前看，产生上述矛盾的根源在于绝大多数行政机关缺乏畅通有效的咨询答复、信访投诉接受处理渠道和机制，导致大量的咨询、信访、投诉借助政府信息公开申请渠道涌向行政机关。这就导致政府信息公开申请渠道成为咨询、信访、投诉的"泄洪口"。对此，仅仅通过完善《政府信息公开条例》，提升政府信息公开申请的门槛，将咨询、信访、投诉拒之门外，显然是远远不够的。堵只会让公众与行政机关之间的关系更加紧张，且不符合法治政府和服务型政府建设的潮流，只有疏导才是上策。因此，在对依申请公开制度进行完善、明确申请条件的同时，还必须加大主动公开力度，并建立畅通有效的咨询答复、信访、投诉接收处理渠道和机制，及时回应社会关切。

  综上所述，咨询、信访、投诉乃至需要行政机关专门作出统计分析的，虽然以政府信息公开申请的形式出现，均不应视作适格的政府信息公开申请。但不能因此就对政府信息公开申请中申请人对所申请公开的政府信息的描述作过于苛刻的要求。因为，一般而言，当事人无法准确知悉所申请公开的政府信息的名称、文号等，因此，只需要其能够描述出可以识别特定政府信息的要素即可。例如，吕某诉厦门市教育局不履行法定职责一案中，当事人申请的是："1. 何为'为择校'造成的人户分离，实践中有几种分离情形？教育部门是如何认定几种分离情形的？2. 因原房产变卖，造成人户分离，现又没有任何房产，是否属于为择校造成的'挂户'情形之一？如果不是，是否能在户口的片区内报名？如果不能在户口的片区内报名，请问法律依据是什么？"我们完全可以将其理解为对相关政策文件的描述，行政机关应据此描述为其提供相关的政策文件。

八　申请的处理

申请的处理程序是行政机关收到申请后，检索信息、对申请人所申请的政府信息开展保密审查、确定是否应向申请人公开该信息的过程。《政府信息公开条例》的相关规定在第 21 条（答复方式）、第 22 条（部分公开）、第 23 条（征询第三方意见）、第 24 条（答复期限）等。其中，第 21 条规定了 4 种答复内容：①属于公开范围的，应当告知申请人获取该政府信息的方式和途径；②属于不予公开范围的，应当告知申请人并说明理由；③依法不属于本行政机关公开或者该政府信息不存在的，应当告知申请人，对能够确定该政府信息的公开机关的，应当告知申请人该行政机关的名称、联系方式；④申请内容不明确的，应当告知申请人作出更改、补充。答复期限则分为当场答复及自收到申请之日起 15 个工作日内予以答复。但从规定本身及实践看，这些条款都存在一定的不足。

1. 申请对象

提出政府信息公开申请的对象无疑就是前述政府信息公开被申请人。实践中，行政机关一般会指定本机关的某内设部门（如办公厅或办公室、政府信息公开办公室等）具体承担依申请公开的办理工作，并通过本机关的政府信息公开指南对外披露此信息。问题是，申请人提出申请时是否一定要按照政府信息公开指南所指定的办理机构来提交申请。特别是在用信函方式提出申请的时候，申请人究竟应当寄送给该行政机关还是其指定的办事机构，实践中容易引发争议。

在郑某诉临汾市人民政府不依法履行政府信息公开职责一案中，申请人郑某以特快专递方式，向临汾市人民政府邮寄了要求公开临汾市人民政府作出的临政征土（呈）字〔2008〕3号《关于曲沃县2008年第一批次建设用地的请示》的申请材料。但一审法院认定，临汾市人民政府依照《政府信息公开条例》的规定，制作了《临汾市人民政府信息公开指南》并向社会公布了受理政府信息公开申请机构、办公地址、办公时间、联系电话等内容，郑某提交特快专递的收件人、地址、联系电话与《临汾市人民政府信息公开指南》公布的情形不符，且由于政府内部职能部门的划分，导致其申请材料未及时到达受理机构，因此，郑某请求确认临汾市政府未在法定期限内公开信息行为违法的诉讼请求不能成立。而二审法院则认为，郑某虽未按《临汾市人民政府信息公开指南》申请信息公开，但从《政府信息公开条例》规定的便民原则看，郑某采用其认为方便的形式和途径进行信息公开申请并无不妥之处；临汾市人民政府在收到郑某的政府信息公开申请后，虽公开了其申请公开的信息，但该公开行为超出了《政府信息公开条例》规定的15日期限，属拖延履行职责的不作为行为，该不作为行为侵犯了上诉人郑某受法定时间保护的知情权。这一判决值得肯定之处在于，法院未将《临汾市人民政府信息公开指南》确定的受理机构作为法定的申请对象，而是从便民角度出发，将具有行政法人资格的行政机关作为申请对象［参见（2014）晋行终字第18号二审行政判决书］。换言之，按照二审法院的理解，《临汾市人民政府信息公开指南》所指定的政府信息公开申请受理机构仅是为了方便申请人提出申请，申请人按照《临汾市人民政府信息公开指南》的提示提交申请，可以减少中间环节，提高申请及申请办理的时效，但这并不妨碍申请人径行向行政机关提出申请，申请信函被行政机关的相关部门、人员签收即应视作被行政机关签收，与政府信息公开申请办理机构签收具有同等效力。

但问题在于，在行政机关内部有明确职能分工，对外也已经明确公示了政府信息公开申请受理机构的相关信息的情况下，如果放任申请人无视这一情况，随意向行政机关的其他部门发送申请，特别是在通过邮寄渠道发送申请时，不在信函上注明"政府信息公开申请"字样，可能会造成行政机关负担过大，不但影响行政效率，而且增加行政成本。首先，这样的做法将会令行政机关花费大量的人力、时间甄别所收到的函件（包括电子邮件），导致本可以简化的受理申请流程变得复杂，甚至需要举全机关之力处理政府信息公开申请。其结果必然是以牺牲大量行政成本的代价来方便个别申请人，显然并非最优的选择。其次，这还将令行政机关面临无穷无尽的被诉风险。允许随意提交申请的结果将会导致行政机关必须对所有信函以及各对外公布的电子邮件地址接收到的电子邮件进行最彻底的排查，时刻防止有政府信息公开申请被淹没在大量的信函与电子邮件之中。行政机关稍有不慎，就可能因为甄别时间较长而导致政府信息公开受理机构真正接到申请时已经临近或者超过了答复期限。这就难免会因未在法定期限内作出答复而被申请行政复议或者提起行政诉讼。但问题在于，行政机关并非真正的不作为。如上述案例中，申请人于2013年7月20日以特快专递的方式发出申请，当月22日，临汾市人民政府工作人员签收了其所寄的邮件，同年9月10日，临汾市国土资源局向申请人邮寄了其要求公开的信息[参见（2014）晋行终字第18号二审行政判决书]。虽然行政机关的答复延误了近一个月的时间，但其没有显著过失，更谈不上故意。所以，二审法院作出确认临汾市人民政府未在法定期限内向郑某公开《关于曲沃县2008年第一批次建设用地的请示》的行为违法的判决，是值得商榷的。最后，要求申请人必须向政府信息公开指南所列的政府信息公开申请受理机构提出申请并不会为其增加额外的负担。当然，其前提是政府信息公开指南所列的受理机构联系信息必须准确无误。

因此，申请人提出申请，虽然应以行政机关为申请对象，但必须向确定并公示的政府信息公开申请受理机构提出申请，特别是通过信函邮寄申请的，必须邮寄给受理机构，以电子邮件形式发送申请的，必须发送至受理机构指定的电子邮箱地址，但行政机关未指定受理机构、未公示受理机构及其联系信息、所公示的联系信息有误的除外。这意味着，行政机关必须确保所编制的政府信息公开指南信息准确、全面。

2. 申请、受理及申请的起算时间

从《政府信息公开条例》的规定看，相关条款并没有区分政府信息公开申请的收到与受理这两个关键性环节。依申请公开制度在本质上是一种特殊的依申请的行政行为。所谓"特殊",主要是因为,依申请公开制度虽然与行政许可、行政给付等行为相似,一般需要由行政相对人提出申请,由行政机关据此作出相应的行为(即公开政府信息),但不同之处在于,其他依申请的行政行为只能在行政相对人提出申请的前提下,行政机关才可作出具体行政行为,而不能主动作出,而在依申请公开制度下,行政相对人固然可以通过提出申请要求获取政府信息,但行政机关也可以不待其提出申请而主动向不特定的社会大众公开相关政府信息。但仅就特定政府信息的公开方面而言,依申请公开无疑具有依申请行政行为的基本特征。

依申请行政行为的启动有两个重要的环节,一个是申请的提出,一个是行政机关的受理。依申请行政行为的作出以当事人提出申请为前提,即没有申请就没有依申请行政行为。但只有行政机关受理申请才有依申请行政行为的实际启动。换言之,当事人单方面提出申请并不必然具有启动依申请行政行为的作用,只有提交的申请符合法定条件、行政机关予以受理后,才有行政机关决定作出或者不作出授益性行为。正因为此,《行政许可法》才在"行政许可的实施程序"一章中专门对"申请与受理"作出规定,并且,在规定作出行政许可的期限时,也是以受理行政许可申请的时点起算的。

而依申请公开的启动则可以进一步细化为三个重要环节,一个是申请人提出申请,一个是行政机关收到申请,一个则是行政机关决定受理。依申请公开的作出以当事人提出符合要求的申请为前提,即没有符合要求的申请就没有依申请公开行为。进一步说,申请人提出申请后,行政机关只有收到该申请,才能启动依申请公开的工作流程,而只有行政机关受理申请才有政府信息公开申请答复程序的实际启动。

《政府信息公开条例》第20条明确了政府信息公开的申请方式,对申请的提出作了规定,但其第24条却忽视了收到申请与受理申请这两个重要的环节,甚至在规定上将两者混同。该条规定,行政机关收到政府信息公开申请,能够当场答复的,应当当场予以答复;行政机关不能当场答复的,应当自收到申请之日起15个工作日内予以答复。言外之意,行政机关"收到申请"就是"受理申请",答复期限也是以收到申请的时点起算。以我们对2014年国务院部门、省级政府、较大的市的政府发布的2013年度政府信息公开年度报告进行的统计分析为例,被测评对象对收到的政府信息公开申请数与受理数的统计是相对混乱的。在调研的 55 家国务院部门中，有 43 家列明了上一年度收到的公开申请总数，18 家列明了经审查受理申请的数量；在 31 家省级政府中，15 家列明了上一年度收到的公开申请总数，28 家列明了经审查受理的申请数量；在 49 家较大的市中，有 21 家列明了上一年度收到的公开申请总数，30 家列明了经审查受理申请的数量。二者均公布的国务院部门有 11 家，省级政府有 14 家，较大的市政府有 6 家。也有几家国务院部门对收到申请与受理申请作了区分，如商务部、教育部、安全生产监督管理总局。商务部 2013 年政府信息公开年度报告显示，"2013 年，我部共收到信息公开申请 117 件，受理有效信息公开申请 81 件，未受理信息公开申请 36 件"；教育部的年度报告显示，"2013 年 1 月 1 日至 2013 年 12 月 31 日，教育部共收到公民、法人和其他组织通过各种形式提出的信息公开申请 209 件，其中有效申请 196 件"；安全生产监督管理总局的年度报告显示，"2013 年，总局共收到 32 人提出的 50 件政府信息公开申请"，"经审核，总局共受理 21 人 34 件政府信息公开申请。有 15 人 16 件申请未予受理（其中，4 人 4 件为重复申请，11 人 12 件不属于政府信息公开范围）"。未作区分的如财政部，其 2013 年年度报告显示，"2013 年，我部共收到政府信息公开申请 291 件，均按有关法律规定进行办理，其中不予公开政府信息 11 件"。

不仅如此，一些行政机关在处理政府信息公开申请时也是区分收到与受理两个环节。例如，《教育部政府信息公开指南》显示：教育部收到政府信息公开申请后，将依据《政府信息公开条例》对申请的形式要件是否完备进行审查，对于申请表填写完整，并且申请人按相关规定提供了有效身份证件或证明文件的申请，属于教育部受理范围的，在收到申请后予以登记，为申请人出具"政府信息公开申请登记回执"。自登记之日起 15 个工作日内，教育部将视情况作出书面答复。又如，《人力资源和社会保障部政府信息公开指南》显示，其收到申请表和身份证明材料后，将对申请材料进行形式审查，申请表填写完整、申请获取的信息内容明确、身份证明材料有效且已经申请人签字的，正式予以登记受理，申请表填写不完整、内容不明确、申请人身份不清楚的，将告知申请人更正或补充相关材料。对依申请公开的事项，不能当场作书面或口头答复的，应当自正式登记受理之日起 15 个工作日内作出书面答复。

区分收到申请与受理申请的意义有以下几点。首先，可以在正式受理并启动政府信息公开申请答复之前，对申请是否符合法定要求进行形式审查，要求申请人对不符合形式要求的申请进行补正，如要求其明确所申请的信息，注明申请人联系方式等。特别是，对于那些由于当事人不了解信息详细情况、难以对信息进行准确描述的，可以协助其进一步清晰描述所需信息的各项特征。这样可以将那些不属于政府信息公开申请的申请排除在依申请公开程序之外，并告知当事人尽快通过其他渠道（如信访、投诉等）满足自身的需求。而目前，绝大部分行政机关都是在答复过程中同步做这些工作的，先受理再对是否属于政府信息公开申请作甄别，程序上较为混乱。且由于没有区分是否属于适格的申请，答复决定书中往往又不适用不受理决定书，结果导致大量的答复内容为所申请的不属于政府信息，进而去纠缠如何认定政府信息，失之毫厘则谬以千里。

其次，有助于进一步明确答复的期限起止时间。对于现场申请，经过工作人员的形式审查并要求申请人对申请书相关内容进行必要补正，即可当场决定受理，但对于那些疑难、复杂的申请，难以当场受理的，应当预留一定时间进行后台审查以决定是否受理。答复期限应当自其决定受理之日起算。

而对于非现场申请，区分收到申请和受理申请对于确定合理的答复期限更显得重要。以邮寄申请为例，申请人通过邮政或者速递发送申请书，函件被行政机关签收后，是否就应当视为行政机关收到了申请，答复期限从何时算起，这些都需要明确。2012年测评与调研过程中，我们曾于11月30日前利用邮政同城特快专递向国务院部门发出申请，要求获取该部门2011年1月至2012年9月30日的干部任免情况信息（包括选拔领导干部任职的岗位、人数，新选拔任职干部的性别比及其学历、专业分布情况；干部处分人数、原因、类别）。特快专递查询显示，当年12月上旬，所有被测评对象均已签收。但有个别部门在2012年12月31日才致电项目组称刚刚收到申请。无独有偶，2014年测评与调研时曾用EMS向某国务院部门发出过申请，寄出时间为12月1日，经查询，签收时间为12月2日，但该部门称12月10日才收到申请。显然，在这些部门看来，只有实际负责处理政府信息公开申请的工作人员收到申请才能算其所在的行政机关收到申请。从其自身工作角度这种理解有合理性，但却于法无据。因为申请人面对的是某个作为行政主体的行政机关，该行政机关的工作人员代表其签收了邮件就应当视为其收到了申请。目前，对于行政机关是否在法定期限内履行职责的行政争议，法院一般也采取这样的态度。例如，欧某诉重庆市大足区环境保护局不履信息公开法定职责一案中，法院认定，原告以邮寄方式向被告送达申请书，被告实行物业管理制度，该邮件由被告门卫签收，根据日常生活经验，应视为被告收到该申请书，故不支持被告关于其未收到该申请书的辩称意见［参见（2014）渝北法环行初字第00001号行政判决书］。换言之，被告门卫签收之日即应当是行政机关收到申请的时间。再如，罗某、解某、罗某、殷某4人诉镇江新区管理委员会不履行信息公开法定职责一案中，四原告通过特快专递邮寄了政府信息公开申请，被告传达室保安确实已于2013年9月13日签收，但由于没有严格的邮件签收转递制度，致使被告办理政府信息公开工作的职能科室至原告提起诉讼时仍未收到该信件，因此未能按时回复申请。法院也认定，被告镇江新区管理委员会收到原告的政府信息公开申请后，未能在法定期限内予以答复［参见（2014）镇行初字第00009号行政判决书］。当然，这对行政机关办理政府信息公开申请提出了较高的要求。而在姚某等诉深圳市规划和国土资源委员会政府信息公开纠纷案中，原告以速递形式邮寄出的信息公开申请于2011年6月3日10时47分被收寄，于2011年6月7日10时31分妥投，收件人为冯周霞。但被告称签收人不存在，没收到原告的政府信息公开申请。法院认为，被告应就其没有收到原告的申请负举证责任，且被告的证据不足以证明其没有收到原告申请的主张，因此，认定被告已收到原告的申请［参见（2011）深福法行初字第428号行政判决书］。这表明，即便有的行政机关内部公文流转有问题，或者因为负责人外出等未能及时查收信函，也只能以行政机关签收时间为其收到申请的时间。

当然，这里必须明确的是，申请人必须在信函上明确注明系邮寄给行政机关指定的政府信息公开受理机构或者在信函上明示系政府信息公开申请。宁波市李某申请公开"镇海炼化一体化项目"政府信息一案也是类似的情况。该案中，申请人于2012年10月29日向宁波市人民政府申请公开"镇海炼化一体化项目"相关信息，信函署名市长刘奇收，信封上未标明信函为政府信息公开申请。宁波市人民政府办公厅工作人员接到信函后，按市长信箱办理流程进行了处理，将信件转至市信访局。宁波市信访局于11

月21日收到信件后，明悉该信件为政府信息公开申请，并于当日转送宁波市发展和改革委员会办理。相关工作人员于12月4日通过手机短信告知申请人本人，已将答复内容发至其本人电子邮箱，并于12月5日将告知书纸质稿通过邮政寄送给申请人，同时和申请人本人进行了电话联系和沟通。此前，李某已以超期未答复为由于2012年11月22日向浙江省人民政府提起行政复议，要求确认宁波市人民政府不作为行为违法，依法裁定公开其申请的政府信息。浙江省人民政府法制办公室审查后认定，本案申请人邮寄给市长刘奇的信件虽然于2012年10月30日由宁波市人民政府办公厅收发室签收，但被申请人所属机构明悉该信函为政府信息公开申请的实际时间为2012年11月21日，也即宁波市政府的答复并未逾期。

而采取在线申请的，行政机关收到申请的时间显然也应当是以行政机关指定的接收数据电文的系统收到申请数据的时间。对此可以参考《合同法》的规定。该法第16条第2款规定，采用数据电文形式订立合同，收件人指定特定系统接收数据电文的，该数据电文进入该特定系统的时间，视为到达时间；未指定特定系统的，该数据电文进入收件人的任何系统的首次时间，视为到达时间。换言之，行政机关提供的在线申请平台系统、电子邮件系统或者传真系统接收到申请人提交的申请书数据电文的，应视作其收到了申请。

可以说，这一规则难免让广大行政机关及其工作人员难以接受，因为，无论具体负责处理政府信息公开申请的工作人员是否实际看到了申请，《政府信息公开条例》所要求的答复时间可能都已经开始起算，这让本来就很紧张的答复期限更受到压缩，很容易就会造成逾期答复而产生被诉的风险。而最为关键的是，大量的非现场申请可能需要申请人补正申请内容才能成为适格的申请，而自收到申请之日就起算答复期限，无疑已经让法定的答复期限大为缩水。

因此，更为理想的处理流程应当是对收到申请和受理申请作出必要的区分，收到申请与受理申请之间预留一定时间，供行政机关审查申请、决定是否受理，将答复期限从决定之日起起算。按照申请方式不同，可以考虑作如下设计。

①当事人现场提交申请的，行政机关应当审查申请书是否准确描述了符合情况的政府信息的特征，是否列明了申请人的姓名、联系方式，是否

明确指明获取信息的方式，所申请的政府信息是否属于其他行政机关公开、是否属于已公开的政府信息。不符合上述形式要求的，行政机关应当当场要求申请人更正；属于其他行政机关公开的，应当告知向有公开权限的机关申请；属于已主动公开的政府信息的，应当告知查询获取的方式方法。经审查，申请书符合形式要件要求，所申请公开的政府信息属于本机关公开且所申请的政府信息尚未公开的，行政机关应当当场受理，出具受理决定书。受理后，行政机关在检索、审查过程中，认为申请书所列事项不明确、不准确，需要补正的，应当要求申请人补正，补正时间不计入答复期限，但补正应以一次为限；所申请的政府信息应由其他行政机关公开的，应当出具非本行政机关公开告知书，告知申请人应该向何机关申请；所申请的政府信息已经主动公开的，应当出具已主动公开告知书，并告知申请人查询获取信息的方式方法。

②当事人非现场提交申请的，行政机关应当自本机关签收邮寄申请书的信函、快递，或者在线申请系统、邮件系统、传真系统接收到当事人提交的申请电文之日起，在3个工作日内决定是否受理。在审查受理期间，行政机关同样应当审查申请书是否准确描述了所申请公开的政府信息的特征，是否列明了申请人的姓名、联系方式，是否明确指明了获取信息的方式，所申请的政府信息是否属于其他行政机关公开、是否属于已公开的政府信息。行政机关认为申请书所列事项不明确、不准确，需要补正的，应当要求申请人补正，但补正应以一次为限，经申请人补正符合政府信息公开申请要求的应予以受理。所申请的政府信息应由其他行政机关公开的，应当出具告知书，告知申请人向何机关申请，并告知本机关不予受理。所申请的政府信息已经主动公开的，应当出具告知书，告知申请人查询获取信息的方式方法并告知本机关不予受理。3日期限届满，行政机关未作回复的，视作其已经受理申请，应自此时起算答复期限。

这样一来，对收到申请和受理申请作了区分，行政机关可以有一定的时间对政府信息公开申请是否适格作出甄别，避免一些非政府信息公开申请进入下一个环节。事实上，这是对收到申请和受理申请进行区分的最大意义。同时，为了防止行政机关无限度地拖延受理及答复，3个工作日的审查期限届满，只要行政机关不作明确答复即视作其默认受理申请。

另外，对于补正通知，应借鉴《行政许可法》的要求，实行一次性告知。实践中，有的部门接到申请人提交的申请后，今天电话通知要求改为一事一申请，隔几天又告知需要提供身份证复印件，再隔几天又告知要求说明用途，造成申请人多次补充信息，延误时间，甚至合理规避答复期限。

3. 审查决定

受理政府信息公开申请后，行政机关应当按照申请人的描述对所申请公开的政府信息进行检索，并对其进行审查，根据审查结果分别作出答复。目前，《政府信息公开条例》对答复内容规定在第21、22、23、24条中，包括以下几种情形：公开决定（第21条第1项），不公开决定（第21条第2项），告知非本机关掌握（第21条第3项），告知信息不存在（第21条第3项），告知申请人补正（第21条第4项），部分公开决定（第22条），征求第三方意见（第23条），告知第三方决定公开其信息（第23条），告知延长答复期限（第24条第2款）等。但从实践看，上述规定缺乏逻辑，也不全面。

首先，答复内容应当扩充，以适应答复政府信息公开申请的需要。例如，对于已经主动公开的政府信息，同样应当正式告知申请人。如前所述，这种情况可能发生在受理环节，但不排除个别申请在受理后才发现政府信息已经主动公开，或者在受理审查环节决定转为主动公开，对此，显然应当告知申请人其所申请的信息已经主动公开，并告知其获取的方式与途径。

其次，答复形式应当至少包括决定书、告知书、通知书几种形式。其中，决定公开政府信息、不公开政府信息、部分公开政府信息的，适用"决定书"。受理申请、要求申请人补正申请的，应当适用"通知书"。其他的则应采用"告知书"的形式。受理通知书在进入申请审查阶段之前作出，而补正通知书可以在受理后作出。所申请的政府信息非本机关掌握、信息已主动公开的，在受理环节可以与不予受理决定一并告知，在审查环节，则可以采用告知书的形式告知。

实践中，行政机关作出答复不规范的情况屡见不鲜。首先是不采取书面答复。行政机关对外作出的行为代表行政机关，具有正式性，应采取书面方式。但不少行政机关的工作人员出于种种顾虑不太乐意作出书面答复。2012年测评与调研时，某国务院部门的工作人员一次性口头告知多条需要补充的申请材料，并且屡次拒绝项目组人员获得书面回复的要求，某国务院部门的工作人员拒绝向项目组成员出具"补充申请材料通知书"并声称口头告知是合理的。2014年测评与调研时,仍有多家行政机关仅在电话中告知了答复结果,不出具书面答复书。其次,答复内容不规范。2014年的测评与调研中,一些以电子邮件方式出具的回复中,答复内容较为随意。有3家部委、2家省级国土厅和1家较大市的国土局使用QQ或163邮箱作出答复,而非行政机关的官方邮箱,且邮件的内容也没有行政机关的抬头或落款,申请人很难相信这是官方作出的正式答复意见。例如,某国务院部门以电子邮件方式作出答复,但是答复邮件使用的是QQ邮箱,邮件附件虽然附有告知书,但告知书上没有盖章。某省级财政厅向申请人发送了两封邮件,这两封邮件的内容不同,使用的邮箱也不相同,有一封邮件正文只有一句话:"请登陆省国土资源交易网查询",没有抬头或落款。再次,不告知作出决定的依据、理由和救济途径的情况还比较普遍。2014年测评与调研时,有3家国务院部门答复称所申请的信息属于国家秘密,但未告知依据。而且,大部分行政机关都没有在答复中提供对答复有异议的救济途径。

关于政府信息公开答复书中是否需要告知不公开等的依据、理由和救济途径,实践中存在一定的争议,不少行政机关的工作人员认为没有必要。其理由有三:第一,《政府信息公开条例》无明确要求;第二,《政府信息公开条例》已经明确规定,当事人可以申请行政复议或者提起行政诉讼,无须单独告知;第三,当事人普遍懂法,即便不告知,也知道该向谁申请行政复议或者向哪一级法院提起行政诉讼。其实,关于告知不予公开的理由,《政府信息公开条例》第21条已有明确规定,其第二项规定,属于不予公开范围的,应当告知申请人并说明理由。而告知理由必然要说明法律依据。而告知救济途径也是正当程序的要求,从法理上推导也站得住脚,且《行政处罚法》《行政许可法》《行政强制法》等都有类似规定,理应在告知书、通知书等中明确注明并告知当事人。鉴于此,应当根据处理政府信息公开申请的需要,进一步细化答复文书的种类,明确其格式要求,以此来规范答复流程。未来修改《政府信息公开条例》时,可考虑进一步明确规定。

在政府信息公开申请的答复方面还需要进一步明确答复的时间。按照《政府信息公开条例》的规定,行政机关不能当场答复的,应当自收到申请之日起 15 个工作日内予以答复。那么，行政机关作出答复的时间是其答复书等书面文件上落款的时间、数据电文发送的时间、信函投递的时间，还是数据电文进入申请人指定的信息系统的时间、申请人签收信函的时间，这在实践中也容易出现争议。实践中经常出现答复书投递时间远远滞后于答复书落款时间的情况，其中不少是因为行政机关交寄答复书滞后。对此，应考虑从有利于申请人且不给行政机关增加过大负担的角度进行设计。申请人要求到现场当场领取答复书（及公开的政府信息）的，行政机关应当在答复期限内通知申请人，并为其预留合理的到达行政机关的时间。申请人应配合行政机关并在答复期限内到行政机关当面领取答复书（及公开的政府信息），因其自身原因无法到场导致领取答复书等超期的，行政机关可以凭电话录音等免责。申请人要求以邮寄方式获取答复书（及公开的政府信息）的，行政机关应在答复期限内按照申请人提供的邮寄地址投递答复书，投递日期超出答复期限的，视作其逾期答复。申请人要求通过电子邮件方式获取答复书（及公开的政府信息）的，考虑到数据电文形式的答复一般具有即时抵达的特点，因此，应以行政机关发送的数据电文进入申请人指定的信息系统的时间作为其答复时间，但申请人提供的信息系统地址不准确或者因存在故障无法正常接收数据的除外。

九　决定公开相关信息的效力

所谓决定公开相关信息的效力，是指对于申请人提出的政府信息公开申请，行政机关经审查决定向其公开的，所公开的信息是仅对申请人有效，还是对一般公众也发生效力，以及申请人如何使用该信息是否应受到一定的限制。

首先，政府信息可以对申请人公开，是否意味着也就可以对所有人公开？对此，应区分两种情形。第一种是向申请人公开有其个人信息的政府信息，这在《政府信息公开条例》第 27 条中有规定。这类信息涉及特定个人的个人信息，有些还可能涉及其较为敏感的个人信息，原则上仅能向个人信息的本人公开，而不能随意向其他当事人公开。第二种是向申请人公开不包含其个人信息的政府信息，这种情况意味着申请人所申请公开的信息不涉及任何不宜公开的内容，或者虽涉及他人的商业秘密、个人隐私等不宜公开的内容，但经过征询第三人意见，或者行政机关经过利益衡量认定公开更为有助于保护公共利益，又或者行政机关对其中涉及不宜公开的信息进行了处理或进行部分公开。此类信息之所以可以公开，乃是因为其具有可公开性，因此，对一个人公开就意味着可以对更多的人公开。但实践中，经常有行政机关在答复书中提出，申请人获得所申请公开的信息后，不得传播，而且，行政机关往往也不会将其转为主动公开。这种做法十分不妥，这将导致其他需要该信息的公众只能另行提出申请，这既浪费了社会资源，也浪费了行政成本。比较妥当的做法是，凡是可以对申请人公开的信息，只要不属于申请人本人的个人信息，或者不属于涉及第三人个人信息、商业秘密但第三人仅同意向申请人公开的，均应直接转为主动公开信息。2014年，在对国务院部门进行依申请公开畅通性的验证过程中，国家宗教事务管理局接到项目组提出的公开全国登记的宗教活动场所数目的申请后，不但按时答复，还在门户网站主动公开了"全国宗教事务场所基本信息"，这不失为比较积极的做法。

其次，申请人取得所申请公开的政府信息后，据此从事违法犯罪活动，如何追责？政府信息公开制度的目的是最大限度地向社会分享政府信息，在决定是否向申请人公开某政府信息时，行政机关所要考虑的只能是申请人所申请公开的政府信息是否属于政府信息公开制度所明确划定的不公开信息的范围，据此评定所申请公开的政府信息是否具有可公开性。至于申请人取得此信息后从事何种活动，均无须过问，即便其据此从事违法犯罪活动，国家也有相应的制裁措施，无须政府信息公开环节加以过多考虑，否则无疑就是越俎代庖、多此一举。

十 小结

依申请公开制度是政府信息公开制度的核心，是落实和保障知情权的重要制度。构建透明政府的成效如何，不应以依申请公开的工作量在行政机关政府信息公开工作中的占比是否高于主动公开的占比作为标志，换言之，政府信息公开工作做得好不好，更多地要看主动公开成效如何，而不应当是依申请公开工作。但绝不能因此而否定依申请公开制度，它是盘活政府信息公开制度的根本，没有这项制度就没有政府信息公开制度。落实依申请公开制度有两个关键问题需要解决，一个是程序性问题，一个是实体性问题，后者主要是指如何确定不公开信息的范围。本书主要探讨了程序性问题，实体性问题留作今后进一步研究分析。解决依申请公开制度的程序性问题就是要解决好如何认定是否属于政府信息公开申请、谁有资格申请、向谁申请、如何申请、如何处理申请等的问题。只有这样，才能进一步理顺依申请公开工作，有效保障公民的知情权。

附 常见依申请公开政府信息申请答复（国家卫生和计划生育委员会）

实例1：婴儿奶粉宣传：①"胆碱"具有促进脑发育、提高记忆能力是否有公认的科学依据？②"乳铁蛋白"能帮助婴幼儿抵抗细菌、病毒等有害微生物，提高自身免疫力，是否有公认的科学依据？

实例2：食品配料表中标注含"奶精""植脂末""人造奶油""代可可脂"等（或上述其中一种），是否应按照GB18050规定要求标注"反式脂肪（酸）"含量？

实例3：最新的经核准的乙肝表面抗原携带者不得从事的职业范围、不得从事的依据分别是什么？目前核准了哪些行业和学校入学和就业体检时检测乙肝项目？检测依据分别是什么？

实例4：牛鞭、鹿鞭、虎鞭、猪鞭、狗鞭、羊鞭、海马鞭等动物鞭是否可用于普通食品？

实例5："红花"或"红花提取物"能不能添加在普通食品配料中？

实例6：食品添加剂"维生素C"的适用范围？糖果、压力糖果、凝胶糖果类食品是否可以使用食品添加剂"维生素C"？

实例7：透明质酸钠适用范围为保健食品原料，可否用作普通食品如固体饮料的配料？

实例8：专供婴幼儿直接食用的肉松、酱油等食品是否属于特殊膳食用食品？这类食品的营养成分指标应当依据哪些标准？

实例9：樱花粉（樱花花瓣研磨成粉）是否可作为食品原料生产普通食品？

实例10：可用于保健食品的物品名单中刺玫果与野玫瑰果是不是同一种植物果实？野玫瑰果是否可以添加在幼儿配方奶粉中？

实例11：韭菜子（籽）是食品或者新资源食品原料吗？

实例12："花旗参"是否可用于生产普通食品作为原材料添加？如需批准，哪个机构有权批准？卫生部还是质监局？

实例13：《GB2760－2011食品添加剂使用标准》中的碳酸氢钠与苏打粉是否同一物质，以及小苏打与碳酸氢钠的关系。

实例14：灵芝、刺五加是新资源食品吗？能否用于普通食品？

实例15：干燕窝是属于普通食品，还是保健食品？还是药品？

实例16："冰粉籽（假酸浆种子）"能否作为普通食品原料？

实例17：冬虫夏草、红景天是否可以作为普通食品原料使用？

实例18："嗜酸乳杆菌"为何仅限于1岁以上幼儿的食品，0－1岁婴幼儿食用后有哪些危害？为什么0－3岁婴幼儿食品中不能添加"两歧双歧杆菌、婴儿双歧杆菌"，0－3岁婴幼儿食用后有哪些危害？

实例19：乳钙与乳矿物盐是否为同一物质？

实例20：碳酸钙、柠檬酸、酪蛋白磷酸肽是不是允许使用的食品添加剂，是否可以添加到糖果中？

实例21：预包装食品是否应同时执行食品卫生标准和食品质量标准，还是只需要执行食品安全卫生标准或者食品质量标准其中之一？

实例22：熟地黄、生地黄、西洋参、天麻是否可用于普通食品（食品生产许可证QS）生产加工？

实例23：冬虫夏草、西洋参、银杏叶是否可以作为普通食品原料生产经营？

实例24：溪黄草、辛夷是否可用于普通食品生产加工？

实例25：火麻仁能否作为普通食品原料加工生产？

实例26："蜂巢"是否为药品，是否为花食两用的药品？是否为可用于保健食品的药品？

实例27：卫生部掌握的近年来（2003－2013）有关卫生部受理的信访案件相关的所有信息的目录，并在目录中对信息来源、可公开性进行说明。

实例 28：2010 年 1 月 1 日到 2012 年 12 月 30 日的食品糖果制品对铅、镉、汞、砷、锡、镍、铬、铜、锑的最大残留限量要求。

实例 29：卷烟中添加中草药可以降低对健康的危害，并起到保健作用（中草药降焦减害）是否成立？有何科学依据和研究成果？

实例 30：焦油含量降低，烟草危害就相应降低（低焦油、低危害）是否成立？有何科学依据和研究成果？

实例 31：公民或社会组织如何参与贵单位相关的控烟活动？具体参与时间、方式和联系方式？

实例 32：进口普通食品、特殊营养食品里是否可以允许添加蜂胶？

实例 33：食品添加剂黄原胶是否可以在月饼里使用？

实例 34："大豆异黄酮"是否能作为普通食品原料、配料使用？

实例 35："杜仲"或"杜仲叶"能否直接用于普通食品加工生产？

实例 36：含有葡萄糖胺的相关国家食品安全标准。

实例 37：食品用过氧化氢消毒液可不可以消毒食品？

实例 38：香菇经干燥、水提、醇沉、浓缩、干燥后得到的香菇多糖提取物（多糖含量 30% 以上），能否申请新食品原料？

实例 39："芦荟果肉"是否为食品原料？

实例 40："猪胎盘""马胎盘""鲨鱼软骨"是否可用于普通食品原料？

实例 41：作为配料使用的酱油，在食品的配料表中是否应当标明酿造酱油或是配制酱油？

实例 42：起酥油的定义？起酥油是否含有氢化植物油（部分氢化植物油）？起酥油是否对人体有害？起酥油在食品中的使用范围？

实例 43："胶囊类普通食品"没有 QS 生产许可证和保健批准文号，只有"食品卫生许可证号"，请公开类似产品，只有食品卫生许可证号就能生产胶囊类普通食品吗？

实例 44：所有关于安全使用羊胎盘的规范性文件。

实例 45：中国人民解放军北京军区总医院的执业许可证。

第六章

政府信息公开工作年度报告

一 概述

政府信息公开工作年度报告（以下简称"年度报告"），是对上一年度政府信息公开情况的总结分析，是《政府信息公开条例》为保障政府信息公开制度的实施，加强对政府信息公开实施的社会监督和行政机关的自我监督而专门设计的制度。根据规定，各行政机关应当在每年3月31日前公布本机关上一年度的年度报告。在规定的时限内公布本机关的年度报告是《政府信息公开条例》为行政机关设定的重要职责，是政府信息公开制度重要的监督保障机制，是行政机关加强自我监督、履行政府信息公开义务、接受社会和公众监督的重要方面。

自2009年开始政府透明度指数测评以来，我们每年都对被测评对象发布年度报告的情况进行观察、统计和分析。2009年首次测评时，测评时间为当年年末，因此，对年度报告的测评主要集中于测评时是否已经发布了年度报告以及年度报告的内容，并没有对各被测评对象是否严格按照《政府信息公开条例》的要求在当年3月31日前发布年度报告作统计。此后，2010年测评时，仍主要以各被测评对象在当年末测评时发布年度报告的情况为准。2011年，则自2011年3月15日至4月20日集中对年度报告发布情况进行了观察。自2012年的3月初开始，我们对3月31日前各测评对象发布上一年年度报告的情况进行集中测评和分析。

从连续几年的测评与调研情况看，政府信息公开工作年度报告的发布日趋规范，从过去许多部门不发布、不能按时发布，到目前绝大多数都能按时发布；从过去发布的报告内容空洞、数据不详，到目前不少行政机关发布的年度报告数据翔实、内容丰富。

二 发布时间

自2009年以来，政府信息公开工作年度报告的发布时间逐步规范，最初不少部门要么根本不制作年度报告,要么不能按时发布,截至2014年3月31日,年度报告按时发布的情况已经比较好了。

43家较大的市的政府中,2009年,有34家在门户网站公开了2008年的年度报告全文;2010年,增加到37家。而2010年,59家国务院部门中,有55家提供了上一年度的年度报告全文。也就是说,截至2011年底,有4家国务院部门和6家较大的市的政府2010年年度报告未能检索到,只能视作其未公开。

2011年对年度报告的统计时间是3月15日至4月20日,当年显示,多数行政机关能够做到按时发布年度报告。被测评的59家国务院部门的年度报告均被查找到;43家较大的市的政府中,我们找到了37家较大的市的年度报告,年度报告调研结束前,又有1家发布了报告。当年测评的26家省级政府中,我们找到了25家的年度报告。

2012年,我们改变了测评方式,集中对所有被测评对象3月31日24时前发布年度报告的情况进行了统计。结果显示,截止到2012年3月31日24时,59家国务院部门中有57家发布了上一年度的年度报告,26家省和直辖市政府以及43家较大的市的政府则全部发布了上一年度的年度报告。

2013年,截止到3月31日24时,58家国务院部门(铁道部因机构改革,网站停用,但实际测评的是59家)、31家省和直辖市政府以及49家较大的市的政府中的46家都按时发布了上一年度的年度报告(经检索,未发现邯郸市和乌鲁木齐市的年度报告,吉林市政府网站中的年度报告栏目无法打开,于2013年4月3日才打开)。有的行政机关效率较高,原卫生部、中医药管理局、厦门市、福州市和拉萨市在一月份就发布了年度报告。

2014年,截止到3月31日24时,55家国务院部门中的51家、31家省和直辖市政府以及49家较大的市的政府中的46家都按时发布了上一年度的年度报告。有的行政机关在3月之前便已经公开了年度报告,如国家安全生产监督管理总局、合肥、福州、兰州、西安、武汉、淄博、南宁。

上述数据表明,几年来,按时发布政府信息公开年度报告已经成为常态,绝大多数行政机关能够做到在每年3月31日前发布本部门的年度报告。

但从历年的观察也发现,行政机关发布年度报告普遍较为拖沓。例如,

2012年测评与调研时，虽然有的行政机关早在1月初就已经公布了年度报告，但大多数行政机关则集中到3月底才陆续公布。据统计，3月5日调研开始前发布年度报告的，国务院部门有3家，省级政府有1家，较大的市的政府有13家，而年度报告发布在截止日期前6天内（即3月26－31日）发布的，国务院部门有32家，省级政府有20家，较大的市的政府有18家（分别见图6－1、图6－2、图6－3）。

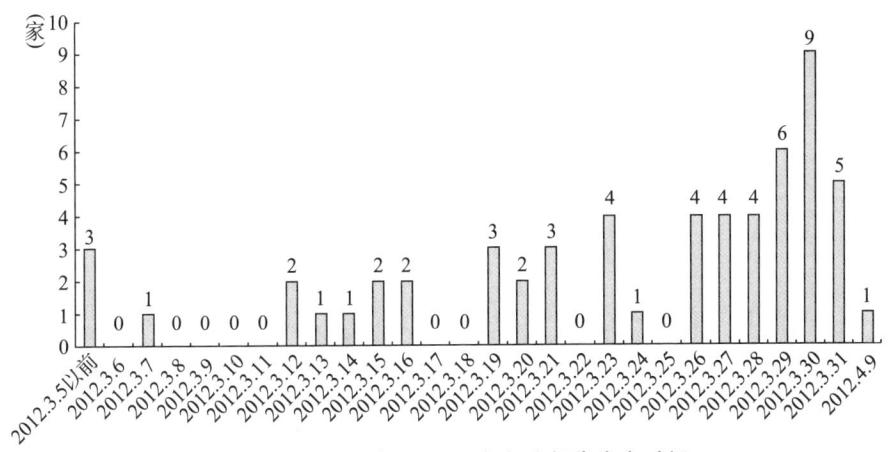

图6－1　国务院部门2011年年度报告发布时间

注：截止到2012年3月31日24时，国家预防腐败局未发布2011年的年度报告，直至2012年4月9日才发布2011年的年度报告，国家文物局公布的是2011年1－12月份各月政务信息公开情况。

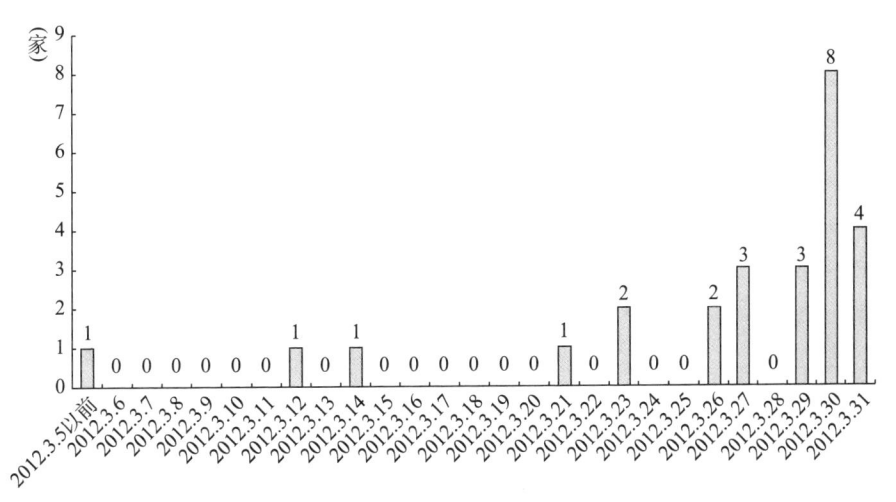

图6－2　省级政府2011年年度报告发布时间

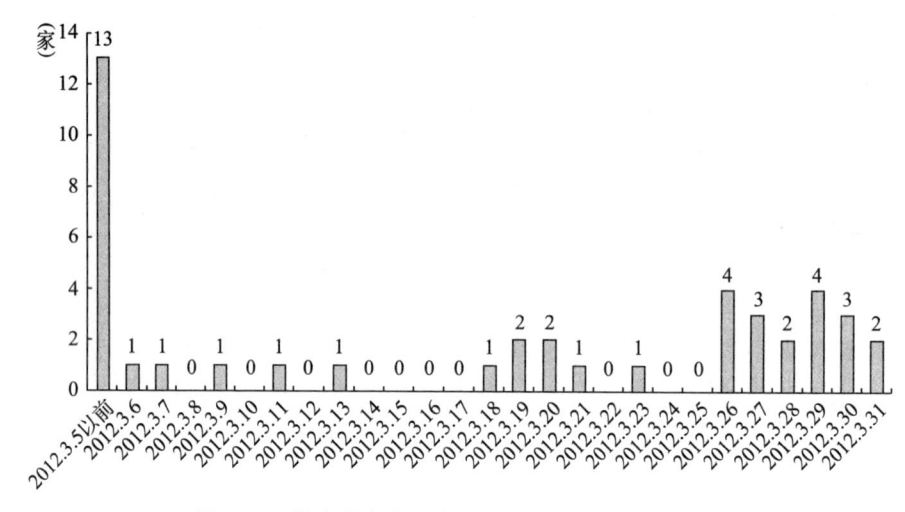

图 6-3 较大的市的政府 2011 年年度报告发布时间

2013 年的测评与调研发现，大多数行政机关同样也是集中到 3 月底才陆续公布，甚至一些行政机关在 3 月 31 日才发布年度报告。据统计，2013 年 3 月 5 日调研开始前发布年度报告的，国务院部门有 8 家，省级政府有 2 家，较大的市的政府有 13 家，而年度报告发布截止日期前 5 天内（即 3 月 27—31 日）发布的，国务院部门有 30 家，省级政府有 16 家，较大的市的政府有 15 家（见图 6-4、图 6-5、图 6-6）。

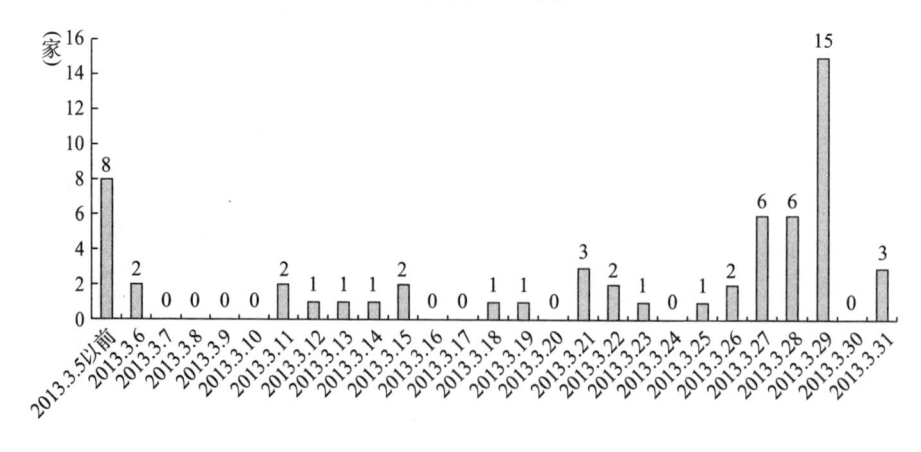

图 6-4 国务院部门 2012 年年度报告发布时间

注：截止到 2013 年 3 月 31 日 24 时。

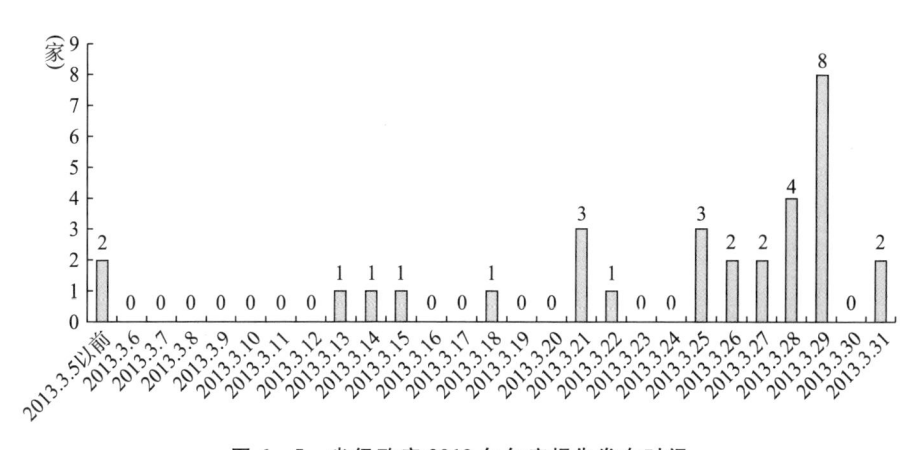

图 6-5　省级政府 2012 年年度报告发布时间

注：截止到 2013 年 3 月 31 日 24 时。

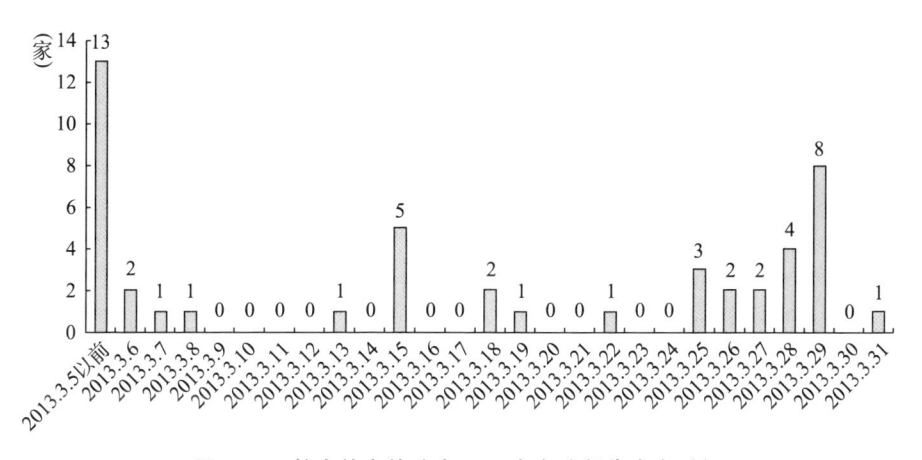

图 6-6　较大的市的政府 2012 年年度报告发布时间

注：截止到 2013 年 3 月 31 日 24 时。

2014 年，情况大体相同。有的行政机关早在 2014 年 1 月初就已经将年度报告公布在网站上，但大多数行政机关则集中到 3 月底才陆续在网上公布，有的则是等到 2014 年 3 月 31 日才上网公布，还有一些行政机关的年度报告在 2014 年 3 月 31 日 24 时前也未能在网上检索到。据统计，2014 年 3 月 5 日调研开始前发布年度报告的，国务院部门有 1 家，省级政府有 1 家，较大的市的政府有 7 家，而年度报告发布截止日期前 5 天内（即 2014 年 3 月 27-31 日）发布的，国务院部门有 31 家，省级政府有 17 家，较大的市有 17 家（见图 6-7、图 6-8、图 6-9）。

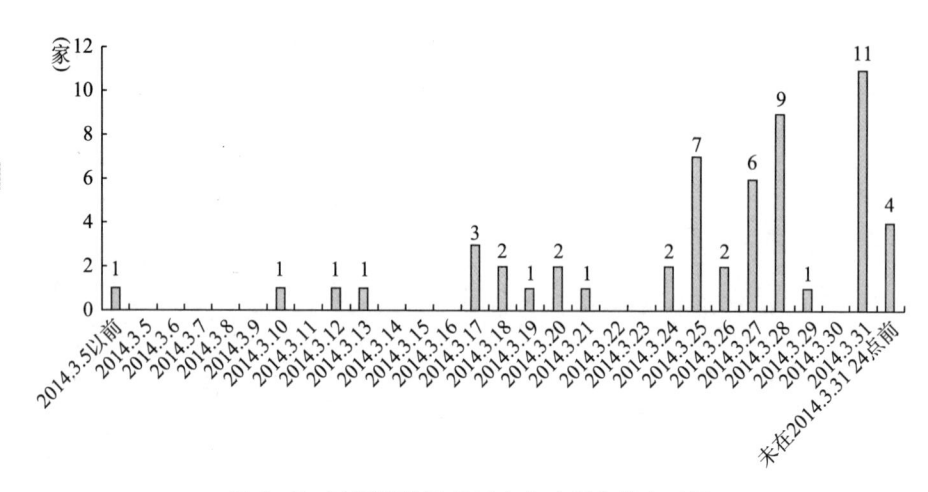

图 6-7　国务院部门 2013 年年度报告发布时间

注：截止到 2014 年 3 月 31 日 24 时。

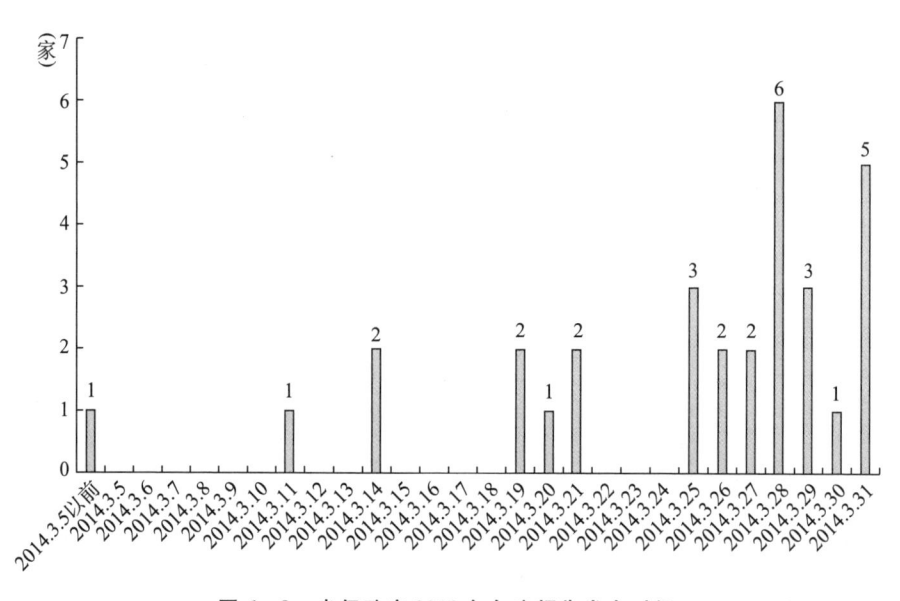

图 6-8　省级政府 2013 年年度报告发布时间

注：截止到 2014 年 3 月 31 日 24 时。

这种在最后期限扎堆发布报告的做法虽不违法，但至少反映出其工作态度、工作水平。依照现有的信息化工作水平，上一年度的政府信息公开工作情况统计起来并不复杂，拖延到最后发布，只能说明其内部管理不够高效、对年度报告的发布缺乏重视。

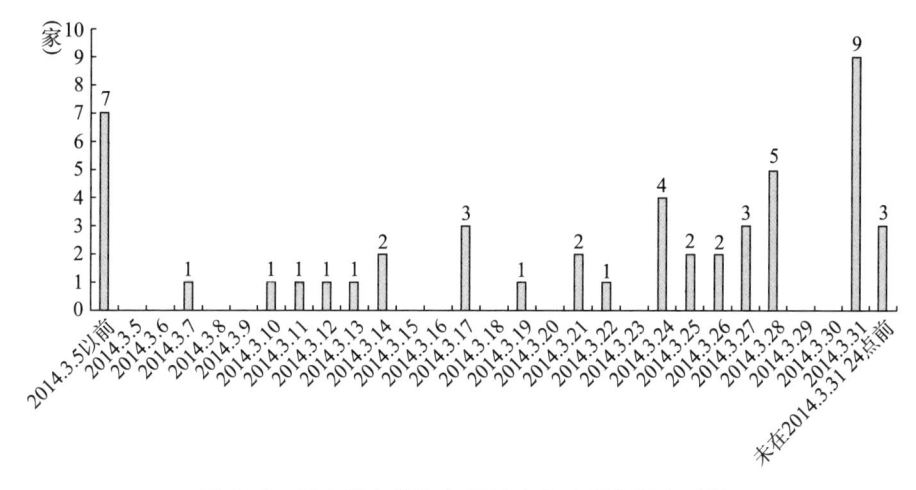

图 6-9 较大的市的政府 2013 年年度报告发布时间

注：截止到 2014 年 3 月 31 日 24 时。

三 发布平台

年度报告是政府信息公开工作的重要内容，其发布除了依靠传统的政府公报、新闻媒体等外，更主要是通过政府门户网站对外发布。为了方便公众查询获取年度报告，应当在门户网站设置专门栏目，将其作为政府信息公开专栏（专门网站）的重要组成要素。自《政府信息公开条例》实施以来，政府信息公开年度报告栏目的建设情况逐步向好。

2009 年测评与调研时，43 家较大的市的政府中，有 32 家网站设有专门的年度报告栏目（占 74.42%），但其中有 1 家网站的此栏目无法打开，有 2 家网站的此栏目无内容；其余 11 家网站没有专门的栏目，其中 2 家网站虽没有专门栏目，但提供了年度报告。有 34 家网站提供了 2008 年年度报告全文，部分网站没有提供年度报告栏目或者年度报告栏目为空，其年度报告系项目组在其门户网站内或者其他搜索引擎内检索发现的。

2010 年测评与调研时，43 家较大的市的政府中，有 37 家的门户网站提供了年度报告栏目，并提供了上一年度的年度报告全文，占地方政府全部被调研网站的 86.05%；59 家国务院部门中，51 家在门户网站上提供了年度报告栏目，55 家提供了上一年度的年度报告全文，分别占全部被调研国务院部门的 86.44% 和 93.22%。

2011 年测评与调研时，59 家国务院部门中，55 家有年度报告栏目。43 家较大的市的政府中，40 家有年度报告栏目。26 省、直辖市政府中，24 家有年度报告栏目。

到 2012 年测评与调研时，设置年度报告栏目的情况有了明显改善。当年，仅有 3 家国务院部门网站无年度报告栏目。

设置年度报告栏目的初衷在于为查询提供便利，但某些行政机关年度报告的发布位置较为随意，使得年度报告栏目形同虚设、流于形式。有的行政机关虽有栏目，但是，年度报告并未在栏目中公开，这导致年度报告的检索困难，影响年度报告的公开效果。有的甚至出现交叉重复放置年度报告的情形。比如：2012 年测评时，某国务院部门没有设置年度报告栏目，而是将近几年的年度报告交叉放置于《新闻动态》和《理论研究》栏目中；某省政府网站的《政府信息公开年度报告》栏目内是政府工作报告，而信息公开年度报告在《通知公告》栏目下才能找到；有的行政机关发布年度报告不分层级，市级、区级和各部门的混杂在一起，不易寻找；某市网站设置了年度报告栏目，但却将年度报告放置在《综合政务》栏目中；某市网站设置了年度报告栏目，但年度报告仍被重复放置在《政策文件》栏目和《规范性文件》栏目中；还有的政府机关年度报告未公布在本级政府网站上，而是发布在上级政府网站或者其他网站上，甚至通过搜索引擎也无法查到。此外，一些行政机关的年度报告栏目中只有部分年份的年度报告，其他年份的年度报告需要运用搜索功能进行寻找。有些行政机关将各部门及下级政府的年度报告都放入栏目中，但不加以归类整理，甚至不在标题中注明是何部门的报告，给查询带来很大不便。某些行政机关将一些不属于年度报告的内容放进栏目中，造成年度报告栏目内容混乱。有的行政机关栏目内容有效性也存在问题，提供的年度报告的链接在栏目中点开是无效的。

此外，年度报告的作用是为社会提供横向、纵向比对的依据，因此，历年的年度报告都需要留存，以备公众查询。2011 年测评与调研时就发现，有的行政机关的栏目只发布 2010 年的年度报告，不提供之前几年的年度报告。国务院部门中有 3 家不提供 2009 年及之前的年度报告，较大的市中有 2 家不提供 2009 年及之前的年度报告。2012 年测评与调研时，个别政府网站仅仅在网站上发布上一年度的年度报告，或者新的年度报告发布后，旧的就被撤回了，此前的年度报告均无法查找。还有的政府网站虽然设置了栏目，但栏目内无法查阅 2008 年至 2010 年的年度报告。调研发现，在年度报告栏目内未能提供 2008 年至 2010 年的年度报告全文的，有 2 家国务院部门、1 家省级政府、1 家较大的市的政府。2014 年测评时，仍有极个别行政机关存在这样的情况。

四　统计口径

从各行政机关发布的年度报告看，政府信息公开工作的统计比较混乱。依据 2010 年的年度报告，国务院部门中受理政府信息公开申请最多的部门一年的受理量为 7538 件（见图 6-10），省级政府最多的为 32033 件（见图 6-11），较大的市中最多的为 1098041 件（见图 6-12）；依据 2011 年的年度报告，国务院部门中受理政府信息公开申请最多的部门一年的受理量为 7938 件（见图 6-13），省级政府最多的为 30156 件（见图 6-14），较大的市中最多的为 170211 件（见图 6-15）；依据 2012 年的年度报告，国务院部门中受理政府信息公开申请最多的部门一年的受理量为 4930 件（见图 6-16），省级政府中最多的为 31418 件（见图 6-17），较大的市中最多的为 130231 件（见图 6-18）。与同类机关的同类数量相比，其反差极大。究其原因，就是统计口径不一致。首先，对于政府信息公开申请的认定标准不一致。很少有行政机关严格区分收到的申请数和受理的申请数量，有的只统计了收到的申请数量，有的则把收到的申请数量与受理的申请数量混为一谈，还有的把一些咨询、投诉也算作申请处理，结果就造成了数量的混乱。其次，地方政府统计的范围不一致。有的地方政府统计的数据仅仅是省或者市本级政府的，还有的会将本级行政机关的数据统计在内，还有的甚至会把下级政府（如省以下的地市级政府、市以下的县市区政府）的数量统计在内。以 2012 年测评时对 2011 年年度报告的分析为例，26 家省级部门中，广东省、江苏省、河北省、陕西省公布的是办公厅受理的申请总数，湖北省、湖南省公布的是省政府及省级部门受理的数量，还有的公布了包含全省各地市的受理数量。因此，按照现在发布的年度报告所做的数据统计，完全没有进行横向比较的可能。

透明政府：理念、方法与路径

图6-10　2010年国务院部门受理政府信息公开申请数量①

部门	数量（件）
国家工商行政管理总局	7538
住房和城乡建设部	228
国家环境保护部	226
国土资源部	141
国家质量监督检验检疫总局	123
国家卫生部	116
国家发展和改革委员会	99
国家农业部	95
国家体育总局	70
教育部	53
国家食品药品监督管理局	51
民政部	51
人力资源和社会保障部	46
国家科学技术部	41
国家商务部	33
国家统计局	32
中央财政部	30
国家银行业监督管理委员会	30
公安部	29
国家海关总署	26
国家税务总局	24
国家广播电影电视总局	21
工业和信息化部	20
中国证券监督管理委员会	18
铁道部	16
中国民用航空局	15
国家新闻出版总署	14
国家能源局	13
国务院国有资产监督管理委员会	13
国家安全生产监督管理总局	12
中国保险监督管理委员会	12
审计署	11
中外交通部	11
中国人民银行	11
国家人口和计划生育委员会	10
国家烟草专卖局	9
司法部	8
水利部	8
交通运输部	7
国家文物局	6
国家粮食局	6
国家邮政局	5
国家知识产权局	5
中国气象局	5
国家海洋局	4
文化部	4
国家中医药管理局	3
国家林业局	2
国家外汇管理局	1
国家电力监管委员会	1
中国专利管理局	1
国家地震局	1
监察部	0
国家预防腐败局	0
国家旅游局	0
国家测绘地理信息局	0
国家宗教事务局	0
国家民族事务委员会	0

① 数据来源于59家国务院部门2010年政府信息公开年度报告。

图6-11 2010年省级政府受理政府信息公开申请数量①

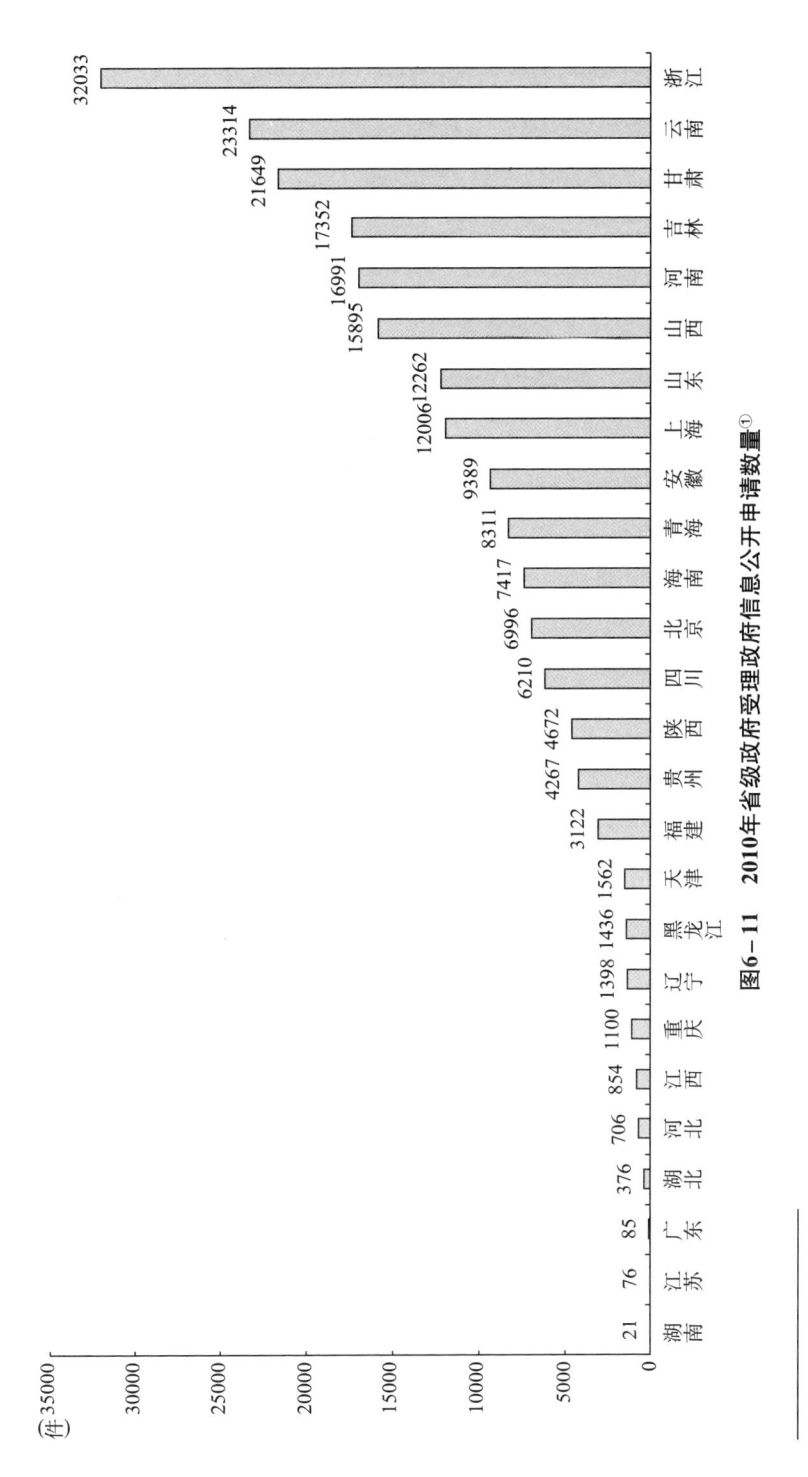

省份	数量
湖南	21
江苏	76
广东	85
湖北	376
河北	706
江西	854
重庆	1100
辽宁	1398
黑龙江	1436
天津	1562
福建	3122
贵州	4267
陕西	4672
四川	6210
北京	6996
海南	7417
青海	8311
安徽	9389
上海	12006
山东	12262
山西	15895
河南	16991
吉林	17352
甘肃	21649
云南	23314
浙江	32033

① 数据来源于26家省级政府2010年度政府信息公开年度报告。其中，湖北省的为省政府及省级部门受理总数，广东、湖南、江苏为办公厅受理的数据。

透明政府：理念、方法与路径

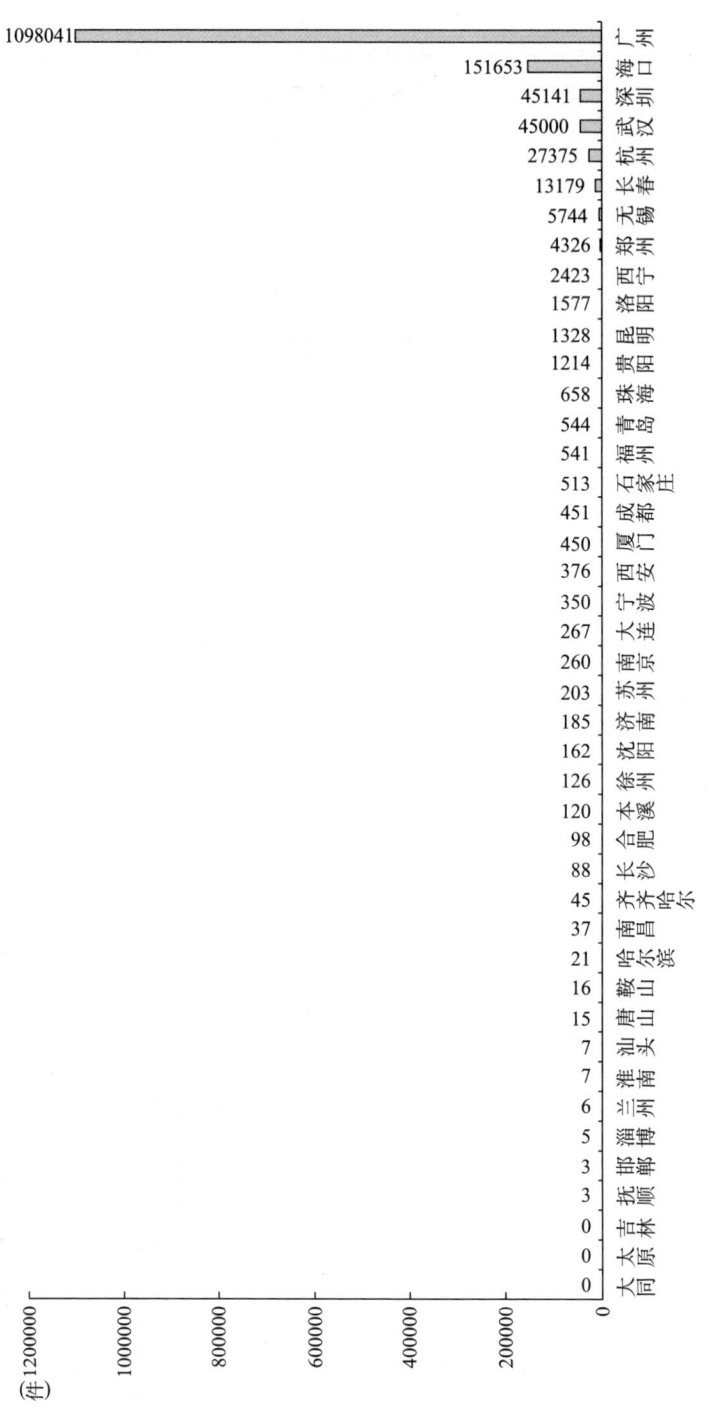

城市	数量
广州	1098041
海口	151653
深圳	45141
武汉	45000
杭州	27375
长春	13179
无锡	5744
郑州	4326
西宁	2423
洛阳	1577
昆明	1328
贵阳	1214
珠海	658
青岛	544
福州	541
石家庄	513
成都	451
厦门	450
西安	376
宁波	350
大连	267
南京	260
苏州	203
济南	185
沈阳	162
徐州	126
本溪	120
合肥	98
长沙	88
齐齐哈尔	45
南昌	37
哈尔滨	21
鞍山	16
唐山	15
汕头	7
淮南	7
兰州	6
淄博	5
邯郸	3
抚顺	3
吉林	0
太原	0
大同	0

图6—12 2010年较大的市的政府受理政府信息公开申请数量①

① 数据来源于43家较大的市的政府2010年政府信息公开年度报告。

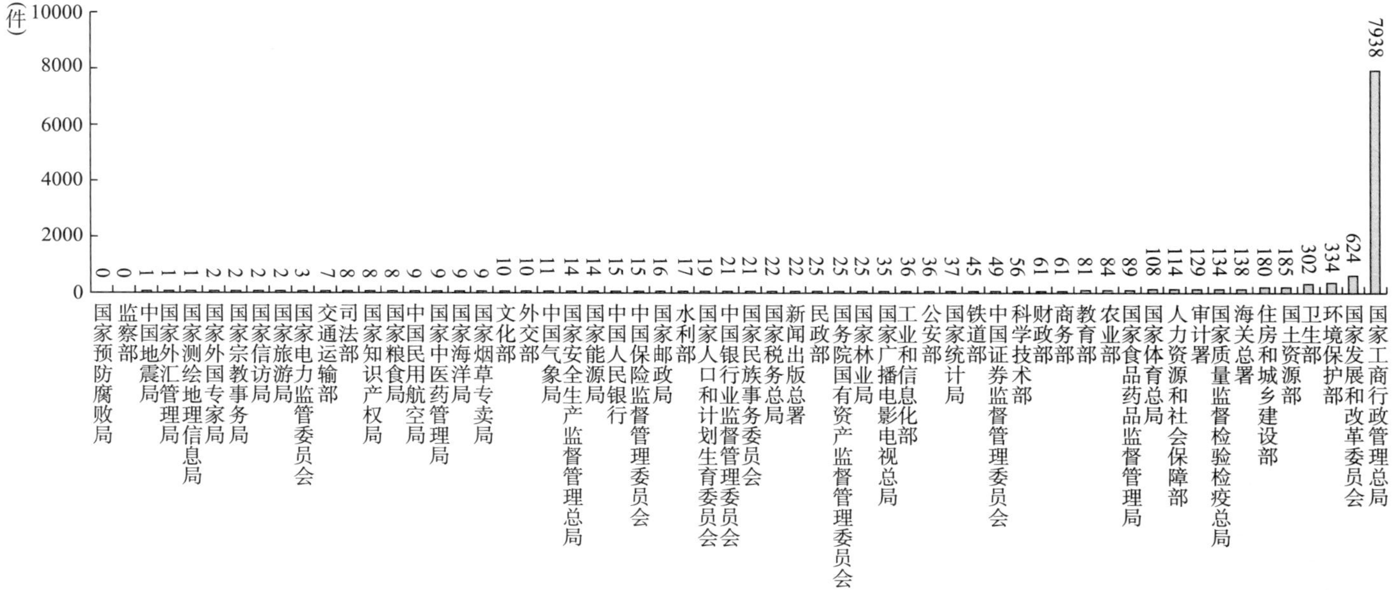
（件）
10000
8000
6000
4000
2000
0
国家预防腐败局 0
监察部 0
中国地震局 1
国家外汇管理局 1
国家测绘地理信息局 1
国家外国专家局 2
国家宗教事务局 2
国家信访局 2
国家旅游局 2
国家电力监管委员会 3
交通运输部 7
司法部 8
国家知识产权局 8
国家粮食局 8
中国民用航空局 9
国家中医药管理局 9
国家海洋局 9
国家烟草专卖局 9
文化部 10
外交部 10
中国气象局 11
国家安全生产监督管理总局 14
国家能源局 14
中国人民银行 15
中国保险监督管理委员会 15
国家邮政局 16
水利部 17
国家人口和计划生育委员会 19
中国银行业监督管理委员会 21
国家民族事务委员会 21
国家税务总局 22
新闻出版总署 22
民政部 25
国务院国有资产监督管理委员会 25
国家林业局 25
国家广播电影电视总局 35
工业和信息化部 36
公安部 36
国家统计局 37
铁道部 45
中国证券监督管理委员会 49
科学技术部 56
财政部 61
商务部 61
教育部 81
农业部 84
国家食品药品监督管理局 89
国家体育总局 108
人力资源和社会保障部 114
审计署 129
国家质量监督检验检疫总局 134
海关总署 138
住房和城乡建设部 180
国土资源部 185
卫生部 302
环境保护部 334
国家发展和改革委员会 624
国家工商行政管理总局 7938

图6-13　2011年国务院部门受理政府信息公开申请数量[①]

① 数据来源于国务院部门2011年的政府信息公开年度报告，其中，监察部未公布其受理或收到的依申请数据，国家预防腐败局在报告中声称其未收到申请，国家文物局公布的是2011年1-12月份各月政府信息公开情况。

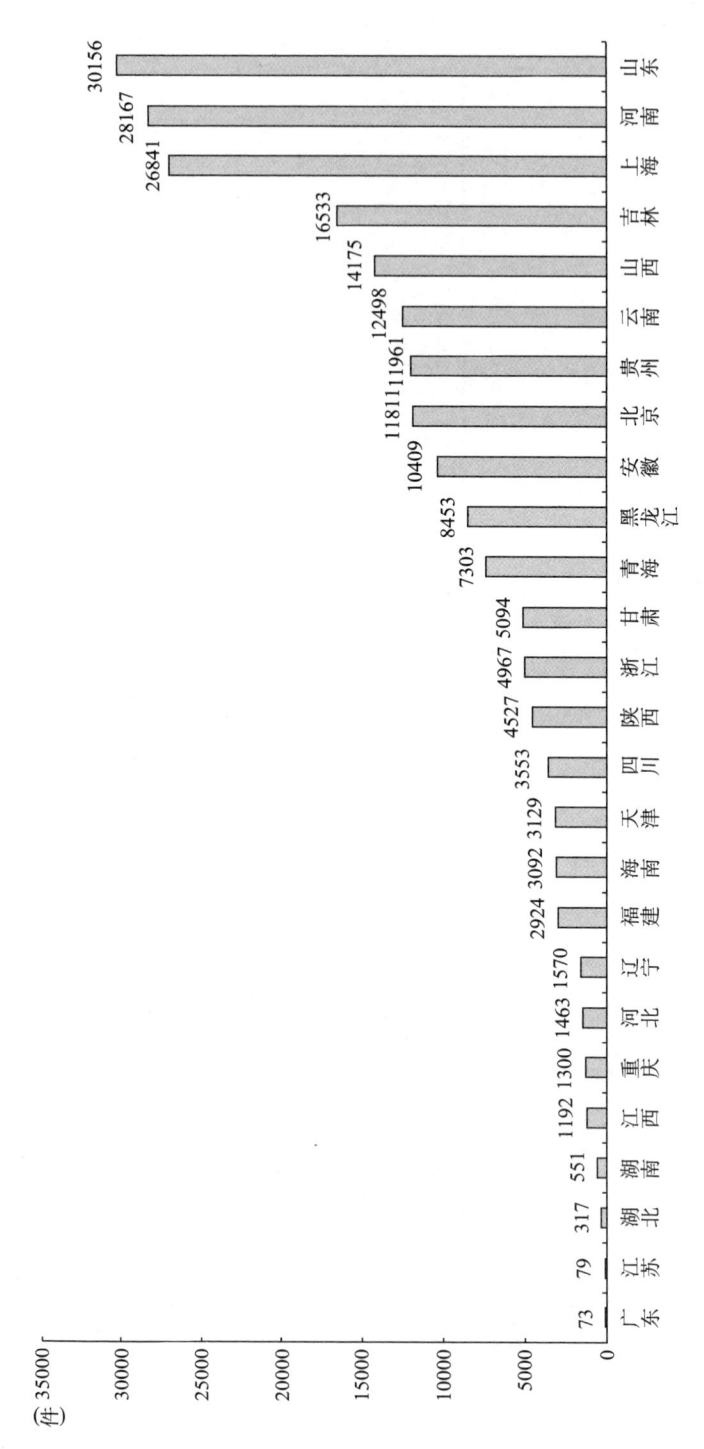

图6-14 2011年省级政府受理政府信息公开申请数量①

（件）

省份	数量
广东	73
江苏	79
湖北	317
湖南	551
江西	1192
重庆	1300
河北	1463
辽宁	1570
福建	2924
海南	3092
天津	3129
四川	3553
陕西	4527
浙江	4967
甘肃	5094
青海	7303
黑龙江	8453
安徽	10409
北京	11811
贵州	11961
云南	12498
山西	14175
吉林	16533
上海	26841
河南	28167
山东	30156

① 数据来源于26家省级政府2011年政府信息公开年度报告，其中，湖北省的为省政府办公厅和省直部门受理总数，广东省、河北省、陕西省、江苏省为办公厅受理的省政府数据；吉林省的为省政府及省级部门受理总数，湖南省的为省政府办公厅受理总数。

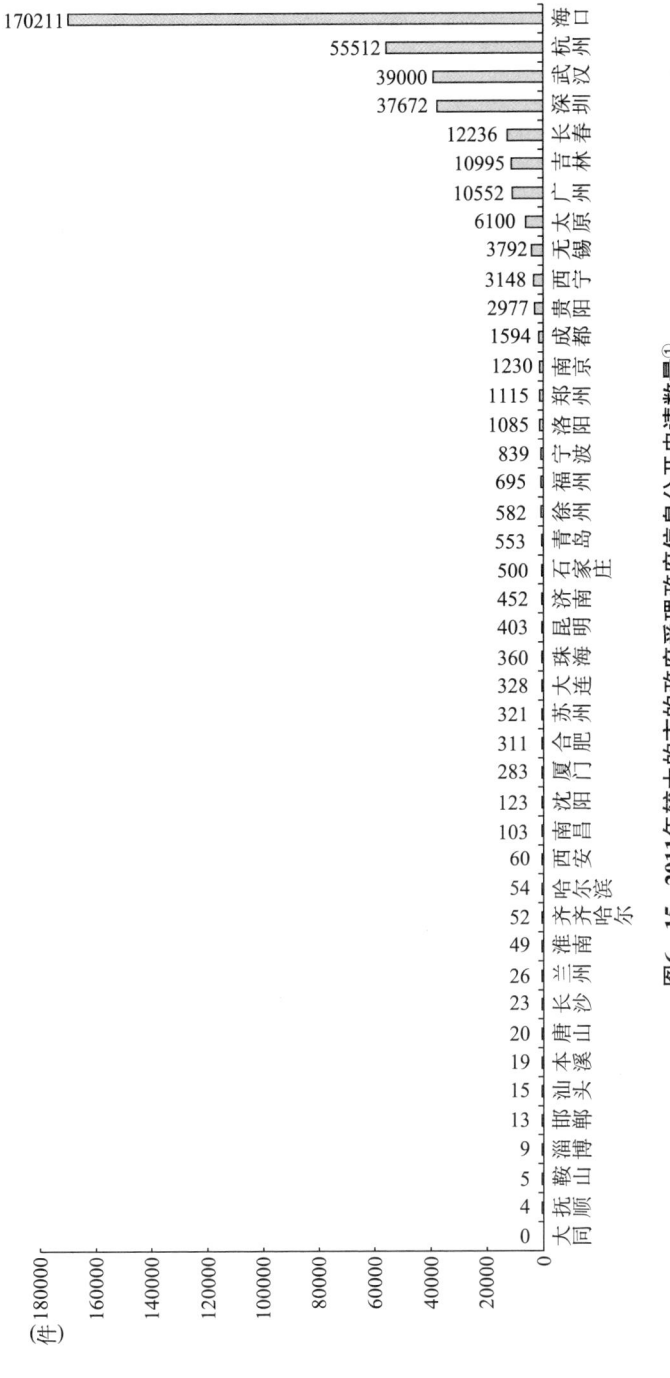

图6-15 2011年较大的市的政府受理政府信息公开申请数量[1]

城市	数量(件)
海口	170211
杭州	55512
武汉	39000
深圳	37672
长春	12236
吉林	10995
广州	10552
太原	6100
无锡	3792
西宁	3148
贵阳	2977
成都	1594
南京	1230
郑州	1115
洛阳	1085
宁波	839
福州	695
徐州	582
青岛	553
石家庄	500
济南	452
昆明	403
珠海	360
大连	328
苏州	321
合肥	311
厦门	283
沈阳	123
南昌	103
西安	60
哈尔滨	54
齐齐哈尔	52
兰州	49
淮南	26
长沙	23
唐山	20
本溪	19
汕头	15
邯郸	13
淄博	9
鞍山	5
抚顺	4
大同	0

[1] 数据来源于43家较大的市的政府的2011年政府信息公开年度报告。

图6-16 2012年国务院部门受理政府信息公开申请数量①

部门	数量（件）
国家工商行政管理总局	4930
国家发展和改革委员会	700
国家卫生和计划生育委员会	608
住房和城乡建设部	358
国家体育总局	354
国家环境保护部	305
国家质量监督检验检疫总局	237
国土资源部	212
教育部	186
中国证券监督管理委员会	174
农业部	141
国家外交部	134
国家食品药品监督管理局	126
国务院国有资产监督管理委员会	102
人力资源和社会保障部	88
公安部	87
财政部	78
商务部	69
中国海关总署	68
中国银行业监督管理委员会	65
新闻出版总署	62
国家邮政局	60
工业和信息化部	58
国家科学技术部	54
国家税务总局	51
国家统计局	46
国家广播电影电视总局	42
国家能源局	39
中国气象局	35
民政部	31
国家人口和计划生育委员会	30
国家安全生产监督管理总局	29
中国人民银行	28
审计署	22
司法部	21
中国保险监督管理委员会	21
文化部	20
国家民用航空局	20
国家民族事务委员会	20
交通运输部	18
水利部	17
国家粮食局	13
国家烟草专卖局	11
国家知识产权局	11
国家海洋局	9
国家信访局	9
国家林业局	7
国家电力监管委员会	4
国家中医药管理局	4
国家外汇管理局	3
中国国家旅游局	2
国家地震局	2
国家宗教事务局	2
国家预防腐败局	1
国家测绘地理信息局	0
监察部	0
铁道部	0

① 数据来源于59家国务院部门2012年政府信息公开年度报告，其中，铁道部因机构改革，网站停用。

图6-17 2012年省级政府受理政府信息公开申请数量①

省份	数量
新疆	41
重庆	93
江苏	103
广东	158
内蒙古	246
河北	979
海南	1105
江西	1307
天津	1728
广西	1998
宁夏	2031
安徽	2236
福建	2897
辽宁	3271
甘肃	3502
陕西	3627
湖北	4312
青海	5696
湖南	6511
黑龙江	6842
四川	7092
浙江	8073
山西	8437
吉林	14403
北京	15729
贵州	16548
河南	18411
上海	18945
云南	26132
山东	31077
西藏	31418

① 数据来源于31家省级政府2012年政府信息公开年度报告。

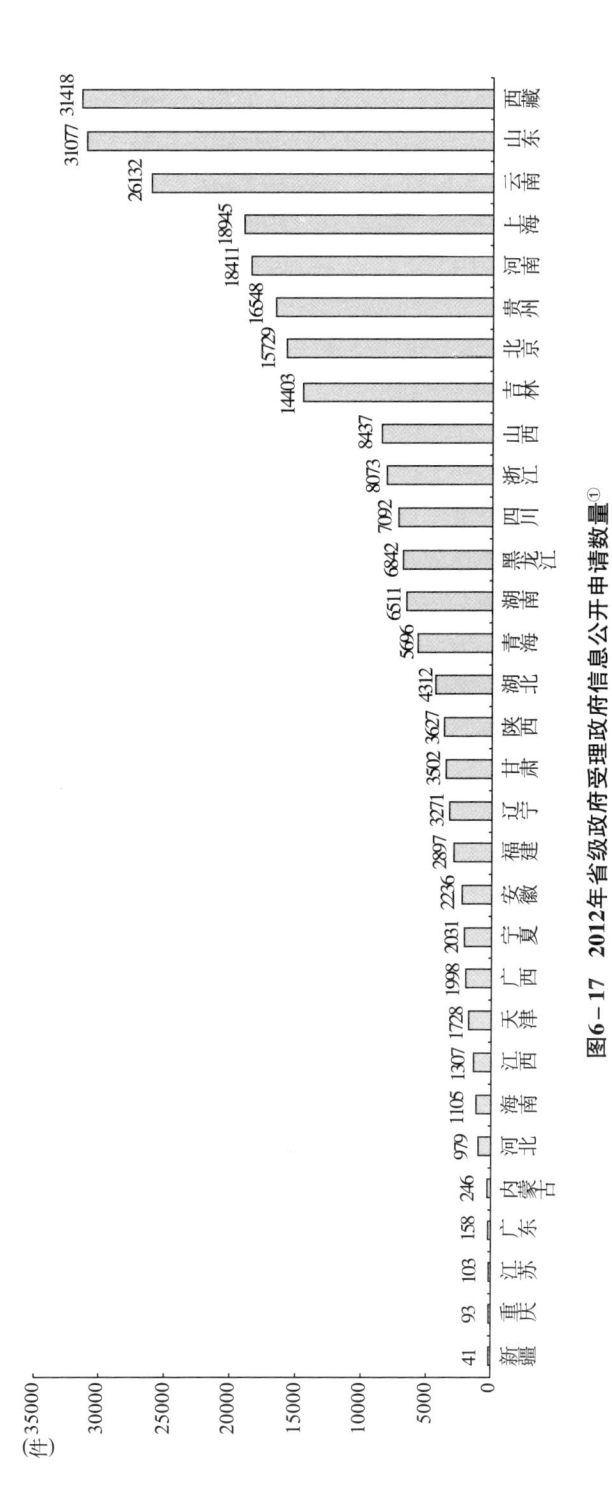

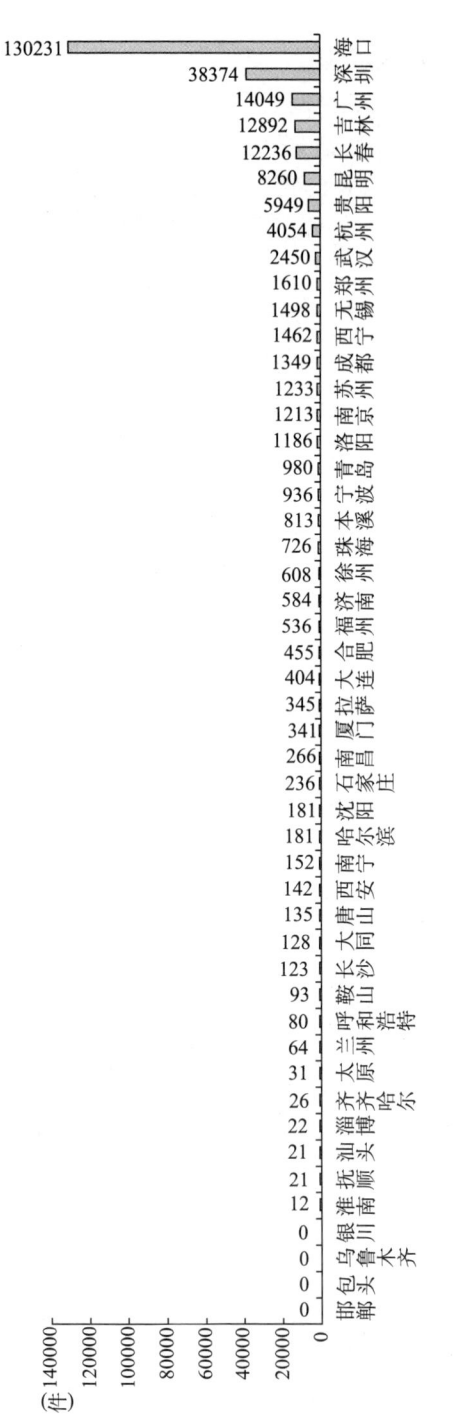

图6-18 2012年较大的市的政府受理政府信息公开申请数量[1]

城市	数量
海口	130231
深圳	38374
广州	14049
吉林	12892
长春	12236
昆明	8260
贵阳	5949
杭州	4054
武汉	2450
郑州	1610
无锡	1498
西宁	1462
成都	1349
苏州	1233
南京	1213
洛阳	1186
青岛	980
宁波	936
本溪	813
珠海	726
徐州	608
济南	584
福州	536
合肥	455
大连	404
拉萨	345
厦门	341
南昌	266
石家庄	236
沈阳	181
哈尔滨	181
西宁	152
南安	142
唐山	135
大同	128
长沙	123
鞍山	93
呼和浩特	80
兰州	64
太原	31
齐齐哈尔	26
淄博	22
抚顺	21
汕头	21
淮南	12
包头	0
银川	0
乌鲁木齐	0
邯郸	0

① 数据来源于49家较大的市的政府2012年政府信息公开年度报告。其中，乌鲁木齐市和邯郸市没有提供年度报告，包头市和银川市声称没有收到依申请公开申请，因此，其申请量均统计为0。吉林市的年度报告栏目在规定的时间内未曾打开，于4月3日才可以打开。

为了加强政府信息公开的数据统计，《国务院办公厅关于加强和规范政府信息公开情况统计报送工作的通知》（国办发〔2014〕32号）特别强调，要建立指标统一、项目规范、口径一致、数据准确的政府信息公开情况统计报送制度。但该规定没有明确界定政府信息公开申请的认定方式，因此难免还会出现统计不一的情况。另外，政府信息公开年度报告的编写要求也还不明确，如究竟是只统计本级部门的数据，还是把一级政府或者一个地区作为一个整体来统计，现行的要求并不明确。有的地方政府发布的报告涵盖了所属部门及下属城市的情况，有的仅包括所属部门情况，有的仅包括省或者市本级的情况，还有的则是用办公厅的工作情况替代本级政府的情况。例如，某省政府把办公厅的主动公开和依申请公开工作作为整个省政府信息公开工作报告的内容。因此，不同部门、不同地方就会基于不同的认识采用不同的统计口径。还有的年度报告只汇总网络公开情况，不汇总以其他方式公开信息的情况。例如，某省政府在其2013年的年度报告中提供的依申请公开的内容仅限于在线申请，但从其政府信息公开指南表述看，该省接受申请的渠道不限于网上在线申请。

五 核心信息

《政府信息公开条例》对政府信息公开工作年度报告应当包括哪些信息有相对明确的规定，即政府信息公开工作年度报告应当包括的内容有：行政机关主动公开政府信息的情况，行政机关依申请公开政府信息和不予公开政府信息的情况，政府信息公开的收费及减免情况，因政府信息公开申请行政复议、提起行政诉讼的情况，政府信息公开工作存在的主要问题及改进情况。可以认为，上述内容是年度报告应当包括的核心信息，所有年度报告均应当就上述事项作出尽可能详细的说明。但从近年来年度报告发布数据的统计情况看，年度报告披露上述数据信息的情况不尽理想，有的年度报告只是笼统地、大而化之地描述了过往一年的工作和成效，定性居多，定量偏少；有的年度报告即便披露了一定的统计数据，也不够准确细致。

（一）主动公开数据

对 2009—2013 年政府信息公开工作年度报告测评与调研后发现，上一年度年度报告中披露主动公开数据的情况并不理想。

2009 年评估 43 家较大的市时，34 家提供年度报告全文的较大的市中，有 32 家提供了 2008 年度主动公开政府信息的整体数据，占 74.42%；有 33 家按照主动公开形式等提供了主动公开政府信息的分类数据，占 76.74%。

2010 年测评与调研发现，59 家国务院部门和 43 家较大的市中，分别有 48 家国务院部门和 37 家较大的市在年度报告中提供了主动公开的整体数据，分别占 81.36% 和 86.05%。按照主动公开形式提供上年度主动公开分类数据的，有 40 家国务院部门和 31 家较大的市，分别占 67.8% 和 72.09%。

2011 年测评与调研发现，整体数据的公开情况较上一年略有提升，59 家国务院部门中有 53 家（占 89.83%），43 家较大的市中有 39 家（占 90.70%），所有 26 家省、直辖市政府在年度报告中提供了主动公开的整体数据。但是，按照主动公开形式提供上年度主动公开分类数据的情况则有一定下滑，有 31 家国务院部门（占 52.54%）14 家省级政府（占 53.85%）、20 家较大的市（占 46.51%）提供了此类数据。

2012 年测评与调研发现，59 家国务院部门中有 53 家（占 89.83%），26 家省、直辖市政府（占 100%），43 家较大的市中有 42 家（占 97.67%）在年度报告中提供了主动公开信息的整体数据。按照主动公开形式和有关事项类别分别提供上一年度主动公开分类数据的，有 22 家国务院部门（占 37.29%）、11 家省级政府（占 42.31%）和 17 家较大的市（占 39.53%）。

2013 年测评与调研发现，59 家国务院部门中有 32 家（占 54.24%）、31 家省级政府中有 27 家（占 87.10%）、49 家较大的市中有 44 家（占 89.80%）提供了主动公开的整体数据。15 家国务院部门（占 25.42%）、11 家省级政府（占 35.48%）和 16 家较大的市（占 32.65%）提供了按照主动公开形式和有关事项类别的分类数据，此数据较上一年均有所下降。

（二）依申请公开数据

而更为值得关注的是，依申请公开数据的公开情况更不理想。处理依申请公开的情况是评判行政机关推行政府信息公开工作成效的重要方面，也是切实保证公众知情权的重要方面。《政府信息公开条例》要求年度报告应当具备的要素中，依申请公开的数据和信息占据了绝大部分内容，包括行政机关依申请公开政府信息和不予公开政府信息的情况，政府信息公开的收费及减免情况，因政府信息公开申请行政复议、提起行政诉讼的情况。"行政机关依申请公开政府信息和不予公开政府信息的情况"究竟应涵盖哪些信息，《政府信息公开条例》没有明确，但从字面理解并从立法本意出发，该类依申请公开的数据，应当包括申请的数量、受理的数量、申请数量居前的部门和事项以及按照申请方式、决定内容、决定理由划分的分类数据等。尤其是对于不公开政府信息的情况，应当进一步依据政府信息的多种类型进行细化，如不属于政府信息公开申请、不属于本机关掌握、已经主动公开、涉及国家秘密、涉及商业秘密、涉及个人隐私、涉及过程信息等。数据公开得越详细，越有助于公众了解政府信息公开工作的成效，也越有助于推进政府信息公开工作。但这方面的信息和数据披露并不理想。

1. 2009 年测评与调研情况

2009 年测评与调研时，43 家较大的市中，仅有 14 家在年度报告中提供了上年度收到申请的数量（占 32.56%），其中 3 家称收到 0 件申请。有 11 家按照本级政府、下级政府、所属部门分别提供了收到的申请数量（占 25.58%），16 家列明了申请数量居前的部门（占 37.21%），20 家列明了申请数量居前的事项（占 46.51%），19 家列明了按照申请方式（如当面申请、邮寄、电子邮件、传真、互联网等）收到申请的数据（占 44.19%），33 家提供了上年度受理申请的数量（包括 3 家没有收到公开申请的网站，占 76.74%）。28 家列明了按照答复决定的内容（如不受理、决定公开、决定不公开、决定部分公开等）提供信息的数据（占 65.12%），17 家列明了按照不公开信息的理由（如涉及国家秘密、个人隐私、商业秘密等）处理申请的数据（占 37.53%），15 家说明了不公开信息的"其他原因"（占 34.88%），32 家列明了涉及政府信息公开的投诉、行政复议和行政诉讼的数量（占 74.42%），其中 3 家没有发生投诉或者复议、诉讼。

2. 2010 年测评与调研情况

2010 年测评与调研时，国务院部门公开依申请公开数据的情况略好于地方政府，地方政府2010年的情况总体不如2009年，且整体而言，各类行政机关在年度报告中公开的依申请公开数据仍不够细致。59家国务院部门中有33家提供了上一年度收到的申请总数（占55.93%），25家提供了申请数量居前几位的事项（占42.37%），23家提供了申请人按照不同申请方式提交申请的数量（占38.98%），44家提供了经审查受理申请的情况（占74.58%），27家按照答复决定的内容（如公开、不公开、部分公开等）提供了分类数据（占45.76%），有8家按照不公开的理由（如涉及国家秘密、个人隐私等）提供了分类数据（占13.56%），49家提供了涉及政府信息公开的行政诉讼、行政复议、投诉的数据（占83.05%）。43家较大的市中，有13家提供了上一年度收到的申请总数（占30.23%），14家按照本级政府、下级政府、所属部门提供了收到申请的数量（占32.56%），4家提供了申请数量居前几位的部门（占9.30%），17家提供了申请数量居前几位的事项（占39.53%），20家提供了申请人按照不同申请方式提交申请的数量（占46.51%），30家提供了经审查受理申请的情况（占69.77%），25家按照答复决定的内容（如公开、不公开、部分公开等）提供了分类数据（占58.14%），有14家按照不公开的理由（如涉及国家秘密、个人隐私等）提供了分类数据（占32.56%），35家提供了涉及政府信息公开的行政诉讼、行政复议、投诉的数据（占81.40%）。

3. 2011年测评与调研情况

而2011年测评与调研时，59家国务院部门中，有34家提供了上一年度收到的申请总数（占57.63%），28家提供了申请数量居前几位的事项（占47.46%），21家提供了申请人按照不同申请方式提交申请的数量（占35.59%），56家提供了经审查受理申请的情况（占94.92%），23家按照答复决定的内容（如公开、不公开、部分公开等）提供了分类数据（占38.98%），有11家按照不公开的理由（如涉及国家秘密、个人隐私等）提供了分类数据（占18.64%），56家提供了涉及政府信息公开的行政诉讼、行政复议、投诉的数据（占94.92%）。

26家省、直辖市政府中，有12家提供了上一年度收到的申请总数（占46.15%），15家按照本级政府、下级政府、所属部门提供了收到申请的数量（占57.69%），5家提供了申请数量居前几位的部门（占19.23%），18家提供了申请数量居前几位的事项（占69.23%），14家提供了申请人按照不同申请方式提交申请的数量（占53.85%），24家提供了经审查受理申请的情况（占92.31%），18家按照答复决定的内容（如公开、不公开、部分公开等）提供了分类数据（占69.23%），有7家按照不公开的理由（如涉及国家秘密、个人隐私等）提供了分类数据（占26.92%），26家提供了涉及政府信息公开的行政诉讼、行政复议、投诉的数据（占100%）。

43家较大的市中，有11家提供了上一年度收到的申请总数（占25.28%），10家按照本级政府、下级政府、所属部门提供了收到申请的数量（占23.26%），5家提供了本市上一年度收到申请数量居前几位的部门（占11.63%），24家提供了申请数量居前几位的事项（占55.81%），23家提供了申请人按照不同申请方式提交申请的数量（占53.49%），40家提供了经审查受理申请的情况（占93.02%），23家按照答复决定的内容（如公开、不公开、部分公开等）提供了分类数据（占53.49%），有9家按照不公开的理由（如涉及国家秘密、个人隐私等）提供了分类数据（占20.93%），41家提供了涉及政府信息公开的行政诉讼、行政复议、投诉的数据（占95.35%）。

4. 2012年测评与调研情况

2012年测评与调研时，59家国务院部门的依申请公开数据的公开情况较上一年有所下降。据统计，国务院部门有34家提供了上一年度收到的申请总数（占57.63%），与2011年调研情况持平；24家提供了申请数量居前几位的事项（占40.68%）；21家提供了申请人按照不同申请方式提交申请的数量（占35.59%），与2011年持平；39家提供了经审查受理申请的情况（占66.10%）；23家按照答复决定的内容（如公开、不公开、部分公开等）提供了分类数据（占38.98%），与2011年持平；有5家按照不公开的理由（如涉及国家秘密、个人隐私等）提供了分类数据（占8.47%），52家提供了涉及政府信息公开的行政诉讼（占88.14%），56家提供了行政复议的数据（占94.92%），仅有9家提供了投诉的数据（占15.25%）。

26家省、直辖市政府中，有13家提供了上一年度收到的申请总数（占50.00%），没有一家按照本级政府、下级政府、所属部门三类情况详细提供收到申请的数量，6家提供了申请数量居前几位的部门（占23.08%），18家提供了申请数量居前几位的事项（占69.23%），14家提供了申请人按照不同申请方式提交申请的数量（占53.85%），22家提供了经审查受理申请的情况（占84.62%），18家按照答复决定的内容（如公开、不公开、部分公开等）提供了分类数据（占69.23%），有8家按照不公开的理由（如涉及国家秘密、个人隐私等）提供了分类数据（占30.77%），24家提供了涉及政府信息公开的行政诉讼（占92.31%），25家提供了行政复议的情况（占96.15%），8家提供了投诉的数据（占30.77%）。

43家较大的市中，有18家提供了上一年度收到的申请总数（占41.86%），没有一家按照本级政府、下级政府、所属部门三类信息详细提供收到申请的数量，6家提供了申请数量居前几位的部门（占13.95%），26家提供了申请数量居前几位的事项（占60.47%），22家提供了申请人按照不同申请方式提交申请的数量（占51.16%），36家提供了经审查受理申请的情况（占83.72%），27家按照答复决定的内容（如公开、不公开、部分公开等）提供了分类数据（占62.79%），有10家按照不公开的理由（如涉及国家秘密、个人隐私等）提供了分类数据（占23.26%），40家提供了涉及政府信息公开的行政诉讼数据（占93.02%），41家提供了行政复议的情况（占95.35%），10家提供了投诉的数据（占23.26%）。

5. 2013年测评与调研情况

2012年测评与调研时，59家国务院部门中，有44家提供了上一年度收到的申请总数（占74.58%），25家提供了申请数量居前几位的事项（占42.37%），23家提供了申请人按照不同申请方式提交申请的数量（占38.98%），47家提供了经审查受理申请的情况（占79.66%），21家按照答复决定的内容（如公开、不公开、部分公开等）提供了分类数据（占35.59%），有6家按照不公开的理由（如涉及国家秘密、个人隐私等）提供了分类数据（占10.17%），54家提供了涉及政府信息公开的行政诉讼的数据（占91.53%），54家提供了行政复议的数据（占91.53%），仅有6家提供了政府信息公开投诉方面的数据（占10.17%）。

31家省级政府中，有17家提供了上一年度收到的申请总数（占54.84%），有1家按照本级政府、下级政府、所属部门三类信息详细提供收到申请的数量（占3.23%），有20家仅提供了本级政府与下级政府或者本级政府与所属部门收到申请的数据（占64.52%）；6家提供了申请数量居前几位的部门（占19.35%），22家提供了申请数量居前几位的事项（占70.97%）；21家提供了申请人按照不同申请方式提交申请的数量（占

67.74%），23 家提供了经审查受理申请的情况（占 74.19%）；23 家按照答复决定的内容（如公开、不公开、部分公开等）提供了分类数据（占 74.19%），有 13 家按照不公开的理由（如涉及国家秘密、个人隐私等）提供了分类数据（占 41.94%），29 家提供了涉及政府信息公开的行政诉讼（占 93.55%），31 家提供了行政复议的情况（占 100%），10 家提供了政府信息公开投诉的数据（占 32.26%）。

49 家较大的市中，有 30 家提供了上一年度收到的申请总数（占 61.22%），有 5 家按照本级政府、下级政府、所属部门三类信息详细提供收到申请的数量（占 10.20%），有 13 家仅提供了本级政府与下级政府或者本级政府与所属部门收到申请的数据（占 26.53%）；10 家提供了申请数量居前几位的部门（占 20.41%），24 家提供了申请数量居前几位的事项（占 48.98%）；29 家提供了申请人按照不同申请方式提交申请的数量（占 59.18%），45 家提供了经审查受理申请的情况（占 91.84%）；33 家按照答复决定的内容（如公开、不公开、部分公开等）提供了分类数据（占 67.35%），有 13 家按照不公开的理由（如涉及国家秘密、个人隐私等）提供了分类数据（占 26.53%），45 家提供了涉及政府信息公开的行政诉讼数据（占 91.84%），47 家提供了行政复议的情况（占 95.92%），13 家提供了政府信息公开投诉的数据（占 26.53%）。

6. 2014 年测评与调研情况

55 家国务院部门中，有 26 家提供了申请数量居前几位的事项（占 47.27%），19 家提供了申请人按照不同申请方式提交申请的数量（占 34.55%），21 家按照答复决定的内容（如公开、不公开、部分公开等）提供了分类数据（占 38.18%），有 9 家按照不公开的理由（如涉及国家秘密、个人隐私等）提供了分类数据（占 16.36%），能够将投诉、行政复议和行政诉讼同时提供的只有 6 家（占 10.91%）。

31 家省级政府中，有 8 家按照本级政府、下级政府、所属部门三类信息详细提供收到申请的数量（占 25.81%），有 14 家仅提供了本级政府与下级政府或者本级政府与所属部门收到申请的数据（占 45.16%）；7 家提供了申请数量居前几位的部门（占 22.58%），21 家提供了申请数量居前几位的事项（占 67.74%）；20 家提供了申请人按照不同申请方式提交申请的数量（占 64.52%），24 家按照答复决定的内容（如公开、不公开、部分公开等）提供了分类数据（占 77.42%），有 9 家按照不公开的理由（如涉及国家秘密、个人隐私等）提供了分类数据（占 29.03%），能够将投诉、行政复议和行政诉讼同时提供的只有 11 家（占 35.48%）。

49 家较大的市中，有 5 家按照本级政府、下级政府、所属部门三类信息详细提供收到申请的数量（占 10.20%），有 9 家仅提供了本级政府与下级政府或者本级政府与所属部门收到申请的数据（占 18.37%）；8 家提供了申请数量居前几位的部门，23 家提供了申请数量居前几位的事项（占 46.94%）；27 家提供了申请人按照不同申请方式提交申请的数量（占 55.10%），29 家按照答复决定的内容（如公开、不公开、部分公开等）提供了分类数据（占 59.18%），有 19 家按照不公开的理由（如涉及国家秘密、个人隐私等）提供了分类数据（占 38.78%），能够将投诉、行政复议和行政诉讼同时提供的只有 9 家（占 18.37%）。

通过上述核心信息的发布情况可以看出，目前，政府信息公开工作年度报告的编写缺乏明确统一的标准。对于年度报告究竟应当包含什么内容、应当向社会传递哪些信息，《政府信息公开条例》也仅仅有原则性的规定，具体如何操作多由各机关自行掌握，因此细化编写标准刻不容缓。此外，由于标准不够明确，年度报告避重就轻的问题也就难以避免。从多年的调研情况看，有的部门的年度报告只是笼统地总结了所谓取得的成绩，内容空洞，几乎没有涉及本机关公开政府信息的核心内容，没有提供详细的统计数据，对于过去一年本机关在政府信息公开方面的具体工作甚至只字未提。这也反映出这些机关要么不重视年度报告制度，要么其政府信息公开工作做得不够好。而且，从年度报告核心数据的发布情况也可以看出，目前政府信息公开工作还没有真正做到精细化管理。精细化管理必须做到知己知彼，必须清楚地了解自己做了什么、什么没有做好、服务对象的需求是什么。以申请数量居多的领域之一统计数据为例，行政机关只有实时掌握公众集中申请哪些信息，才能知道某一时间段内公众对政府信息的需求状况，进而结合政府管理、社会形势，分析其中的原因，特别是对于公众确实需求量较大又不涉及不公开信息或者公开后更有助于维护公共利益的信息，应当及时转为主动公开信息，甚至要考虑优化公开方式，方便公众获取。但从年度报告反映的数据看，这方面的管理还没有跟上。

六 小结

　　政府信息公开工作年度报告制度是《政府信息公开条例》规定的落实政府信息公开制度的保障机制之一，也是政府信息公开工作监督机制创新的重要体现。落实好这项制度，不仅仅要督促行政机关严格按照法定时限要求发布本机关的年度报告，还要进一步明确年度报告的编写规范和年度报告的基本要素，明确年度报告的数据统计标准，让年度报告数据翔实、有理有据，防止个别行政机关"偷懒"或者避重就轻，使其不但能够全面展示本行政机关往年的工作成效，更能成为社会监督、研究政府信息公开工作的"富矿"。编制好年度报告，不应只是关注其形式是否具有新颖性，如是否采用了 Flash 格式，是否图文并茂，而更应关注其实质性，尤其是核心数据的统计和公开。2015 年，各行政机关发布年度报告时，不少机关较注重使用数据来展示自身公开的成效，也有的行政机关把年度报告做成了精美的 Flash，像电子书一样展示报告内容。但问题是有的年度报告的 Flash 无法复制粘贴报告正文内容、翻页受制于网速反倒影响了公开效果。例如，湖南省的年度报告只有 Flash 形式，无法复制粘贴正文内容，而教育部等则在提供 Flash 格式的报告的同时，还提供了 Word 与 PDF 两个版本供公众根据需要下载使用，此种做法值得肯定。

第七章

结 论

一　公开乃是大势所趋

透明是法治的基石。公开透明不等于法治，也不必然能实现法治，但没有公开透明就根本不可能实现法治。《中共中央关于全面深化改革若干重大问题的决定》中有18处涉及"公开"、7处涉及"透明"，主要涵盖市场机制、市场监管机制、财政制度、政府管理、司法审判等领域。其中特别提出，地方各级政府及其工作部门推行权力清单制度，依法公开权力运行流程；完善党务、政务和各领域办事公开制度，推进决策公开、管理公开、服务公开、结果公开；推进审判公开、检务公开。《中共中央关于全面推进依法治国若干重大问题的决定》中有24处涉及"公开"、2处涉及"透明"，涵盖了立法、行政、司法等领域，要求将公开原则贯穿于立法全过程，将公开作为法治政府的要素，提出构建审判公开、检务公开、警务公开、狱务公开四位一体的阳光司法机制。在政务公开方面，决定提出坚持以公开为常态、不公开为例外原则，推进决策公开、执行公开、管理公开、服务公开、结果公开。

公开不仅仅是监督公权力的手段，也是转变政府管理理念和管理方式的重要体现。以政府信息为例，其公开工作正成为政府治理的新手段。公开政府信息，不仅是打造阳光政府的要求，而且也是政府治理的重要手段，是体现国家治理能力现代化的重要方面。比如，2014年，国家出台了多项法规，进一步明确将公开政府信息作为政府管理的重要手段。《企业信息公示暂行条例》在简政放权的背景下，提出公开政府机关掌握的企业信息，加强企业自律，构建诚信经营的市场环境。《关于依法公开制售假冒伪劣商品和侵犯知识产权行政处罚案件信息的意见（试行）》要求公开假冒伪劣和侵权行政处罚案件相关信息。《国务院办公厅关于加强环境监管执法的通知》（国办发〔2014〕56号）也将公开作为加强环境监管执法的重要方面。"公开"成为2014年转变政府管理理念与管理方式的新路径与新手段。公开上述信息，一则可以督促企业加强自律，促进诚信社会建设；二则可以为市场主体、消费者提供甄别企业守法经营情况的依据，减少不必要的交易风险。此外，公开信息也有助于各类主体选择自身行为。例如，交通管理部门会不定期发布拍摄交通违法行为的"摄像头"信息，如北京市公安局公安交通管理局经常公布新增固定式交通技术监控设备设置地点的公告，会提示公众在哪些地段安装了"摄像头"。也就是说，安装设备的目的不仅仅是为了查违法，而是希望公众自觉遵守法律法规，减少交通违法，降低交通事故风险。

公开信息也是将信息的价值最大化的最有效途径。信息是有价值的，而其价值只有经过分享、挖掘才能得以实现和最大化。这也就是大数据的价值所在。比如，目前我们可以通过移动 APP 终端知道周边的环境质量、了解周边路段的交通流量和交通管理措施，这些无不得益于政府开放数据、公开信息。中共中央办公厅、国务院办公厅印发的《关于加强中国特色新型智库建设的意见》提出，落实政府信息公开制度，依法主动向社会发布政府信息，增强信息发布的权威性和及时性，完善政府信息公开方式和程序，健全政府信息公开申请的受理和处置机制，拓展政府信息公开渠道和查阅场所，发挥政府网站以及政务微博、政务微信等新兴信息发布平台的作用，方便智库及时获取政府信息。这也是发挥信息价值的重要体现。中国社会科学院法学研究所的项目组 2013 年曾发布过《中国政府采购制度实施状况调研报告》[1]，报告指出，调研样本中总采购件数的 79.86% 和占总支出 85.79% 的协议供货商品价格高于市场平均价，该批商品实际多支出了 20743897.5 元；而本次样本中的中央机关批量集中采购商品的成交价全部低于或者等于市场平均价，总支出节省 5543185 元。这份报告的数据来源就是依靠主动公开数据和依申请公开获取的数据。调研过程中，项目组对中央、各省和直辖市的政府采购中心以及财政主管部门网站进行了观察，检索了财政部网站（www.mof.gov.cn）、2 个中央级政府采购中心网站[2]、22 个省财政厅网站、4 个直辖市财政局网站以及 26 个省或直辖市政府采购网站所公开的协议供货商品目录以及协议供货的中标公告（中央和省、直辖市各抽查 100 个公告）。同时，项目组还向 26 个省、直辖市财政主管部门（厅、局）申请公开政府协议供货信息。2012 年 11 月 4 日，项目组再以项

---

[1] 参见《中国法治发展报告 No.11（2013）》，社会科学文献出版社，2013。
[2] 分别为财政部主办的"中国政府采购网"（www.ccgp.gov.cn），国务院机关事务管理局中央国家机关政府采购中心主办的"中央政府采购网"（www.zycg.gov.cn）。

目组成员名义，附带身份证复印件、中国社会科学院法学研究所出具的证明申请目的与用途的公函，向上述财政主管部门发出了两个信息公开申请：一是向没有公开协议供货或难以取得商品目录和限价的省和直辖市申请公开2012年10月协议供货的完整商品目录（含商品名称、型号、价格、配置等信息），以掌握协议供货的询价机制；二是申请公开2012年1月1日至9月30日协议供货的完整成交记录（包括商品名称、商品型号、商品配置或成交价格、成交数量、成交时间等信息）。但遗憾的是，仅有2个省在其政府采购网站上主动公开了协议供货的有效成交记录；24家地方政府财政部门中，仅有4家在法定的答复期限内向项目组反馈了信息，其中，仅有2家提供了有效数据，另外两家提供的信息缺乏关键数据（如未给出商品型号、配置和单价等）。也就是说，项目组最终仅仅得到了4个省的协议供货详细数据。因此，项目组仅能依据这4个省的数据进行研究分析。虽然最终报告受到社会各界的广泛关注，也有力推动了相关制度的完善，但如果信息公开做得再好些，调研结果将更加完美和具有说服力。这也说明，没有充分的信息公开，科学研究尤其是智库建设也是无从谈起的。

目前，公开已经不仅仅是政府一家之事，而是明显扩大到了各类公权力机关。2015年新修订的《立法法》明确提出，要坚持立法公开，具体包括：列入常务委员会会议议程的法律案，应当在常务委员会会议后将法律草案及其起草、修改的说明等向社会公布，征求意见，但是经委员长会议决定不公布的除外；行政法规草案应当向社会公布，征求意见，但是经国务院决定不公布的除外；立法规划和年度立法计划由委员长会议通过并向社会公布；等等。《最高人民法院关于推进司法公开三大平台建设的若干意见》《最高人民法院关于人民法院在互联网公布裁判文书的规定》等对法院司法公开作了明确规定，变被动公开为主动公开、变内部公开为外部公开、变选择性公开为全面公开、变形式公开为实质公开。检务公开方面，最高人民检察院2013年发布《2014－2018年基层人民检察院建设规划》，要求细化执法办案公开的内容、对象、时机、方式和要求，健全主动公开和依申请公开制度。2014年发布的《关于全面推进检务公开工作的意见》进一步提出，构建开放、动态、透明、便民的阳光司法机制，推进检务公开，要求公开检察案件信息、检察政务信息、检察队伍信息等。

毫无疑问，公开已经是大势所趋。但如何整体、协调、同步推进各领域的公开工作，仍是需要逐步解决的课题。包括政府信息公开在内，各领域的公开工作有不同之处，也有相通的地方，如公开的原则、公开的领导体制、公开的平台建设、公开的标准、公开的范围及例外、公开的保障机制、公开的监督与评价等等。尤其是适应信息化发展趋势和大数据时代要求的信息公开是可以普遍适用于各领域的。因此，借鉴有关国家的经验，围绕电子政务建设、政务数据开发共享等，制定统一的公开法必将是未来公开领域法治建设的重要目标。

二 转变观念仍是推进公开的关键

因何公开、为谁公开、向谁公开，这些看似简单的问题，实际上还在困扰着中国的理论界与实务界。我们可以为公开找到诸多的理由，如保障知情权、监督权力、提高公权力的公信力等等。但一旦遇到具体的案件，我们往往会迷惘于"因何公开、为谁公开、向谁公开"的问题。因此，也就经常要去探讨知情权与公开尤其是与政府信息公开制度的关系。之所以讨论该问题，其背后的逻辑是：为什么要向某申请人公开政府信息，其是政府信息的当事人吗？是利害关系人吗？申请这些信息做什么用呢？等等。一旦陷入这样的讨论，我们就会发现，原来大家对政府信息公开制度的理解并不在一个层面上。按照我们的理解，或者说按照各国各地区对政府信息公开制度这一舶来品的普遍理解，政府信息公开的根基就是知情权，就是允许任何人自由获取政府信息，因为当事人或者利害关系人的信息获取权利已经基于正当程序的原则，在行政程序法或者类似规定中得到了保障。而在我们国家，现在这种知识与理念的普及还远没有到位，迄今为止的很多译介似乎讲了，但似乎又没有讲，或者根本没有讲清楚。甚至有的观点认为，我们的《政府信息公开条例》没有规定知情权，没有明确规定"以公开为原则、以不公开为例外"。正如数年前日本各界对其信息公开法未明确规定保障知情权予以批评和质疑一样，其立法只是规定了政府负有说明义务，批评者认为这样不利于政府信息公开法的实施。但多年下来，其法律实施并没有从根本上因此受到太多影响。因为，公众的知情权也就意味着政府的说明义务，而且，其法律并不对申请人的资格作任何限制，只是审查所申请公开的信息是否属于不公开信息之列。这与中国截至目前相当长一个时期内的实践是大不相同的。相信不少行政机关在接到申请后，首先考虑的不是其是否涉及不公开信息，而是申请人是否有资格跟我要信息、其申请信息公开的动机是什么、公开这些信息有什么风险。

毫无疑问，公开包括对当事人及利害关系人公开信息和向社会一般公众公开信息两类。前者无论是政府信息公开领域，还是法院司法公开、检务公开领域，都是普遍存在的。但其主要应当通过程序法解决，如行政程序制度、司法程序制度，与其说是为了保障当事人的知情权，倒不如说是为了保障当事人的程序权利、维护程序正义。而对一般公众的公开则无论主动公开还是依申请公开，则都是基于知情权，不问申请人的身份、目的、用途，而只关注相关信息是否应当公开。

不仅如此，转变观念还需要充分认识信息公开无比巨大的作用。公开源于自信，打铁还需自身硬，公开恰恰与权力行使者自身权力运行规范、不惧批评、不怕指责有关系。公开源于开放。因为心态开放，才敢于将自己置身于公众视线范围内，尤其是评说，有则改之，无则加勉。公开还源于对被管理者的信任，相信其足够理性，能够根据公开的信息做好选择，是把管理者与被管理者置于平等、合作地位的重要体现。不仅仅是政府、法院、检察院等公权力机关，类似高等教育这样的公用企事业领域，也是如此。公开透明是高等学校实现治理体系和治理能力现代化的重要路径。高等学校推进依法治校，促进学术自由，提升教学科研水平，必须转变传统的、封闭式的管理理念与管理方式，注重提升和尊重教职员工、学生的主体地位，保障公众对学校运营的知情权。政府、法院等公权力机关均需推进公开透明，作为同样具有公共性特点的高等学校，更不应置身事外，而应积极响应公开要求，借此提升管理水平和自身综合实力。

但是，转变观念仍然是一个渐进的过程。以2015年初公务员加薪一事为例，公众获得的消息普遍来自媒体，甚至是外媒，详细的文件（《关于调整机关工作人员基本工资标准的实施方案》《关于调整机关事业单位工作人员基本工资标准的实施方案》《关于增加机关事业单位离退休人员离退休费的实施方案》）并没有正式对外发布。查询中国政府网（www.gov.cn）可以发现，国办发〔2015〕1号到国办发〔2015〕7号之间的几个文件均未公开。原因为何，无从获知！公务员加薪关系到公务员群体的切身利益，也关系到公共财政支出，理应让社会周知，何以要束之高阁？！同样，目前国内的很多诸如查办"大老虎"的大事，最初也不是从各方渠道公开或者从境内媒体发布的，而是"出口转内销"，是由外媒首先发布，境内媒体再转载。这究竟是相关部门保密工作未做好，还是另有用意，不得而知。但在日益需要透明的时代，这显然是不够理想的。

无独有偶，在2014年这一深化改革的开局之年，司法改革方案这一关系重大的文件从起草，到论证，甚至到出台，都处于秘而不宣的状态，各试点省份讳莫如深、避而不谈，一项本应由全民参与讨论并广泛听取各界尤其是基层法官、检察官诉求的工作，最终只是由少数人捉刀拟定。反观境外的司法改革，其历次讨论的文件都是对外公开的，过程公开，改革方案也是公开的。而在中国，这种改革方法表明，公开面临的更大阻力，可能还是观念问题。有关部门可能会说自己也已经广泛征求了各方面的意见，甚至说很多基层的意见是本位主义、是部门利益，或者说改革不能听被改革者的太多意见。但以此为由不公开是完全站不住脚的。不过，我们也乐观地看到，国家已经注意到这一问题。中共中央政治局2015年3月24日就深化司法体制改革、保证司法公正进行第二十一次集体学习时，中共中央总书记习近平指出，司法体制改革必须"为了人民、依靠人民、造福人民"；司法体制改革成效如何，说一千道一万，要由人民来评判，归根到底要看司法公信力是不是提高了；深化司法体制改革，要广泛听取人民群众的意见，深入了解司法一线的实际情况、了解人民群众到底在期待什么，把解决了多少问题、人民群众对问题解决的满意度作为评判改革成效的标准。而且，2015年上半年，中共中央办公厅、国务院办公厅还印发了《关于贯彻落实党的十八届四中全会决定　进一步深化司法体制和社会体制改革的实施方案》，这无疑也是一大进步。

三　公开仍需破解难题

推进公开工作，尤其是推进政府信息公开制度完善，目前还有不少需要努力的地方，特别是《政府信息公开条例》实施近7年后，如何进一步修改完善相关制度，提升公开效果，是构建透明政府的重大课题。

（一）准确定位政府信息公开制度

政府信息公开制度从哪里来、为何而来、为谁而设，解决好这些问题是设定此项制度的基本前提。正如前文所述，该制度是在行政程序制度之外又单独产生的一项制度，与行政程序制度的存在理念不尽相同，不是以正当程序、程序正义为存在前提的，而是以知情权为逻辑基础的。该制度不是满足特定行政程序或者行政过程中行政相对人或者利害关系人知悉政府信息的需求而产生的，而是要满足不特定当事人，也就是一般社会公众获取政府信息的需求而产生的。所以，从广义开放政府、透明政府的视角而言，公开包括对行政相对人、利害关系人公开与对不特定的社会公众公开，但单从政府信息公开制度而言，其对象则仅限于对不特定的社会公众公开。因此，任何在政府信息公开制度中对申请人资格作不当限制，尤其是将申请人与所申请公开的信息之间是否具有利害关系作为审查申请人资格的做法，以及审查申请人获取信息的目的与用途的做法都是偏离政府信息公开制度理念的。基于此所设计的政府信息公开制度也都是不符合透明政府的本意的。

而且，还需要明确主动公开与依申请公开的关系。两者不是相互独立的，也不是主动公开包括依申请公开，而是依申请公开包含主动公开。也就是说，政府信息该主动公开而未公开或者公开不全面的，公众可以通过依申请公开获取；未通过主动公开方式公开的政府信息，公众同样可以通过申请获取。

（二）明确政府信息公开的范围

明确了政府信息公开制度的定位，政府信息公开的对象范围也就明确了，就是所有人，无论其出于何种目的、与政府信息有无利害关系，换言之，只要是"人"（也就是法律意义上的"人"，自然人、法人或者其他组织），就有资格要求行政机关及相关的公开义务主体公开信息。

公开的主体无疑正在逐步扩大，《政府信息公开条例》已经将行政机关、法律法规授权的组织以及公用企事业单位纳入公开，主体的范围。

公开的信息则是更需要进一步明确的。首先，推进中国的政府信息公开制度必须明确政府信息的范围。是将政府信息限定为对外管理中产生的信息，还是应当包括对外管理过程之外产生的信息呢？考虑到行政机关不是私人企业，而是公权力机关，依靠国家财政经费运营、履行公共管理职能，任何行为都具有公共性，而不应具有任何的非公共性，那么，其任何活动及其结果都应该向公众作出说明。因此，将政府信息限定为对外管理时产生的信息显然是不符合透明政府建设的需要的。在此基础上，行政机关判定一项信息是否具有可公开性，重要的不是考虑申请人是谁、信息与申请人有何关系，而是要考虑和回答以下问题：①所申请公开的信息是否涉及国家秘密；②是否涉及可识别特定个人的信息且公开后会损害特定个人的合法权益；③是否涉及特定企业的信息且公开后会损害企业的竞争优势；④是否涉及机关正常管理与执法且公开后可能导致无法正常管理与公正执法；⑤是否涉及讨论论证中的信息，公开后可能引发社会混乱、令部分人受益或受损、令参与论证讨论的人员无法中立地发表见解。排除上述因素后，所有信息都应公开，而不应将是否属于政府信息作为拒绝公开的"第一道防线"。

（三）加大主动公开力度

纵观其他国家与地区，很少有在政府信息公开法律中对主动公开制度进行专门、详细规定的，因为，在其逻辑下，只要确定了不公开信息的范围，公开的范围即已确定，只要允许向"任何人"公开政府信息，就无非是主动公开或者依申请公开的区别。但是，在中国，目前则还有特定的国情。广大的行政机关习惯于法律法规乃至文件能够给出尽可能明确的指示，规定不明确就无所适从，或者会导致因行使裁量权而出现理解适用五花八门的情况。并且，几年来的调研也表明，法律法规乃至文件对主动公开范围的不断明确、扩大以及对主动公开标准的不断细化，很大程度上推进了中国政府信息公开水平的整体提升。特别是对于政府信息公开制度的新兴国家以及社会进步与信息化高速发展的时代，逐步提升主动公开水平尽可能减少了公众与政府之间的信息不对称（虽然这种信息不对称仍然还很明显），可有效避免因主动公开水平未提升导致大量公众蜂拥而至申请公开信息。

今后在相当长一个时期内，主动公开的落实和推动都需要在公开标准和要求上进一步细化。比如，可以逐年选取几个重点领域，明确相关信息的公开要求和标准。可以考虑就某些行业自上而下梳理权力清单，明确上下级机关间的职责职权划分，确立行政审批、处罚、强制等信息的公开标准和范式。教育部2014年发布高校信息公开清单的做法梳理了本行业应主动公开的政府信息，以清单的形式对外发布，作为各行政机关公开相关信息的最低要求，并根据法律法规的修改完善及社会发展的需要进行动态更新，这就是一个很好的尝试。

政府信息公开工作年度报告的发布也应当设定严格标准，避免出现连续几年的报告在框架、结构、内容上严重雷同，只是更换个别统计数据的情况，更应该避免以定性为主、定量为辅的做法，防止全年的总结不披露关键性数据。年度报告的编写应当在政府信息公开统计制度逐步明确、落实的基础上，统一统计口径，向社会披露政府信息公开各类活动的详细数据。此外，应防止为了追求新颖性而片面忽视报告的实用性。

加强平台建设也是做好主动公开的重要方面。应当改变政府门户网站建设各自为战的局面，形成政府门户网站建设的集约化管理。各地方应当以本级政府门户网站为核心，建设统一的政府门户网站，同级部门原则上不再建设单独的网站，而是纳入本级政府门户网站统一规划、建设和管理。门户网站建设中应尽可能做好规划、注重栏目设计，避免出现公开栏目、公开平台交叉重叠的现象。门户网站应完善网页设计，使网站版面简洁美观，各信息栏目设计科学合理，方便公众在海量信息中查找所需；还应定期核查并纠正相关栏目及主题没有链接、链接无效、链接错误的现象，减少已公开信息因链接问题而无法被公众获取的情形；对公开的信息应进行归类、整合，按照所属栏目和内容分门别类，使信息公开内容层次分明、信息发布位置固定有序；完善网站的信息检索功能，建立健全网页信息搜索引擎，在保证简单搜索有效的前提下，探索组合搜索的高级模式，为社会公众快速找到目标信息提供支持和帮助。另外，各类公开平台的管理应当逐步统一，网站、新闻宣传、微博微信、舆情监控等应纳入统一管理，提升公开效果。

在公开工作中，应当做好重大政策解读与热点回应工作。重大政策必须同步做好解读准备。近年来，国务院出台的重大政策一般都配有解读，图文并茂，有一定的新颖性。2014年，国务院办公厅下属的中国政府网主编"悦读政策"系列丛书，收录了国务院常务会议审议的重大议题中社会关注度高、与民生关系密切的政策解读内容，包含了决策内容、决策背景、媒体报道与相关评论，有助于全面理解政策内容。它满足了不同群体的阅读需求，解决了解读信息通过各种渠道发布造成的碎片化问题，让公众可以集中了解某项政策法规的详细信息与解读内容。这套丛书对于每一项政策都附上了制定的基本背景、主要的制度设计理念以及专家媒体对它的评述解说。它附有详细的图文解释，变呆板的文字为生动的图文并茂。它注重使用媒体语言，对重要政策的制度设计及其关键词语进行通俗诠释，如把"行政审批"解释为盖公章，就非常形象易懂。类似这样的做法应当予以借鉴。此外，所有行政机关都应在做好通过政府网站公开信息的同时，养成用新闻发布会、微博微信等主动对外发声的习惯，找准公众的关注点、社会的争议点，改变发声时生硬、冰冷的模式，充分运用动漫等传播手段，让公开更生动，拉近与人民群众的距离。尤其是应当加强舆情监测，将发布前的舆情风险预判与发布后的主动回应紧密结合，重要信息发布前就要做好舆情应对预案，积极主动掌握话语权。

此外，还应当使依申请公开向主动公开的转化工作制度化、规范化。在做好政府信息公开日常统计、分析工作，及时研判舆情风险的基础上，做好依申请公开向主动公开的转化工作，提高政府信息公开工作的主动性。甚至应当形成经依申请公开程序向某申请人公开的信息应自动转为主动公开的机制。

（四）规范依申请公开工作

从目前各行政机关面临的依申请公开形势看，未来申请量仍会逐步攀升，申请的复杂性仍会不断加剧，借助政府信息公开申请实现信访、维权等目的的情况短期内还可能增加。与此同时，依申请公开工作相对滞后，申请渠道不畅通，答复不规范、不专业的问题也就显得越来越突出。为此，应明确和规范行政机关的依申请公开处理流程，确保对依申请公开的指南描述准确，实现申请渠道的多元化，保持申请渠道的畅通性。地方政府应当建立统一的政府信息公开在线申请与受理平台，提高政府信息公开申请处理工作的管理水平。上级部门还应当编制政府信息公开申请答复的格式文本，提升答复的规范化水平。应保证处理政府信息公开申请的人员编制，有专门人员专职处理申请。建立疑难、重大、繁杂申请会商机制，遇到难以处理的申请,邀请相关业务主管部门、专家参与论证。还要定期开展培训,结合实务中遇到的问题,开展有针对性的培训。各级办公厅(室)应发挥领导和指导作用,宏观掌控本级政府的政府信息公开申请处理工作,对疑难、重大、复杂的申请,应及时介入,指导和帮助有关部门做好论证和答复。

近年来,中国出现了一些"滥用"申请权的情况,有的申请人申请的信息量较大,有的申请人及亲属、朋友重复申请同一信息,有的申请人以申请政府信息的名义实现信访投诉的目的,甚至也有当事人因信访投诉不能得到满意答复而通过依申请公开制度获得诉权,"告"政府,甚至要挟政府、希望获得法外的利益。2015年初,媒体就对江苏省南通市首次规范政府信息公开申请中滥用诉权行为的情况进行了报道(见《南通在全国率先规制政府信息公开滥诉行为》,《江苏法制报》2015年3月2日第1版)。但对于滥用申请权进而滥用诉权的情况,应当慎重对待。首先,政府信息公开制度是为了满足公众知情权,保障当事人依法获取需要的信息,只要其提出的申请属于政府信息公开申请且申请获取的信息依法应当公开,就应当依法答复并提供信息。南通的案件及不少地方发生的重复申请、大量申请所针对的信息大都是本应当属于主动公开的信息,如果已经主动公开,行政机关应当依法告知申请人,如果没有主动公开或者公开不全面则应当尽快查找原因、提高主动公开的质量。为解决重复申请的问题,凡是可以公开的信息,在向一个申请人公开的同时就应当直接转为主动公开,或者在申请量激增后及时转为主动公开。也不排除部分海量申请是有商业目的的,对此,不应当简单地拒之门外,深化改革不仅仅是让企业等享受到简政放权的红利,还要让其享受到数据开放共享的红利。为解决海量申请的问题,除了依据一事一申请的规定进行必要限制外,如果所申请公开的信息属于可以公开的,行政机关应当主动开放这部分数据信息,特别是主动开放可机读的数据,让社会自由挖掘利用这些数据。其次,要防止以"滥用"的标签侵害公众获取信息的权利,甚至使其成为个别机关垄断信息、遮羞挡丑的正当理由。不排除个别申请人申请公开信息的目的并不单纯,甚至有一些不可告人的目的与诉求,但公开政府信息不能用道德标准去衡量申请人,只能依据法律法规去作判断,否则,随意贴上道德的标签,将可能使行政机关拥有无比宽泛的裁量权,也将会使政府信息公开制度被彻底架空。最后,行政机关还需要做到"打铁还需自身硬"。行政机关既要做好公开工作,确保该公开的都公开、该主动公开的都公开到位,又要严格依法办事,不滥用权力侵害行政相对人的合法权益,也不滥用权力满足个别提出无理要求的当事人,只有这样才能逐步树立法治意识和规则意识,逐步走出目前面临的困境。

(五) 进一步加大公用企事业单位信息公开力度

公用企事业单位因其具有公共性,必然要向社会公开信息、接受社会监督。未来立法中,应当专门对各类公用企事业单位信息公开的共性问题作出规定。主管部门还应当进一步细化公开标准与要求,尤其是要明确公用企事业单位按照政府信息公开制度公开信息的范围,区分不属于政府信息公开制度调整的范围,不宜将公用企事业单位的所有信息全部纳入,也不能放任其游离于公开范围之外。对于企业而言,还要区分好与企业商业秘密的关系以及与企业按照企业管理对股东公开信息的关系。可以参考教育部近年来推进教育信息公开的做法,为公用企事业单位设定明确的公开要求、网站公开标准等。

(六) 同步推进法治政府建设与透明政府建设

政府信息公开工作不是孤立的,其与各级政府的法治政府建设紧密相连。一些地方、部门的政府信息公开申请工作压力大、难处理,除了与目前公开与不公开的标准还不够明确、操作性不强等因素有关外,更多的则是因为依法行政还不到位,有时公权力的运行还很难符合依法行政的要求,在一定程度上还存在管理不规范现象。在这种情况下,一旦遇到政府信息公开的申请,有关部门没有公开的自信和底气。因此,政府信息公开不能孤立对待,必须与法治政府建设同步发展,即做好政府信息公开工作除了要解决一些政府信息公开工作自身存在的问题外,还需要加大依法行政的力度,进一步规范权力运行。权力运行规范了,各级政府信息公开的底气和勇气才会更足。

后记　测量法治，从透明度开始

2000年，当我在律师事务所实习的时候，见得最多的是律师们打电话给各大部委，使出浑身解数套近乎，打听某项政策文件，或者了解某项规定的兜底条款究竟管得有多宽。那时，我常想，原来律师的工作就是做这些啊！

这一年的夏天，为了选定毕业论文的题目，我几乎天天奔走在从宿舍到学校图书馆或者从宿舍到国家图书馆的路上。印象最深的一次是在国家图书馆查阅某个文献时，被告知还需要出具学校的介绍信，当时我很费解，为什么查个学习资料还要那么费周折。那段时间，我天天泡在图书馆翻看期刊，因为前人写得太多甚至近乎泛滥而否定了很多题目，最终，几本日文期刊中有关"情报公开"的文章吸引了我。最初，还以为那是关于规制间谍活动的，仔细看完，才明白是关于向公众公开政府信息的。那时，日本正在进行政府信息公开立法，当时极为有限的日文资料中却有极多关于政府信息公开制度的文献资料。那时，互联网在国内兴起不久，在日本的网站上也查询到一些关于政府信息公开的资料。国内学术界当时对政府信息公开的研究几乎是一片空白地，只有有限的几篇文章论及此问题。于是，我就选择了这个题目作为硕士毕业论文题目，这要感谢刘莘老师允许我选择这个题目并指导我完成了论文写作。

后来才知道，这在当时还算是有点敏感的题目，更没有想到的是，因为这个选题自己竟然被周汉华老师看上，并有幸进入中国社会科学院法学研究所从事研究工作。之后，更有幸参加了《政府信息公开条例》专家建议稿的起草工作，2006年还有一段时间借调到当时的国务院信息化领导小组办公室参与条例草案的起草工作。其间，2001年底中国加入世界贸易组织，透明度成为其中的热词之一，2003年的"非典"事件让政府信息公开成为人们极为关注的领域。大约这一年,家乡兴起了规模浩大的"拆迁运动",家里人希望我能找到有关的规定,据说拿着国家或者省里的规定,能够去与政府理论一番。这件事让我亲身感受到政府信息之于百姓生活的重要性,也进一步勾起了我对政府信息公开制度运行状况的兴趣,对法学实证研究也产生了浓厚的兴趣。《政府信息公开条例》出台后,我曾一度以为政府信息公开的研究可以告一段落了,因为当时感觉已没有什么可以研究的了。但后来发现,《政府信息公开条例》实施中又出现了不少新问题,是译介国外制度时完全没有想到的,这促使我逐步从主要依赖比较法的方法转向主要依赖实证研究方法,更关注法制运行情况。

逐步学习法学实证调研,这得益于 2006 年以来参与田禾老师主持的法治国情调研项目。2007 年,为了研究当时中国个人信息保护的现状,我试图进行一次实证调研,但一直苦于找不到合适的方法。之后,在田禾老师的指引下学习设计调查问卷,其间,社会学研究所的王俊秀老师、马春华老师在技术上给予了很大的帮助,反复磨合、数易其稿,从问卷设计,到统计编码、数据录入,再到统计分析,最终,《个人信息保护现状调研报告》通过 2009 年的"法治蓝皮书"对外发布。这是我第一次执笔完成法学实证研究成果,出乎意料的是,此篇报告引起了很好的反响,让我坚定了继续从事法学实证研究的决心。

而最终开展政府透明度指数测评乃至法治指数评估,则也要归功于"法治蓝皮书"。2009 年初,与田禾老师参加了蓝皮书的一个座谈会,听取了其他蓝皮书课题组的经验后,我们就感觉"法治蓝皮书"也需要有一套法治方面的评价指标体系,但法治应当如何测量呢?突然的一个念头就定位在了 2008 年 5 月 1 日刚刚实施的《政府信息公开条例》上,因为其中有一条关于鼓励开展社会评议的规定。不如就从评估政府信息公开制度的实施状况"开刀"吧,题目就叫"政府透明度年度报告"!这的确是个好主意!但随后的问题就接踵而来了,怎么测评,测评什么,测评谁?《政府信息公开条例》规定,政府网站是重要的公开渠道,国务院办公厅的文件也强调政府网站是公开的第一平台,于是,"以政府网站信息公开为视角"成为保持至今的副标题。政府信息公开必须服务于公众的实际生活,应当更加贴近公众生活,因此,测评对象的层级不必太高,但也不能太低,最终确定先从具有立法权的较大的市入手。所以,当年就选择了 43 家较大的市政府（不含民族区域自治地方的较大的市政府）。而测评指标的设定则更为周折，从3、4月份一直折腾到11月份，反复征求意见、推倒重来，最终才确定了指标与权重，并明确了指标设定与测评的原则，这套原则沿用至今，即依法设定指标、客观中立、以便民为导向、反映现状并引导发展。实际的测评工作是由所内外的几位研究人员亲自操刀完成的。2010年11月下旬，北京连续下了几场雪，银装素裹，大家冒着风雪，赶到单位，挤在一间狭小的研究室里，一家一家浏览政府网站，查找信息、保存截屏。测评最困难的是那些做得不理想的网站，为了确定其确实没有公开相关内容，不但要把网站翻个底朝天，还要多人反复核对，打不开网页的还要更换电脑、网络、时间来反复验证，每个网站都要保留数百张截屏。那时的惊喜来自几家市政府的积极响应，针对我们发过去的未表露真实身份的咨询邮件、政府信息公开申请，有的地方半天就会作出响应或答复，有的地方为做好答复专门打来电话、发来邮件，还详细告知该怎么获取信息。这份报告题目定为"中国地方政府透明度年度报告（2009）——以政府网站信息公开为视角"，发布在2010年"法治蓝皮书"上。报告甫一发布，"逾半数城市政府网站'不及格'"的报道就铺天盖地而来，让人有点心惊肉跳。有记者问，你们给政府打低分甚至给零分，有没有找它们沟通或者核实情况。我们的回答是，没有沟通、核实，也不需要沟通、核实，因为指标是统一的，没有任何偏向，而且，以我们的能力都找不到所要的信息，公众就更困难了。这也就是迄今为止一直坚持的"坚持以结果为导向，以公众视角为重点"。

2010年的测评就增加了59家国务院部门，题目中的"地方"二字也被拿掉了。这个报告在2011年发布后更是引起了广泛关注。有的行政机关的工作人员表示，年年接受培训，但总是讲理念和原则，具体该怎么公开好，还是不清楚，而看了你们的报告，发现你们的标准比法规规定得细很多，我们也就知道该怎么做了。

到目前为止，法治指数创新工程项目组和法治国情调研组的指数评估已经从政府透明度扩大到了司法透明度、检务透明度、高等教育透明度、地方立法指数等。我们还基于透明度测评，分析了政府采购的价格问题，形成了《中国政府采购制度实施状况调研报告》。在司法透明度方面，除了对全国81家法院进行外部评估外，还推出了海事司法透明度指数报告，并接受浙江省高级人民法院委托，对全省三级 105 家法院（最初为 103 家法院），接受北京市高级人民法院委托，对全市三级 22 家法院，独立开展阳光司法指数评估。值得一提的是，浙江法院阳光司法指数的测评同样具有开创性。这是法学研究机构首次对地方法院做的测评，在全国也是第一次。其最大的亮点是理论和实务的密切结合产生了极具影响力的成果。一个法院是否对外开放、开放到什么程度，哪怕是开放给一个国家级学术机构，仍然是有争议的，在这方面浙江省高级人民法院表现出了极大的勇气和胆识。在这项测评中，浙江省高级人民法院放手让一个外部机构独立地开展测评，对测评什么、怎么测评、测评结果不作干预。浙江省高级人民法院对全省法院做到"四不"，即不提前通知、不提前布置、不作动员、不告知测评科目。在测评中，浙江省高级人民法院向项目组开放了法院内网系统和内部统计数据，让各级法院配合项目组随机调取案卷档案，这些原始数据确保了测评的准确性。浙江法院这种开放的程度在传统的法学研究中是难以想象的。首年度评估，浙江省高级人民法院在全省法院中排名第 75 位，有的板块得分为零，但其仍要求原封不动地向全省法院乃至社会公布排名情况，勇气可嘉，也有力地推动了全省的司法公开工作。2014 年，我们的项目组还接受国务院办公厅政府信息与政务公开办公室委托，开展了政府信息公开第三方评估，这在中国也是首次，对全国政府信息公开工作的推动意义不可低估。几年来，我们的研究成果不仅在国内具有重要的影响力，在国际上也产生了不小的影响。在 2012 年 8 月 28 日至 9 月 12 日短短半月时间内，美国商务部首席法律顾问（副部级），美国市场准入办公室、美国贸易代表办公室总法律顾问连续到访法学研究所，在交流政府透明度问题时，他们说有的美国企业提出在中国办理行政审批时遇到一些透明度方面的问题，对此，我们的回答是，你们提出的问题太小儿科了。我举出了 2000 年在律师事务所实习的见闻，告诉他们过去中国在此方面的问题更突出，而相对于 2000 年前后，中国行政审批等领域的透明度已经明显改善，不仅法规政策都会公开，而且，法规草案都会公开征求意见，就连行政审批的事项、流程、结果现在也都是要公开的。这样的回答让他们吃惊不小，连说自己不了解情况。作出这样的回答并不是基于我们的拍脑袋想象或者强词夺理，而是根据我们连续几年开展的政府透明度测评以及对行政审批信息公开进行的实证调研。临别之时，美国商务部首席法律顾问表示，他们没有想到中国还有这么一支团队在做这样的研究，对此表示由衷的钦佩。

新中国成立以来，尤其是改革开放以来，中国用极短的时间走向了现代化，也走上法治建设的轨道。中国的法治既要吸收借鉴境外的经验、理论，又要契合中国的国情。如何评价中国的法治进展，始终是令人困扰的问题，长期以来，我们只能拍着脑袋、凭着感觉来下结论，甚至可能拿个案来否定中国法治的进步。这归根结底就是因为我们还缺少一个可以相对客观、准确地测量法治的工具。中国社会科学院法学研究所的法治指数项目就是要研创一套科学、客观的指标，来对中国乃至世界各国各地的法治发展状况进行测量。在测量法治的过程中，透明度无疑成为重要的切入点。近年来的透明度指数测评不仅让我们切身感受到各类机关在透明度方面的努力与成效，也让我们感受到中国的开放和法治的进步。

政府透明度指数测评已经开展了6年。我们亲身感受到了中国各级行政机关在政府信息公开方面的努力与取得的进步，感受到中国的开放和法治的进步。这6年间，各级行政机关的信息公开力度和水平明显提升，政府机关的心态更加开放。2011年首次测评国务院部门后，我们曾接到来自国务院某部门的电话，电话那头气势汹汹地质问，有个政府透明度报告是你们发的吗，谁让你们做的？甚至也有质疑声：你们一个学术研究机构去给政府打分排名，这个不妥吧！这样的担心不仅仅来自外部，也来自内部。而现在，无论是测评排名靠前的机关，还是不理想的机关，都可以心平气和地来交流，了解究竟存在什么问题，并愿意积极去改善，甚至也愿意引入第三方评估机制。透明度的测评恰恰见证了这样一个日渐开放的过程。这无疑也是法治进步的体现。

当然，我在政府信息公开的研究中也获益匪浅。其间，我从一个初出茅庐的学子逐步成长，从思想、理论、方法上都取得了不小的进步，在这一点上我是非常幸运的，因为我有幸在法学研究所工作，有幸得到了法学研究所前辈师长和领导的帮助和指点，一步一个脚印走到今天。为此，我对法学研究所及其前辈、领导和同事充满了感激之情。当然，我也知道放弃律师事务所、跨国企业高薪选择从事学术研究是一条艰辛的道路，但我仍然义无反顾地走过来了，因为我喜欢这份工作，并愿意在这个领域不断耕耘，用自己的努力，一点点去推动和见证某些领域的法治进步，为中国的法治发展尽绵薄之力。

这本书主要是基于 6 年多来政府透明度指数测评的数据完成的，目的是尝试对目前政府信息公开制度实施中发现的问题进行解答。但对解决很多问题的结论未必是正确无误的，有的观点难免会充斥着书生气、脱离实际情况、不接地气，甚至有可能不久就会因为进一步的调研和思考而被自己修正。多年来从事实证调研让自己越来越感觉到自己知识的薄弱、见识的短浅，理论是苍白的、现实是丰富多彩的。许许多多奋斗在一线的实务部门工作人员才是真正的专家和启发我们进步的师长，他们日常遇到的"疑难杂症"及他们别具匠心的解决问题的尝试常常让我深受启发、受益良多。因此，法治发展和法治改革不仅仅要听专家学者的，更要听实务部门工作人员的意见和建议，还要看是否真的有助于保障广大人民群众的合法权益。

2015 年 3 月于北京

图书在版编目(CIP)数据

透明政府:理念、方法与路径/吕艳滨著.—北京:社会科学文献出版社,2015.4
　(法治国情调研丛书)
　ISBN 978-7-5097-7438-0

　Ⅰ.①透… Ⅱ.①吕… Ⅲ.①国家行政机关-信息管理-研究-中国　Ⅳ.①D630.1

　中国版本图书馆 CIP 数据核字(2015)第 078358 号

·法治国情调研丛书·

透明政府:理念、方法与路径

著　　　者 / 吕艳滨

出　版　人 / 谢寿光
项目统筹 / 曹长香
责任编辑 / 曹长香

出　　　版 / 社会科学文献出版社·社会政法分社(010)59367156
地址:北京市北三环中路甲 29 号院华龙大厦　邮编:100029
网址:www.ssap.com.cn
发　　　行 / 市场营销中心 (010)59367081　59367090
读者服务中心 (010)59367028
印　　　装 / 三河市东方印刷有限公司
规　　　格 / 开　本:787mm×1092mm　1/16
印　张:17　字　数:276 千字
版　　　次 / 2015 年 4 月第 1 版　2015 年 4 月第 1 次印刷
书　　　号 / ISBN 978-7-5097-7438-0
定　　　价 / 59.00 元

本书如有破损、缺页、装订错误,请与本社读者服务中心联系更换

▲ 版权所有 翻印必究